AF742866

www.ingramcontent.com/pod-product-compliance
Lightning Source LLC
LaVergne TN
LVHW010943051026
849532LV00003B/1105

* 9 7 8 8 1 9 6 0 7 7 7 0 9 *

عزیز احمد کی ناول نگاری

کا تنقیدی مطالعہ

(تحقیق و تنقید)

ڈاکٹر محمد اسلم فاروقی

پرنسپل، گورنمنٹ ڈگری کالج ظہیر آباد (تلنگانہ)

Azeez Ahmed ki Novel Nigari ka Tanqidi Mutalea
by: Dr. Mohammed Aslam Faroqui
Edition: December '2022
Publisher & Printer:
Taemeer Publications, Hyderabad.

ISBN 978-81-960777-0-9

9 788196 077709

کتاب	:	**عزیز احمد کی ناول نگاری کا تنقیدی مطالعہ** (تحقیق و تنقید)
مصنف	:	**ڈاکٹر محمد اسلم فاروقی**
صنف	:	تحقیق و تنقید
ناشر	:	تعمیر پبلی کیشنز (حیدرآباد، انڈیا)
زیر اہتمام	:	تعمیر ویب ڈیولپمنٹ، حیدرآباد
سالِ اشاعت	:	۲۰۲۲ء
تعداد	:	(پرنٹ آن ڈیمانڈ)
طابع	:	تعمیر پبلی کیشنز، حیدرآباد ۔۲۴
صفحات	:	۱۷۰
کمپوزنگ و سرورق	:	شفیع سلمان، الامیر گرافکس، نظام آباد
ملنے کے پتے	:	ڈاکٹر محمد اسلم فاروقی، فون:09247191548 ہدیٰ بک ڈپو، چھتہ بازار، حیدرآباد نیشنل بک ڈپو، احمدی بازار، نظام آباد

انتساب!

اُردو کے اُبھرتے ادیبوں، قلمکاروں

اور

طالب علموں کے نام!

جن کی کوشش سے اُردو کو نئی زندگی مل رہی ہے۔

اور

یہ زبان اب کمپیوٹر اور ٹیکنالوجی سے جڑ کر عالمی سطح کی

مقبول زبان بن رہی ہے۔

ہماری پیاری زبان اُردو

حسیں دلکش زبان اُردو

فہرست ابواب

پیش لفظ

عزیز احمد اردو فکشن کا ایک معتبر نام ہے۔ ترقی پسند تحریک کے عروج کے زمانے میں انہوں نے اردو میں کئی شاہکار ناول اور افسانے لکھے۔ اردو فکشن کے علاوہ تنقید، ترجمہ نگاری، تاریخ اور اسلامی ادب میں ان کی نگارشات قدر کی نگاہ سے دیکھی جاتی ہیں۔ ایک ایسے دور میں جب کہ اردو فکشن میں منٹو، عصمت، بیدی اور دیگر کا چرچا تھا عزیز احمد نے بھی ناول نگاری کے سلسلے کو جاری رکھا۔ اور اردو ناول کی تاریخ میں وہ ایک ترقی پسند ناول نگار کی حیثیت سے جانے جاتے رہے۔ عزیز احمد کا تعلق حیدر آباد دکن سے تھا۔ لیکن تقسیم کے بعد وہ پاکستان منتقل ہو گئے اور اپنی عمر کے آخری ایام کناڈا میں بسر کیے۔ آئی سی ایس کی تعلیم کے دوران انہوں نے برطانیہ میں بھی قیام کیا تھا۔ ان کے ناولوں میں علاقائی اور زمانی اثرات پائے جاتے ہیں۔ عزیز احمد ہندوستان اور پاکستان میں یکساں مقبول رہے اور ان کی ناول نگاری اور افسانہ نگاری پر تحقیقی و تنقیدی کام ہوتا رہا۔ اسی سلسلے کو آگے بڑھاتے ہوئے جنوبی ہند کی ریاست تلنگانہ سے تعلق رکھنے والے ایک ہونہار ادیب اور ابھرتے محقق و نقاد ڈاکٹر محمد اسلم فاروقی صدر شعبہ اُردو گری راج گورنمنٹ کالج نظام آباد اپنی تحقیقی و تنقیدی کتاب ''عزیز احمد کی ناول نگاری کا تنقیدی مطالعہ'' کے ساتھ پیش ہو رہے ہیں۔ سب سے پہلے میں یہ واضح کر دوں کہ صاحب کتاب کا مجھ سے تعارف سوشیل میڈیا فیس بک کے اردو گروپس سے ہوا۔ جہاں اردو افسانے اور افسانے کی تنقید سے متعلق مختلف مباحث میں انہوں نے اپنی ادبی اور تنقیدی بصیرت کا ثبوت دیا اور وہ مجھ سے رابطے میں رہنے لگے۔ یہ اردو زبان و ادب کی خوش نصیبی کہیے کہ ایک ایسے دور میں جہاں اردو رسم الخط اپنی بقاء کے لئے کوشاں ہے اور اردو زبان بہ حیثیت مجموعی اپنی شناخت کی برقراری کے لئے جدو جہد کر

رہی ہے انفارمیشن ٹیکنالوجی اور خاص طور سے انٹرنیٹ کے فیس بک گروپس سے اردو کو نئی زندگی ملی ہے۔اور اردو کی نئی نسل نہ صرف کمپیوٹر پر اردو میں لکھ رہی ہے بلکہ اپنی تحریروں سے اردو کا دامن وسیع کر رہی ہے۔ مجھے ڈاکٹر محمد اسلم فاروقی کی تحریروں میں اردو کا مستقبل دکھائی دیا اور ادبی مسائل پر ان کی مبسوط تبصروں سے اندازہ ہوا کہ وہ ایک سلجھا ہوا تنقیدی مزاج رکھتے ہیں۔ انہوں نے فیس بک رابطے کے ذریعے مجھ سے خواہش کی تھی کہ ان کی آنے والی کتاب پر تعارفی تبصرہ لکھوں تو فکشن سے وابستگی کی بنا میں نے ان کی کتاب پر اپنے خیالات کے اظہار کے لئے رضامندی ظاہر کی۔

ڈاکٹر محمد اسلم فاروقی نے اپنی تحقیقی و تنقیدی کتاب ''عزیز احمد کی ناول نگاری کا تنقیدی مطالعہ'' میں چھ ابواب میں اردو ناول کا پس منظر' عزیز احمد کے حالات زندگی اور ان کے ناولوں اور ناولٹ پر تبصرہ کیا ہے۔جیسا کہ فاضل مصنف نے لکھا ہے کہ عزیز احمد کے ابتدائی دو ناولوں ہوس اور مرمر اور خون میں سستی جذباتیت اور نوجوانی کا جوش دکھائی دیتا ہے۔اور جنس کے بیان میں فن کاری سے زیادہ جذباتیت غالب دکھائی دیتی ہے۔ یہ ترقی پسند فکشن کی شناخت رہی کہ ادب برائے زندگی کے اصلاحی ادب کے بعد اردو فکشن میں مغرب کے اثرات کے زیر اثر اس دور کے ناول نگاروں اور افسانہ نگاروں نے جنس کو فن کے طور پر پیش کرنے کی کوشش کی۔اور فکشن نگار اس نظریے پر کاربند رہے کہ جنس اگر ہماری زندگی کا حصہ ہے تو اسے ادب میں بھی پیش ہونا چاہئے اور گھٹن زدہ ماحول سے قاری اور ادیب کو باہر نکلنا چاہئے۔عزیز احمد کے ناول گریز میں جہاں مغربی دنیا کی جھلک ملتی ہے وہاں جنس کا بے محابہ تذکرہ بھی فنکاری سے ملتا ہے۔ناول آگ میں کشمیر کی غربت کا فنکارانہ بیان ہے تو ناول ایسی بلندی ایسی پستی میں حیدرآباد کے نوابی خاندانوں کی بے راہ روی کو بیان کیا گیا ہے۔عزیز احمد حیدرآباد کے نوابوں کے قریب رہے تھے اور انہوں نے ان کی زندگی کے تہذیبی نشیب و فراز کو فن کاری سے پیش کیا۔ناول شبنم ایک کرداری ناول ہے جس میں عزیز احمد نے شبنم کے کردار کی نفسیات کو اجاگر کیا۔ڈاکٹر محمد اسلم فاروقی نے ان تمام ناولوں کا تجزیہ نفسیاتی' تاریخی اور تہذیبی پیرائے میں کیا۔اس کتاب کے مطالعے سے اندازہ ہوتا ہے کہ مصنف نے توضیحی و تشریحی انداز اختیار کیا اور تاثراتی تنقید کے انداز میں ان ناولوں پر تبصرہ کیا۔ناولوں کے تجزیے کے دوران مختلف اقتباسات کے ذریعے ناول کے قصے کو بیان کیا گیا

اور ساتھ ہی ساتھ عزیز احمد کے فن پر تبصرہ بھی کیا گیا۔

عزیز احمد کی ناول نگاری میں تاریخی شعور اور عہد کی نفسیات کی جھلک ملتی ہے۔عزیز احمد نے جہاں بھی قیام کیا وہاں کے مطالعہ زندگی کو ناولوں میں برتا۔ڈاکٹر محمد اسلم فاروقی نے اس پہلو کی نشاندہی کی کہ عزیز احمد نے برطانیہ میں قیام کے دوران گریز' حیدرآباد میں قیام کے دوران ایسی بلندی ایسی پستی' کشمیر میں قیام کے دوران آگ اور پاکستان میں قیام کے دوران ناولٹ جب آنکھیں آہن پوش ہوئیں' خدنگ جستہ اور مثلث وغیرہ لکھے۔ڈاکٹر محمد اسلم فاروقی نے تحقیق کے فرائض انجام دیتے ہوئے یہ اہم انکشاف کیا کہ دوران تحقیق انہیں عزیز احمد کا ناول ''برے لوگ'' دستیاب ہوا جس کا ذکر دیگر محققین نے نہیں کیا اور انہوں نے واقعاتی شہادتوں کی بناء یہ ثابت کیا کہ عزیز احمد نے یہ ناول تقسیم کے فوری بعد لکھا اور یہ کہ اس میں تقسیم کے بعد کے پاکستان کے حالات پائے گئے ہیں۔ڈاکٹر محمد اسلم فاروقی کی اس تحقیق پر آنے والے محققین روشنی ڈالیں گے۔مجموعی طور یہ کتاب عزیز احمد کے ناولوں پر ایک اچھا تعارفی اور تنقیدی تبصرہ ہے۔اور عزیز احمد پر تحقیق کرنے والوں کے لئے اس کتاب میں اہم دستاویزی معلومات موجود ہیں۔ یہ خوش آئیند بات ہے کہ اردو کی نئی نسل میں قابل محققین اور نقاد ابھر کر سامنے آرہے ہیں۔اس کتاب کی اشاعت پر میں فاضل مصنف اور میرے فیس بک دوست ڈاکٹر محمد اسلم فاروقی کو مبارک باد پیش کرتا ہوں اور امید کرتا ہوں کہ اردو ناول کی تنقید میں یہ کتاب اہم اضافہ ثابت ہوگی۔اور برصغیر کے ادبی حلقوں میں اس کی خوب پذیرائی ہوگی۔

پیغام آفاقی

☆☆

حرف آغاز

تمام حمد وثنا اس رب عظیم کے حضور جس کی ذات سب سے بڑی علیم ہے' اور جس نے اپنے دعوی (علم بالقلم) کے بموجب نہ صرف مجھے ایک علمی گھرانے میں پیدا کیا بلکہ میرے حق میں علم کی منزلیں کشادہ کیں اور مجھے یہ تحقیقی وتنقیدی کتاب لکھنے کا شرف بخشا۔

ادب سے ذوق' مجھے ورثہ میں ملا۔ میرے والد محمد ایوب فاروقی صابر بہت اچھے شاعرو ادیب ہیں۔ چچا اور ماموں سے بھی ادبی وعلمی ماحول ملتا رہا۔ جس کے سبب ابتداء ہی سے مجھے کتابوں کے مطالعہ اور خاص طور سے افسانوی ادب سے دلچسپی رہی۔ میرے معلوماتی وادبی مضامین کی تین کتابیں ''قوس قزح' مضامین نو اور سائنس نامہ'' شائع ہوچکی ہیں۔ کچھ نصابی ضرورتوں اور کچھ ذوق طبع کی خاطر میں نے بہت سے ناول پڑھے۔ ان میں عزیز احمد کے ناول بھی شامل تھے۔ عزیز احمد کا تعلق جامعہ عثمانیہ اور نظام حیدرآباد کے گھرانے سے بھی رہا ہے اور اردو ادب کی دنیا میں وہ ایک ناول نگار کے علاوہ نقاد ماہر اسلامیات اور ایک انگریزی استاد کے طور پر بھی جانے جاتے ہیں۔ عزیز احمد کے ناولوں کے مطالعے کے بعد مجھے احساس ہوا کہ ان کا تنقیدی و تحقیقی مطالعہ کرنا چاہئے چنانچہ میں ان کے ناولوں کے تنقیدی مطالعے پر مبنی یہ کتاب پیش کر رہا ہوں۔

اردو میں پریم چند کے ساتھ ناول نگاری عروج پر دکھائی دیتی ہے۔ پریم چند نے اردو ناولوں کو اس موڑ پر لا کھڑا کر دیا تھا جہاں سے اس کی ترقی کی راہیں دور دور تک جاسکتی تھیں۔ پریم چند کے بعد ترقی پسند تحریک کے زیر اثر اردو ناول نگاری کے میدان میں کئی انقلابی تبدیلیاں آئیں۔ انسانی زندگی کے گونا گوں مسائل حقیقت نگاری کے ساتھ پیش ہونے لگے۔ ناول کے موضوعات میں جدت کے ساتھ مغربی ناول کے اثرات کو بھی قبول کیا گیا۔ پریم چند' کرشن چندر'

منٹو اور عصمت کے ساتھ ساتھ اردو کے مشہور ناول نگاروں کی فہرست میں ایک اہم نام عزیز احمد بھی ہے۔

عزیز احمد کی ناول نگاری کا دور 1931ء سے 1966ء تک ہے۔ اس درمیان انہوں نے آٹھ ناول ہوس، مرمر اور خون، آگ، گریز، ایسی بلندی ایسی پستی، شبنم، برے لوگ اور تری دلبری کا بھرم اور چند ناولٹ جیسے ''خدنگ جستہ، جب آنکھیں آہن پوش ہوئیں اور مثلث وغیرہ لکھے۔ اردو ناول کی تنقیدی کتابوں اور بیشتر تاریخ ادب کی کتابوں میں عزیز احمد کی ناول نگاری پر صرف تعارفی تبصرہ ملتا ہے۔ ڈاکٹر سلیمان اطہر جاوید نے بھی اپنی کتاب ''عزیز احمد کی ناول نگاری'' میں اس بات کی طرف اشارہ کیا کہ عزیز احمد پر تفصیلی کام کی ضرورت ہے۔ عزیز احمد پر کچھ مضامین پاکستان میں ابوسعادت جلیلی اور دوسرے احباب نے لکھے تھے۔ لیکن عزیز احمد کی ناول نگاری پر کوئی مبسوط کام نہیں ہو پایا تھا۔ چنانچہ اس کتاب کے ذریعے عزیز احمد کی ناول نگاری کے بھرپور مطالعے کی پیشکشی کی کوشش کی گئی ہے۔

زیر نظر کتاب کو چھ ابواب میں تقسیم کیا گیا ہے۔ پہلا باب ناول کے پس منظر اور اردو ناول کے آغاز وارتقاء سے متعلق ہے اس باب میں قصہ گوئی کی قدیم تاریخ سے لے کر قصہ کی بدلتی ہیئتوں جیسے کہانی، قصہ، حکایت، داستان، ناول، افسانہ کے آغاز وارتقاء پر اختصار سے نظر ڈالتے ہوئے اردو ناول کے بدلتے رجحانات کا جائزہ لیا گیا۔

دوسرا باب عزیز احمد کے حالات زندگی ان کی شخصیت اور ان کی علمی وادبی خدمات اور ان کے کارناموں پر مشتمل ہے۔ عزیز احمد کی ناول نگاری پر تجزیہ کرنے کیلئے ان کے حالات زندگی سے واقفیت ضروری ہے کیونکہ انہوں نے اپنے ناولوں میں جگہ جگہ مختلف مقامات پر سفر کرنے کے بعد مشاہدات کو ناولوں میں برتا ہے۔ جن میں ہندوستان، پاکستان اور برطانیہ کے شہروں کی زندگی دکھائی دیتی ہے۔

اس کتاب کے تیسرے باب سے عزیز احمد کے ناولوں کے تنقیدی مطالعہ کا آغاز ہوتا ہے اس باب میں عزیز احمد کے ابتدائی دور کے ناولوں کے عنوان سے ان کے دو ناولوں ''ہوس'' اور ''مرمر اور خون'' کا جائزہ لیا گیا ہے۔ یہ دو ناول عزیز احمد کے زمانہ طالب علمی کی کاوش ہیں جن میں سطحیت اور سستی جذباتیت پائی گئی ہے ان ناولوں میں انگریزی ناولوں کے بہت سے اثرات

اخذ کئے جا سکتے ہیں۔ عزیز احمد کے استاذ مولوی عبدالحق نے ان ناولوں کے دیباچے لکھ کر ان کی ہمت افزائی کی تھی۔

چوتھے باب کا عنوان عزیز احمد کے شاہکار ناول'' ہے۔ اس باب میں ان کے چار اہم ناولوں ''گریز، آگ، ایسی بلندی ایسی پستی اور شبنم'' کا تفصیلی جائزہ لیا گیا ہے۔ یہ چاروں ناول عزیز احمد کی شاہکار ناولوں میں شمار ہوتے ہیں اور انہیں ان ناولوں کے سبب ہی اردو ناول نگاری کی دنیا میں مقبولیت حاصل ہوئی ہے۔ ان ناولوں میں عزیز احمد اپنے فن کے عروج پر دکھائی دیتے ہیں۔ عزیز احمد کے ناول نگاری کے میدان میں مقام کو متعین کرنے کیلئے اردو کے بیشتر ناقدین نے ان کے ان ہی ناولوں کو سراہا ہے۔

زیر نظر کتاب کے پانچویں باب میں ''عزیز احمد کے دیگر ناول اور ناولٹ'' کے عنوان سے ان کے دو ایسے ناولوں کا تنقیدی جائزہ پیش کیا گیا ہے جن پر بہت کم لکھا گیا ہے ان میں سے ایک ناول ''برے لوگ'' ہے، یہ عزیز احمد کا ایسا گمنام ناول ہے جسے پہلی مرتبہ تحقیق کے ذریعہ منظر عام پر لایا جا رہا ہے دوسرا ناول ''تری دلبری کا بھرم'' یہ دونوں ناول عزیز احمد نے تقسیم ہند کے بعد قیام پاکستان اور قیام برطانیہ کے دوران لکھے۔ اور ان میں مقامی اثرات زیادہ پائے گئے ہیں ان دو ناولوں کے جائزہ کے ساتھ عزیز احمد کے تاریخی ناولٹ ''خدنگ جستہ، جب آنکھیں آہن پوش ہوئیں اور مثلث'' کا اجمالی جائزہ بھی اس باب میں شامل ہے۔

اس کتاب کے چھٹے اور آخری باب میں ''عزیز احمد کی ناول نگاری کا اجمالی جائزہ'' کے عنوان سے ان کے ناولوں میں اجزائے ترکیبی اور دیگر خصوصیات کا اجمالی جائزہ پیش کیا گیا ہے اور اردو ناول نگاری میں ان کے مقام کے تعین کی کوشش کی گئی ہے۔

اس کتاب کے لئے اردو کے موجودہ دور کے مشہور ناول نگار محترم جناب پیغام آفاقی صاحب نے اپنی گراں قدر آرا پیش کی ہے۔ جناب پیغام آفاقی صاحب علی گڑھ یونیورسٹی کے ممتاز اسکالر اور مشہور زمانہ ناول ''مکان'' کے مصنف ہیں۔ میرا جناب پیغام آفاقی صاحب سے رابطہ سوشیل میڈیا کے فیس بک سے ہوا۔ جہاں اردو افسانہ اور ناول کے مختلف گروپس میں ان کے تبصرے پڑھتا رہتا تھا۔ میری درخواست پر انہوں نے اس کتاب پر اپنی رائے لکھنے کے لئے رضامندی ظاہر کی اور مبسوط پیش لفظ لکھا۔ جس کے لئے میں ان کا مشکور ہوں۔ اس موقع پر میں

میں اپنے اساتذہ، دوست احباب اور تمام بہی خواہوں کا بھی مشکور ہوں جنہوں نے میرے ادبی سفر میں اپنی نیک خواہشات کا اظہار کیا۔

اس کتاب کے ذریعے امید ہے کہ عزیز احمد کی ناول نگاری کے بہت سے نئے گوشے سامنے آئیں گے۔ اور یہ کتاب اردو ناول کی تنقید و تحقیق میں ایک اضافہ تصور کی جائے گی۔

ڈاکٹر محمد اسلم فاروقی

☆☆

پہلا باب پس منظر

اُردو ناول کا آغاز اور ارتقاء 1936ء تک

قصہ کہنا یا سننا ہر زمانہ میں انسان کا محبوب مشغلہ رہا ہے۔ قصہ یا کہانی کی تاریخ اتنی ہی قدیم ہے جتنی کہ انسانی تاریخ۔ قصہ تو وہیں شروع ہوا تھا جب قدرت نے آدم علیہ السلام وحوا کی تخلیق کی اور فرشتوں کو ان کی برتری کا سبب بتایا۔ پھر ایک 'کُن' کی آواز کے ساتھ اس وسیع و عریض کائنات کا وجود عمل میں آیا اور انسان کو اس زمین پر خدا نے اپنا خلیفہ مقرر کیا اور تمام مخلوقات پر اُسے فضیلت کا شرف بخشا۔ جب انسان نے اس زمین پر قدم رکھا تو وہ بالکل اجنبی تھا۔ بھوک کا احساس ہوا تو وہ غذا کی تلاش میں نکل پڑا۔ جانوروں کا شکار کیا اور ان کے گوشت اور مختلف طرح کے پھلوں، پتوں سے اپنی بھوک مٹائی۔ سر چھپانے کیلئے غاروں میں پناہ گزیں ہوا۔ وقت گزرنے کے ساتھ اس کے طرز زندگی میں تبدیلی آنے لگی اپنی زندگی کو سنوانے اور خوب سے خوب تر کی جستجو نے اُسے مصروف رکھا لیکن وقت کے گزرنے کے ساتھ اپنی عقل کے بل بوتے پر اس نے اس کائنات کے سربستہ رازوں سے آہستہ آہستہ پردہ چاک کرنا شروع کیا۔

جب شام کو تھکے ہارے انسان ستانے کیلئے بیٹھے ہونگے تو اپنے دن بھر کے تجربات و مشاہدات ایک دوسرے کو سنائے ہوں گے۔ یہ انسانی فطرت رہی ہے کہ وہ اپنے کارنامے دوسروں کو سنا کر خوش ہوتا۔ ابتداء میں انسان نے اپنی حرکات وسکنات ومختلف بے ہنگم آوازوں کے ذریعہ اپنے خیالات، جذبات واحساسات کی ترسیل کی ہوگی لیکن اس کے منہ سے نکلنے والی بے معنی آوازوں نے جب ایک عرصہ کے بعد پہچان بنالی اور وہ بات کرنے کے قابل ہوگیا اور جب وہ اپنی ذات سے نکل کر کائنات سے آشنا ہونے لگا تو اُس نے اپنے جذبات، احساسات، خیالات کی ترسیل اچھے انداز میں کی ہوگی۔ اس طرح قصہ گوئی کی واضح ابتداء وہیں سے ہوئی

ہوگی جبکہ انسان نے اپنی صحرانوردی اور خانہ بدوشی کے قصہ ایک دوسرے کو سنائے ہوں گے۔

''تاریخی ماخذات کی رو سے دو ہزار سال قبل مسیح سے باقاعدہ قصہ گوئی اور داستان طرازیوں کے نشانات ملتے ہیں'' [1]

قصہ یا کہانی انسانی شعور اور نفسیات سے وابستہ رہی ہے۔ کہانی انسان کے ساتھ اس وقت بھی تھی جب کہ وہ جنگلوں میں رہا کرتا تھا اور سماج کی شیرازہ بندی نہیں ہوئی تھی اور کہانی اس وقت بھی ساتھ رہی جب انسان نے تہذیب و تمدن کا لبادہ اوڑھ کر مدنی زندگی اختیار کی۔ سماج اور معاشرے وجود میں آئے۔ اور انسان نے اپنی ترقی اور برتری کے جھنڈے زمین و آسمان میں گاڑے۔ اور یہ کہانی اس وقت بھی اس کے ساتھ ہے جب ہر لمحہ اُسے نئے جہانوں اور نئے افقوں کی تلاش ہے۔

انسان کا جب مشاہدہ بڑھا تو اس نے دیکھا کہ سورج میں گرمی کی ایسی طاقت ہے جو پانی کو بھانپ بنا دیتی ہے۔ اس نے طوفانی ہواؤں کو دیکھا جو کہ مضبوط پیڑوں کو اکھاڑ پھینکتی ہیں۔ اس نے آگ کی طاقت کو دیکھا جو کہ ہر چیز کو جلا کر بھسم کر دیتی ہے اس طرح کی طاقتوں کے آگے وہ اپنے آپ کو بے بس پا کر ان کے آگے اپنا سر خم کر دیا اور ان کے بارے میں طرح طرح کے عقائد اس کے دل میں جاگزیں ہونے لگے۔ آہستہ آہستہ مذاہب وجود میں آنے لگے اور وقت گزرنے کے بعد ان سے متعلق مختلف قصے روایتوں کے سہارے آگے بڑھتے رہے یہ وہی قصے ہیں جنہیں ہم دیو مالا یا اساطیر کہتے ہیں یہ قصے کسی نہ کسی طرح ہماری مقدس کتابوں میں ہی پیش ہوئے ہیں۔ جیسے وید، اُپنشد، پران وغیرہ کے قصے رامائن، مہابھارت کے قصے وغیرہ۔ ''ہندوستان میں براہمن کے قصے کی ابتداء ایک ہزار سال قبل مسیح سے سو قبل مسیح تک متعین کی گئی ہے۔ اس سے اندازہ لگانا دشوار نہیں کہ یہ ویدوں کی روایات و حکایات کا ہی حصہ ہیں''۔ [2]

دنیا کے بیشتر مذاہب کی مقدس کتابوں میں حقیقت و راستی کی باتوں کے ساتھ ساتھ بہت سی ایسی کہانیاں ملتی ہیں جو انسان کے زمانہ طفولیت میں خلق ہوئی تھیں اور جن سے اس عہد کے انسان کے متعلق بہت سے حقائق سے آگہی حاصل ہوتی ہے۔

جیسے جیسے انسانی شعور بالیدہ ہونے لگا اور زندگی کے کینوس نے وسعت اختیار کی ویسے ویسے کہانی بھی بالیدہ ہوئی اور کئی رنگوں اور کئی خوشبوؤں کو اپنے دامن میں سمیٹے مختلف انداز میں

ہمارے سامنے آتی رہی۔ انسان کا ماحول‘ اس کے تجربے‘ اس کا فلسفہ حیات‘ اس کی ادراک حقیقت کے طریقے‘ محبت ونفرت کے معیار‘ عمل اور ردعمل کے محرکات اور طرز اظہار کے طریقے ہر عہد میں بدلتے ہوئے نظر آتے ہیں تو کہانی نے بھی وقت کے تغیرات کے ساتھ چولا بدلا‘ کبھی قصہ یا کہانی بن کر‘ کبھی تمثیل یا حکایت بن کر کبھی داستان بن کر اور کبھی ناول بن کر اپنی پہچان کراتی رہی۔ صالحہ عابد حسین کے بموجب:

> ”کہانی جو کبھی طلسم ہوشربا‘ بن کر ہزاروں صفحوں پر پھیل جاتی ہے اور کبھی داستانوں کا روپ دھارتی ہے کبھی ’فسانہ آزاد‘ جیسا طویل ناول بن جاتی ہے اور کبھی ایک چادر میلی سی‘ کے رنگ میں کہانی اور ناول کے بیچ کی کڑی‘ کبھی آگ کا دریا‘ کی طرح طول طویل اور کبھی ایسی مختصر جسم میں بعض جملے ہوں‘ اس کے ہزاروں روپ ہیں قوس قزح کی طرح“۔ ۳

انسان نے اس طرح کی حکایات میں جدت پیدا کی اور کہانی در کہانی داستان کہنے کا طریقہ ایجاد کیا اور ”طلسم ہوشربا“ ”داستان امیر حمزہ“ وغیرہ جیسی داستانیں وجود میں آئیں۔

داستان کہانی کی ترقی یافتہ شکل ہے۔ انسان نے اپنے روزمرہ کے قصوں کو تخیل‘ حیرت و استعجاب‘ رومان اور محیر العقول واقعات وفوق فطرت عناصر کو جذبات کے ساتھ طوالت سے پیش کیا تو وہ داستانیں ہوگئیں۔ انسان اپنے ابتدائی دور میں فطرت پر پوری طرح غالب نہیں آسکا تھا۔ وہ خونخوار درندوں کا شکار ہوجاتا تھا۔ کسی بیماری کے سبب موت کو وہ کسی روح کی کارگزاری سمجھتا تھا‘ علم کی کمی سے وہ طرح طرح کے مصائب و آلام کا شکار ہوجاتا اور مختلف طرح کے توہمات اس کے دل میں گھر کر جاتے۔ اس طرح اس کے قصوں میں جن‘ دیو‘ بھوت‘ پریت جگہ پانے لگے۔ انسان ہمیشہ سے خواہشات کا پتلا رہا ہے اور اس کی بہت سی خواہشات کی تکمیل حقیقی زندگی میں نہیں ہو پاتی۔ لیکن وہ اسے خوابوں کی دنیا میں پورا ہوتا دیکھتا۔ اس نے اپنی قوت تخلیہ سے ایسے سنہرے خواب دیکھے جن کی حقیقی زندگی میں تکمیل ممکن نہیں تھی۔ جن طاقتوں سے وہ حقیقی زندگی میں زیر ہوجاتا تھا انہیں داستانوں میں شکست دیتا اور اس کی مدد کیلئے ہوائی قالین‘ کل کا گھوڑا‘ مددگار تعویز اور ایسی ٹوپی جس کے پہننے سے انسان سب کی نظروں سے غائب ہوجاتا‘ یہ اور اسی طرح کے کئی فسانوی عناصر ہوتے جو انسان کو طاقتور بلاؤں اور قوتوں کو شکست دینے میں

مدد کرتے۔

داستانوں کے فروغ میں ایک فراری جذبہ بھی کارفرما تھا۔ لوگوں کی دنیا سپنوں کا سنسار تھی جو تلخیوں سے پناہ دیتی تھی یہاں پہنچ کر بے بسی اور بے کسی سے خلاصی ہو جاتی تھی بقول ڈاکٹر گیان چند جین:

> ''یہاں کوئی بلا موجود نہ تھی جو تھیں انہیں زیر کر لیا گیا تھا ہیرو اور اس کے رفیقوں کی فتح داستان کے ہیرو کی فتح ہے''۔ ؎۴

اپنی عملی زندگی کی ناکامیوں کے بعد لوگ داستانوں میں غرق ہو جاتے اور اپنا غم غلط کرتے داستانوں کا تعلق اس زمانے سے ہے جس وقت انسان کے پاس فرصت و فراغت کے لمحات تھے۔ شام کے اوقات میں لوگ مل بیٹھتے۔ ایک داستان گو ہوتا جو بادشاہ وقت اور عوام دونوں کو داستان کے سحر میں جکڑے رکھتا اور ہر شب داستان کو ایسے موڑ پر لا کر روکتا کہ اگلے دن لوگ تجسس میں کہ اب کیا ہوگا' پھر سے داستان سننے جمع ہو جاتے۔ داستان میں افیون کا سا مزہ ہوتا تھا۔ لوگ اس نشے میں کھو کر خواب و خیال کی جنت میں چلے جاتے اور تخیل کے ذریعہ اونچی پروازیں اڑاتے۔ بقول وقار عظیم:

> ''یہ داستانیں بزم احباب میں سنائی جاتی تھیں' جہاں ''یاران با صفا'' اس لئے یکجا ہوتے تھے کہ تخیل کی بنائی ہوئی حسین و جمیل دنیا کے نظاروں میں گم ہو کر اپنے اوپر خود فراموشی کی ایک کیفیت طاری کر سکیں''۔ ؎۵

داستانیں سننے سنانے کا یہ سلسلہ کئی دن جاری رہا۔ اس طرح ''الف لیلی'' ''طلسم ہوشربا'' جیسی طول طویل داستانیں وجود میں آئیں۔

داستانوں کا ایک اہم عنصر ان میں مافوق الفطرت عناصر' محیر العقول واقعات کی موجودگی ہے۔ ان کے بغیر کسی داستان کا وجود ممکن نہیں۔ داستانوں میں رزم بھی ہوتی ہے اور بزم بھی۔ اس میں جا بجا طلسماتی فضا بھی ہوتی ہے اور عیاری اور چالاکی بھی یہاں مافوق الفطرت عناصر داستانوں میں تحیر و دلچسپی کا اضافہ کرتے ہیں۔ داستانوں کی مقبولیت کا ایک اور راز اس میں استعمال کی گئی قوت متخیلہ ہے۔ جس کے سہارے اونچی اڑانیں بھری گئیں ہیں اور نئے اور نا معلوم جہانوں کی سیر کی گئی ہے اور سارے ہفت خوان پلک جھپکتے میں طئے ہو جاتے ہیں' داستانیں' قصہ

در قصہ کی ٹیکنیک پر مشتمل ہوتی ہیں۔ اس میں کوئی مربوط پلاٹ نہیں ہوتا' اس کا مقصد سوائے قصہ گوئی کے اور کچھ نہیں۔

داستانیں چونکہ بادشاہوں' امراء کی فرمائش پر سنائی جاتی تھیں اور داستان گو دربار سے متعلق ہوتے تھے' چنانچہ داستانوں کے ہیرو ایسے جواں مرد ہوتے ہیں جو طاقت' ہمت' جود و سخاوت' محبت' ایثار' حسن ہر چیز میں عدیم المثال ہیں اور ایسی جن کے حسن کی دونوں جہاں میں مثال ملنی مشکل ہو۔ عموماً داستانوں میں عشقیہ جذبہ کارفرما ہوتا اور اسی عشق کے جذبے میں داستانوں کے کردار در بدر ٹھوکریں کھاتے پھرتے۔ یا کبھی داستانوں میں کسی مقدس چیز کی تلاش مقصود ہوتی ہے۔ ڈاکٹر جمیل جالبی اس ضمن میں لکھتے ہیں:

> ''کبھی یہ تلاش کسی پھول کی ہوتی ہے جو پھول بھی ہے اور کوئی بڑی بے مثل حسینہ بھی جیسے بکاولی' ''روبن ڈی لا روز'' کا گلاب' یہ ایک طرح سے راز عشق یا راز حیات یا راز حسن کی تلاش بھی ہے کبھی تلاش کے قصوں میں ہیرو کا مقصود کوئی ظرف مقدس یا نایاب پتھر ہے جو اعلیٰ ترین شوکت و شان شاہانہ کا رمز ہے''۔ ۶

داستانوں کی ایک اہم خصوصیت یہ رہی ہے کہ اس کا انجام ہمیشہ طربیہ ہوتا ہے۔ ''کوئی داستان المیہ پر ختم نہیں ہوتی''۔ ۷

داستانوں میں انسانوں کو شکست نہیں ہوتی۔ اگر انسان کو شکست ہوتی تو اس کے خواب چکنا چور ہو جاتے۔ چنانچہ داستانوں کا انجام طربیہ ہوتا ہے۔ داستانوں کا آخری جملہ بہت معنی خیز اور توجہ طلب ہوتا ہے۔ داستان سرا کا آخر میں یہ کہنا کہ ''جس طرح ان کے دن پھرے اسی طرح خدا ہمارے دن بھی پھیر دے''۔ اس سے پتہ چلتا ہے کہ داستان گو اور داستان کے سننے والے اپنی زندگی سے مطمئن نہیں ہیں اور ایسی زندگی چاہتے ہیں جس کے سنہرے خواب انہوں نے داستان میں دیکھے تھے''۔ ''باغ و بہار'' کی آخری سطریں اس بات کی گواہی دیتی ہیں۔

> ''الٰہی جس طرح چاروں درویش اور پانچواں بادشاہ آزاد بخت اپنی مراد کو پہنچے اسی طرح ہر ایک نامراد کا مقصد دلی اپنے کرم اور فضل سے برلا''۔ ۸

داستانوں کی تہذیبی و معاشرتی اہمیت بھی ہے۔ ان سے قدیم دور کی معاشرت کا پتہ

چلتا ہے۔ داستانوں کی اسی اہمیت کی وضاحت وقار عظیم یوں کرتے ہیں''۔

''جس طرح غزل میں ہمارے مشرقی مزاج کے اکثر نازک اور پیچیدہ پہلوؤں کا عکس ہے۔ اسی طرح داستانیں ہماری تہذیبی زندگی اور اس کے بیشمار گوشوں کی مصور اور ترجمان ہیں.... ان کی ہر سطر میں تقریباً ڈیڑھ سو برس کی معاشرت، تہذیب اور انداز فکر و تخیل کا رنگ صاف چھلکتا نظر آتا ہے''۔ 9

اردو زبان کی تاریخ پر جب ہم نظر ڈالتے ہیں تو پتہ چلتا ہے کہ اردو کا ابتدائی ادب شعر و شاعری پر مشتمل تھا۔ جنوبی ہند میں جہاں اردو زبان اپنے آغاز سے لے کر ۴۰۰ (چار سو) برس تک پلتی بڑھتی ہے مثنوی نگاری کو خوب عروج حاصل ہوا، ان مثنویوں میں بھی داستانی طرز کے قصے نظم کئے جاتے تھے۔ اردو نثر جو کہ مسجع و مقفی عبارت آرائی سے آزاد نہیں ہو پائی تھی، اس میں ابتدائی کوششیں جاری تھیں، قطب شاہی عہد کے ایک شاعر و ادیب ملا وجہی نے ۱۰۴۵ھ میں دکنی زبان میں ''سب رس'' لکھی۔ جس کا ماخذ قصہ حسن و دل یا فتاحی نیشاپوری کی ''دستور عشاق'' ہے۔ ''سب رس'' کو داستان نویسی کا اولین نمونہ سمجھا جاتا ہے۔ یہ داستان تمثیلی انداز میں لکھی گئی تھی۔ لیکن حقیقی داستان گوئی کا زمانہ انیسویں صدی کے آغاز سے نصف تک ہے جب کہ شمالی ہند میں داستان نگاری شباب پر تھی۔ یہ زمانہ ہندوستان کی تاریخ میں خاص اہمیت کا حامل ہے۔ انگریزوں کے قدم ہندوستان میں مضبوطی سے جم گئے تھے، جو کچھ چھوٹی چھوٹی سلطنتیں جیسے اودھ، رام پور وغیرہ تھیں ان کے بادشاہ اور امراء انگریزی سرکار کے دست نگر اور کٹھ پتلی بنے ہوئے تھے، اصل اقتدار انگریزوں کے ہاتھ چلا گیا تھا، صرف وضع داری باقی رہ گئی تھی، نوابان لکھنو کے زیر سرپرستی بے عملی اور عیش کوشی و عیش پرستی کو فروغ ملا، وقت گذاری کیلئے جہاں طرح طرح کے کھیل ایجاد ہوئے وہیں شعر و ادب میں جدتیں پیدا ہوئیں۔ درباروں سے شعراء ادیب منسلک تھے، چنانچہ اس عہد میں اکثر داستانیں لکھی گئیں۔ داستانوں کے فروغ کو ایک ایک وجہ فورٹ ولیم کالج کا قیام بھی ہے۔ اس کالج کا قیام 1800ء میں عمل میں آیا جس میں انگریز ملازمین کی تعلیم و تربیت ہندوستانی زبان میں کی جاتی تھی تاکہ نظم و نسق چلانے میں سہولت ہو، چنانچہ ڈاکٹر جان گلکرائیسٹ نے جہاں علمی و ادبی کتابوں کا ہندوستانی زبان میں صاف و سلیس ترجمہ کروایا وہیں فارسی اور سنسکرت کی کی بیشتر اہم داستانوں کو صاف و سلیس زبان میں ترجمہ کرایا تاکہ انہیں پڑھ کر انگریز

ملازمین ہندوستانی تہذیب و معاشرت سے واقف ہوسکیں۔

فورٹ ولیم کالج کے آغاز سے داستان نگاری کا ایک طویل سلسلہ شروع ہوتا ہے۔ فورٹ ولیم کالج کی مشہور و معروف داستانیں میرامن کی ''باغ و بہار'' یا ''قصہ چار درویش'' ہے' جو انہوں نے 1801ء میں تصنیف کی' میرامن نے کوئی نیا قصہ نہیں لکھا بلکہ ''نوطرز مرصع'' کو جو کہ فارسی میں تھی اردو زبان میں صاف و سلیس انداز میں اس طرح لکھا کہ اس کی دلچسپی دوبالا ہوگئی' اس داستان کی سب سے اہم خاصیت میرامن کا خاص اسلوب نگارش ہے۔ نثر کے اس دور میں جبکہ مقفی و مسجع عبارت آرائی کا دور دورہ تھا میرامن کی یہ ابتدائی کوشش تھی' جس نے اردو نثر کو سادگی و سلامت کی راہ دکھائی' میرامن کے علاوہ حیدر بخش حیدری نے ''طوطا کہانی'' 1801ء میں اور ''آرائش محل'' 1802ء میں تصنیف کیں' خلیل علی خان اشکؔ نے 1801ء میں داستان امیر حمزہ تصنیف کی' اسی زمانے میں بہادر علی حسینی نے ''نثر بے نظیر'' مظہر علی خان ولا اور للولال نے ''بیتال پچیسی'' کاظم علی جواں اور للولال کوی نے ''سنگھاسن بتیسی'' تصنیف کیں۔ یہ اس عہد کے مشہور و مقبول داستانیں تھیں پریس کے ایجاد ہونے کے بعد مشہور داستانوں کے دفتر شائع ہوکر مقبولیت دوام حاصل کرتے رہے' اسی زمانے میں انشاءاللہ خان انشاء نے ''رانی کیتکی کی کہانی'' اور ''دریائے لطافت'' لکھا' جس کی اہم خصوصیت ان میں ہندوستانی عناصر کا ہونا ہے۔ اس کے علاوہ محمد بخش مہجور کی ''نورتن'' 1814ء میں سرورؔ کی ''فسانہ عجائب'' نیم چند کھتری کی ''گل صنوبر'' 1837ء میں لکھی گئی داستانیں مشہور ہوئیں۔ غالبؔ کے زمانہ میں بھی داستانیں بڑے شوق سے پڑھی اور سنائی جاتیں تھیں۔ غالبؔ کی داستانوں سے دلچسپی کا اظہار ان کے ایک خط سے ہوتا ہے۔

> ''مرزا غالب رحمۃ اللہ علیہ ان دنوں خوش ہیں۔ پچاس ساٹھ جزو کے کتاب امیر حمزہ کی داستانیں اور اسی قدر حجم کی ایک جلد بوستان خیال کی آ گئی ہے۔ سترہ بوتلیں بادہ ناب کی توشک خانہ میں موجود ہیں دن بھر کتاب دیکھا کرتے ہیں رات بھر شراب پیا کرتے ہیں'' ۱۰

دہلی' اودھ' رام پور' بنارس' حیدرآباد کے درباروں میں بادشاہ و امراء کے زیر سرپرستی اس دور میں داستانوں کو خوب فروغ ہوا۔ اور بوستان خیال' داستان امیر حمزہ' طلسم ہوشربا اور الف

لیلی جیسی ضخیم داستانیں بھی لکھی گئیں اور بیتال پچیسی، سنگھاسن بتیسی، طوطا کہانی اور انشائے نورتن جیسی مختصر داستانیں بھی۔

1857ء کے بعد ہندوستان کے سیاسی، سماجی، معاشرتی اور معاشی حالات میں بڑا تغیر آیا۔اس سال انگریزوں کے خلاف پہلی جنگ آزادی لڑی گئی جسے انگریزوں نے غدر کا نام دیا۔ اس جنگ میں ہندوستانیوں کو شکست ہوئی۔رہی سہی چھوٹی چھوٹی سلطنتیں بھی انگریزوں کے قبضے میں چلی گئیں۔ اس جنگ میں شکست سے عوام کے حوصلے پست ہوگئے اور ان کی سیاسی، سماجی، معاشرتی، تہذیبی زندگی میں بڑا تغیر آیا، جاگیردارانہ نظام کے خاتمہ سے امراء کو اپنی وضع داری نبھانا مشکل ہوگیا تھا۔معاشرہ کی اس شکست کا اثر ادب پر بھی پڑا، اور اس بات پر زور دیا گیا کہ ادب کے ذریعہ زندگی کی کشمکش کو پیش کیا جائے اس تعلق سے حالی لکھتے ہیں۔

> ''ہر بات کا ایک محل اور ہر کام کا ایک وقت ہوتا ہے۔عشق و عاشقی کی ترنگیں اقبال مندی کے زمانہ میں تھیں، اب وہ وقت گیا، عیش وعشرت کی رات گذر گئی، اور صبح نمودار ہوئی۔اب لنگڑے اور بھاگ کا وقت نہیں رہا، جو گئے کی الاپ کا وقت ہے''۔ [11]

اسی بیداری کے جذبہ واحساس کو لے کر سرسید احمد خان نے ایک تحریک چلائی جسے تاریخ میں علیگڑھ تحریک کے نام سے جانا جاتا ہے۔سرسید نے اپنے رفقاء کی ایک جماعت بنائی تھی۔جس میں حالی، آزاد، نذیر احمد، محسن الملک، وقار الملک وغیرہ ذی شعور لوگ شامل تھے۔ انہوں نے ادب کے مختلف اسالیب کو اپنے اظہار کا ذریعہ بنایا، اور ادب برائے زندگی کے نظریہ کو فروغ دیا۔اس طرح قوم میں بیداری کی روح پھونکی، چنانچہ جہاں حالی، آزاد نے قومی و نیچرل شاعری کی بنیاد ڈالی وہیں نذیر احمد قدیم داستانی قصوں کے بجائے ایسے قصے لکھے جس میں زندگی اور اس کے مسائل کا بیان ہو۔

اس طرح غیر شعوری طور پر لکھے گئے نذیر احمد کے یہ اصلاحی قصے اردو ناول کے ابتدائی نقوش بن گئے ڈاکٹر گیان چند جین لکھتے ہیں:۔

''انیسویں صدی کے آخری ربع میں ناولوں کا دور شروع ہوجاتا ہے نذیر احمد نے پہلا ناول لکھ کر داستان کو پیغام مرگ سنا دیا''۔ [12]

ناول کی تاریخ پر نظر ڈالنے سے قبل یہ جاننا ضروری ہے کہ ناول کیا ہے؟ اور کیوں اور کیسے وجود میں آیا۔؟

''ناول دراصل اطالوی (ITALIAN) زبان کے لفظ (NOVELLA) سے مشتق ہے جو انگریزی کے توسط سے اردو میں آیا''۔ ۱۳؎ ۔انگریزی میں لفظ NOVEL نئے کے معنوں میں استعمال ہوتا رہا ہے چونکہ ناول قدیم طرز کے قصوں سے جدا ہے اور اس میں ایک نیا پن پایا گیا ہے' اس لئے اسے ناول کہا گیا ہے۔ مغرب کے بیشتر ادیبوں نے ناول کی مختلف تعریفیں کی ہیں۔ ای۔ ایم فارسٹر نے ناول کی تعریف کرتے ہوئے لکھا کہ

> ''ناول ایک خاص طوالت کا نثری قصہ ہے''۔ ۱۴؎

ہنری جیمس رقم طراز ہے:

> ''ناول اپنی وسیع ترین تعریف میں زندگی کا شخصی اور راست اثر ہے''۔ ۱۵؎

لیکن یہ تعریفیں ناول کا مکمل احاطہ نہیں کرتیں' سہیل بخاری ناول کی تعریف یوں کرتے ہیں:۔

> ''ناول اس نثری قصے کو کہتے ہیں جس میں کسی خاص نقطہ نظر کے تحت زندگی کی حقیقی اور واقعی عکاسی کی گئی ہو''۔ ۱۶؎

آلِ احمد سرورؔ کے بموجب:

> ''ناول ایک بیانیہ فارم ہے اس میں ایک مثالی عمل ہوتا ہے۔ جس کی موضوعی اہمیت ہے۔ اور جو اس کے ساتھ مخصوص ہے' ناول معصومیت کے عالم سے Typical تجربے کی منزل تک کے سفر کا بیان ہے۔ اس نادانی جو بڑے مزے کی چیز ہے۔ یہ آدمی کو زندگی کے واقعی روپ کے عرفان تک لاتی ہے''۔ ۱۷؎

اس سلسلہ میں ڈاکٹر یوسف سرمست نے بڑی اچھی بات کہی' وہ لکھتے ہیں کہ:

> ''ناول کا فن زندگی کو پیش کرنا ہے اس کی باز تخلیق کرنا ہے' لیکن خود زندگی بڑی ہی بے کراں اور بے کنار چیز ہے' اس کا کوئی اور ہے نہ چھور' ناول کی تمام تر کوشش زندگی کو بھرپور طریقے پر پیش کرنے پر مرکوز ہوتی ہے' اور زندگی کو کوئی حد بندی نہیں کی جاسکتی اس کو محدود نہیں کیا جاسکتا' اس لئے

ناول کی بھی کوئی جامع اور مانع تعریف نہیں کی جاسکتی''۔ ۱۸؎

ناول فسانوی ادب کی وہ صنف سخن ہے جس میں بیانیہ انداز ہوتا ہے' قصہ اور واقعیت کے ساتھ زندگی کے ایک یا کئی پہلوؤں کو ایک مقصد ایک نقطہ نظر کے تحت پیش کیا جاتا ہے اسی لئے ناول کو زندگی کی روشنی کتاب ''تہذیب کا عکاسی نقاد اور پاسبان کہا گیا' کیونکہ اس میں انسان کی حقیقی زندگی کو صداقت کے ساتھ پیش کیا جاتا ہے۔ ناول کا فن انسانی معاشرے کی سرگرمیوں اور ان سے پیدا ہونے والی مختلف کیفیتوں کو پیش کرتا ہے ناول میں تخیل کے برخلاف حقیقت پر زور دیا جاتا ہے زندگی کے مسائل کا بیان اور ان کا حل پیش کیا جاتا ہے لحمہ بہ لحمہ تغیر پذیر زندگی سے ایک ناول نگار بھی تجربات حاصل کرتا ہے اور ان حاصل شدہ تجربوں کو ایک مخصوص نقطہ نظر کیساتھ فنی پیرائے میں ڈھالتا ہے۔ ہر ناول نگار کا نقطہ نظر یا نظریہ حیات جدا جدا ہوتا ہے۔ نذیر احمد مذہبی نقطہ نظر کے حامل تھے' راشید الخیری نے عورت کی مظلومیت کا بیان کیا ہے۔ سرشار کی نظر میں دنیا میں بے فکرے لوگ زیادہ ہیں' شرر کے ناولوں کو پڑھنے کے بعد یہ احساس ابھرتا ہے کہ عیسائی کے مقابلے میں مسلمان زیادہ جری اور بہادر ہیں۔ رسوا کی ''امراؤ جان'' سے پتہ چلتا ہے کہ طوائفوں میں بعض پاک دامن بھی ہوا کرتی ہیں' کرشن چندر کا خیال اگر سیاسی انقلاب پر قائم ہے تو سعادت حسن منٹو جنسیات سے زیادہ متاثر نظر آتے ہیں غرض ہر ناول نگار کا نقطہ نظر جدا جدا ہوتا ہے۔ موضوعات کے لحاظ سے ناول کی کئی قسمیں ہیں۔ لیکن انہیں عموماً دو بڑی اقسام میں تقسیم کیا گیا ہے۔ ایک رومانی دوسرے نفسیاتی۔ رومانی ناولوں میں واقعات پر زیادہ زور دیا گیا ہے اور اس سے حظ' تفریح' اصلاح یا مسرت آفرینی کا کام لیا جاتا ہے۔ اس میں عام طور سے مسائل پر بحث نہیں ہوتی' بلکہ اس کا رجحان عجائب نگاری' مثالیت پسندی' محبت شعاری' بزم آرائی' جنگ آرائی' حسن آفرینی غرض ایسے پہلوؤں کی جانب رہتا ہے جہاں تخیل کے ذریعہ اونچی اڑانیں بھری جاسکتی ہیں' اس سے متعلقہ اقسام میں عشقیہ' علمی' تبلیغی' جاسوسی' تاریخی' مہماتی' سیاحتی' سائنسی وغیرہ ناول ہیں۔ اس کے برعکس ناول کی دوسری بڑی قسم نفسیاتی ناولوں میں تخیل کو اتنی آزادی نہیں' یہاں حقیقت نگاری زیادہ ہوتی ہے' ناول نگار پابند ہوتا ہے اس میں معاشرت' سیرت و کردار اور نفسیاتی تجزیئے ہوتے ہیں۔ یہ ناول کسی ملک کی رسم و رواج' آداب و قواعد' مشاغل و معمولات اور عقائد و رجحانات وغیرہ کی گویا اس کی معاشرت کی ہو بہو تصویر کشی کرتے ہیں یا کسی

شخص کی سیرت بیان کرتے ہیں اور اس کی داخلی اور خارجی زندگی کا تصادم دکھاتے ہوئے کردار کے ارتقاء کو بیان کرتے ہیں۔ یا تحلیل نفسی کے ذریعہ لاشعور کی گتھیاں سلجھاتے ہیں۔

ناول کے کچھ فنی لوازم ہوتے ہیں جن کے بغیر ایک کامیاب ناول کا تصور نہیں کیا جاسکتا۔ ناول کیلئے موضوع کا ہونا ضروری ہے۔ موضوع کے انتخاب کے بعد ہی ناول نگار اپنے نقطہ نظر کی حد بندی کرسکتا ہے۔ ایک اچھا پھیلا ہوا مربوط پلاٹ ناول کی کامیابی کا ضامن ہوتا ہے' ناول میں قصہ پن یا واقعیت کا ہونا ضروری ہے۔ اس کے بغیر ناول میں دلچسپی قائم نہیں رہ سکتی۔ خلوص مقصد اور منطقی تسلسل ناول کا اہم عنصر ہے۔ ناولوں میں کردار ہوتے ہیں جو قصے کو آگے بڑھاتے ہیں کرداروں کا تعلق حقیقی زندگی سے ہونا چاہئے۔ کامیاب کردار وہ ہوتے ہیں جو ناول نگار کے ہاتھوں کٹھ پتلی نہیں بنتے۔ کردار نگاری کے علاوہ منظر نگاری' مکالمے' زبان و بیان' اتحاد زمان و مکان' نظریہ حیات یہ چند عناصر ہیں جن کے ایک خاص تناسب میں ملنے سے ایک ناول کی تشکیل ہوتی ہے ان عناصر میں اعتدال ایک اچھے ناول کی نشانی ہے۔

مغرب میں ناول نگاری کا آغاز اٹھارویں صدی عیسوی ہی میں ہو چکا تھا۔ اس سے قبل وہاں ایسے قصے لکھے جاتے تھے جو رومانس کے نام سے مشہور تھے۔ جس میں تخیل کے سہارے حسین زندگی کے مرقعے کھینچے گئے تھے۔ لیکن یورپ کے صنعتی انقلاب نے وہاں ایک عظیم انقلاب برپا کیا اور زندگی تغیرات سے دوچار ہوئی۔ زندگی کی تیز رفتاری' ترقی نے جہاں معاشرت میں تبدیلی ہوئی اس کا اثر وہاں کے ادب پر بھی پڑا۔ اور تخیلی قصوں کی جگہ حقیقی زندگی کو ادب میں پیش کیا جانے لگا۔ اور ناول نگاری کا آغاز ہوا' چنانچہ انگریزی کا پہلا مکمل ناول سیموئیل رچرڈسن کا ''پامیلا'' ہے۔ ہندوستان میں اس کے لگ بھگ سو برس بعد ناول نگاری کا آغاز ہوتا ہے۔

> ۱۸۵۷ء کی جنگ آزادی کے بعد یہاں کی زندگی میں بڑا تغیر آیا' زندگی کی متزلزل بنیادوں کو سہارا دینے اور انہیں مضبوطی عطا کرنے کیلئے چند مصلحین قوم اٹھ کھڑے ہوئے' اور انہوں نے زندگی اور ادب دونوں میں اصلاح کے کام شروع کئے' اسی سلسلے میں نذیر احمد کا نام اہم ہے۔ جنہوں نے قدیم طرز کی قصہ گوئی کو ترک کرتے ہوئے ایسے قصے لکھنے شروع کئے جس میں حقیقی زندگی کے مسائل کا بیان ہو' چنانچہ ۱۸۶۹ء میں

انہوں نے اپنا پہلا ناول ''مراۃ العروس'' تصنیف کیا' اردو کے محققین میں اردو کے پہلے ناول نگار کے تعین کے سلسلے میں اختلاف رائے پایا جاتا ہے' بعض محققین نذیر احمد کو پہلا ناول نگار مانتے ہیں اور بعض مولوی کریم الدین کو جنہوں نے ایک تمثیلی قصہ ''خط تقدیر'' کے نام سے لکھا تھا۔ جس کی اشاعت ۱۸۶۴ء میں عمل میں آئی۔ محمود الہٰی مولوی کریم الدین کو اردو کا پہلا ناول نگار دیتے ہوئے لکھتے ہیں کہ: ''انہوں (مولوی کریم الدین) نے نہ صرف یہ کہ اردو میں پہلی بار ناول لکھا بلکہ اسے سماج کے مختلف طبقوں کا نمائندہ بنانے کی کوشش کی''۔ ۱۹

تاریخی اعتبار سے ''خط تقدیر'' کو ''مراۃ العروس'' پر فوقیت حاصل ہے۔ لیکن اردو کی بیشتر ناقدوں نے نذیر احمد کو ہی اردو کا پہلا ناول نگار مانا ہے حالانکہ نذیر احمد کے ناول بھی موجودہ ناول کی کسوٹی پر پورے نہیں اترتے' اسی لئے احسن فاروقی انہیں تمثیلیں کہتے ہیں:۔

''ان تصنیفات کے واقعی پہلو پر نظر کرتے ہوئے ان کو ناولیں بھی کہہ دیا گیا ہے اور یہ غلطی عام ہوگئی ہے کہ مولانا اردو کے پہلے ناول نگار ہیں ان کی تصنیفات اسقدر کھلی ہوئی تمثیلیں ہیں کہ ان کو ناول کہنے والوں پر تعجب ہوتا ہے یہ بنیادی طور پر تمثیلیں ہیں''۔ ۲۰

نذیر احمد کے ناولوں میں بیشتر کردار مختلف اوصاف کے حامل ہیں اور ان میں ایک طرح کی مثالیت دکھائی دیتی ہے اس کے باوجود ان کے قصوں کو تمثیلیں کہکر ان کی اہمیت کو کم نہیں کیا جاسکتا اور بقول وقار عظیم:۔

''یہ صحیح ہے کہ نذیر احمد کے قصے اس مفہوم میں ناول نہیں ہیں جو ہم نے مغرب سے لیا ہے' لیکن اس میں شبہ نہیں کہ ناول کی داغ بیل انہی قصوں نے ڈالی''۔ ۲۱

اور بقول ہارون ایوب کے:

''اردو ناول نگاری میں نذیر احمد پہلے ناول نگار ہیں جنہوں نے کہانی اور کرداروں کو ان کے حقیقی روپ میں پیش کیا''۔ ۲۲

نذیر احمد کے ناولوں میں بے شک وہ فنی لوازم نہیں جو کہ ایک ناول کیلئے ضروری خیال کئے جاتے ہیں لیکن نذیر احمد نے ایک نئے طرز کی بنیاد ڈالی تھی۔ اس لئے ان لوازم کی تلاش نذیر احمد کے ہاں پوری نہیں ملتی۔ نذیر احمد نے اصلاح کا بیڑہ اٹھایا تھا' اور معاشرہ کی بدحالی' اخلاق کی درستگی' تعلیم وتربیت کو درست کرنے کیلئے' انہوں نے اپنی بچیوں کو یہ قصے لکھ کر دیئے اور جب یہی قصے ۱۸۶۹ء میں ''مراۃ العروس'' کے نام سے چھپ کر شائع ہوئے تو انہیں قبولیت دوام حاصل ہوئی' اس طرح کی مقبولیت کے بعد انہوں نے اور کتابیں لکھنی شروع کیں' جن میں ناول کے فنی لوازم آتے گئے۔ نذیر احمد نے بہت سے ناول لکھے جن میں ''مراۃ العروس'' ''بنات النعش'' ''توبۃ النصوح'' ''ابن الوقت'' ''محصنات'' ''ایامیٰ'' ''رویائے صادقہ'' ''منتخب الحکایات'' شامل ہیں۔ ''مراۃ العروس'' میں واعظانہ رنگ پورے طور پر دکھائی دیتا ہے اس میں دو متضاد لڑکیوں کے کرداروں کو پیش کرتے ہوئے نذیر احمد نے درس وتدریس کا کام بڑے سلیقہ سے لیا ہے۔ ''بنات النعش'' میں ''مراۃ العروس'' کا رنگ غالب ہے ''توبۃ النصوح'' میں اور ''ابن الوقت'' میں مغرب پرستی کی برائیاں بیان کرتے ہوئے اسلام کی بڑائی کا ذکر ہے۔ ''ابن الوقت'' کے کردار ''حجۃ الاسلام'' میں خود نذیر احمد کی جھلک دکھائی دیتی ہے کردار کی نفسیاتی پیشکشی کے لحاظ سے ان کا ناول ''فسانہ مبتلا'' بھی بڑی اہمیت رکھتا ہے۔

نذیر احمد کے ناولوں کے کرداروں کا تعلق حقیقی زندگی کے مختلف طبقات سے ہے۔ قدیم قصوں میں صرف طبقہ امراء کے کردار ہوا کرتے تھے۔ نذیر احمد کے ناولوں میں عوام پہلی مرتبہ شامل ہوتے ہیں۔ ان ناولوں کی ایک خصوصیت یہ بھی ہے کہ یہ اردو کے پہلے ناول ہیں جو بچوں اور بچیوں کے پڑھنے کے لئے لکھے گئے۔ عورتوں کی تعلیم کی نذیر احمد کو بہت فکر تھی وہ سمجھتے تھے کہ تربیت اولاد اور اصلاح رسوم کا کام اس وقت تک انجام نہیں دیا جاسکتا جب تک عورتوں میں تعلیم عام نہ ہو۔ انہوں نے اپنے ناولوں کے ذریعہ دینداری' خدا پرستی اور اصلاح معاشرہ کی تبلیغ کی۔ نذیر احمد قدیم تہذیب کے پرستار تھے' انہوں نے مغربی تہذیب کی یلغار کو روکنا چاہا' نذیر احمد نے اپنے ناولوں کے ذریعہ اور اکبر نے اپنی طنزیہ شاعری کے ذریعہ مغرب کی بے جا رسوم و بگڑی ہوئی تہذیب کا خوب مذاق اڑایا۔ لیکن نذیر احمد تعلیم کی اہمیت سے انکار نہیں کرتے تھے۔ نذیر احمد چونکہ ابتدائی ناول نگار ہیں اس لئے ان کے ہاں کچھ فنی خرابیاں واضح دکھائی دیتی تھیں۔ ان کے

ناولوں کے پلاٹ کمزور ہیں۔ واقعیت اور قصہ پن کم اور وعظ ونصیحت کے لکچر زیادہ ہوتے ہیں اس کے باوجود ان کے کرداروں میں تعمیر کی جلوہ گری نظر آتی ہے۔ان کے ناولوں کی زبان سلیس اور بامحاورہ ہے۔

حقیقت میں نذیر احمد کے ناول داستانوں سے انحراف کرتے ہوئے اردو ادب میں ایک نئے سنگ بنیاد کی حیثیت رکھتے ہیں۔انہوں نے اردو ناول نگاری کو بعض ایسی مستحکم روایات دیں کہ آج بھی اردو ناول نگاری ان سے کسی نہ کسی طرح استفادہ حاصل کر رہی ہے۔

ناول کے اس تشکیلی دور میں نذیر احمد کے بعد بڑا نام پنڈت رتن ناتھ سرشار کا ہے۔جنہوں نے متعدد ناول لکھے جن میں ''کڑم دھڑم'' ''کامنی'' ''رنگے سیار'' ''طوفان بدتمیزی'' ''سیر کہار' جام سرشار' کچھڑی دلہن' 'پی کہاں' اور 'چنچل نار'' شامل ہیں۔مگر ان کا ناول ''فسانہ آزاد'' بہت مقبول ہوا جو کہ اودھ پنچ میں طویل عرصہ تک قسط وار شائع ہوتا رہا۔''فسانہ آزاد'' اس عہد کا شاہکار ہے۔سرشار نے اس ناول میں آخری زمانہ کے لکھنو کی تہذیب وتمدن کا حقیقی نقشہ کھینچا ہے۔اس عہد کی محفلوں' مجلسوں' بازاروں' میلے ٹھیلوں' تعزیہ داری' عرسوں اور مشاعروں کی سیر کراتے ہوئے سرشار نے زندگی کا کوئی گوشہ ایسا نہیں چھوڑا جس سے ہم متعارف نہ ہو۔وقار عظیم' سرشار کے ناول نگاری کے بارے میں لکھتے ہیں:

> ''سرشار اردو کے پہلے ناول نگار ہیں' جنہوں نے زندگی کے پھیلاؤ اور اور اس کی گہرائی پر احاطہ کرنے کی طرح ڈالی اور اردو ناول کو اس کے بالکل ابتدائی دور میں ایک ایسی روایت سے آشنا کیا جسے فنی عظمت کا پیش خیمہ کہنا چاہئے۔سرشار نے لکھنوی معاشرے کو اپنا موضوع بنایا اور اس موضوع کو منتخب کرنے کے بعد اس بات کو اپنا منصب جانا کہ اس معاشرے کی انفرادی اور اجتماعی زندگی کے ہر پہلو کی اس طرح مصوری کریں کہ دیکھنے والے ان سب پہلوؤں کو جیتا جاگتا اپنی آنکھوں سے دیکھ سکیں''۔ ۲۳

''فسانہ آزاد' میں کرداروں اور واقعات کی بھیڑ بھاڑ دکھائی دیتی ہے' آزاد اور خوجی کے کردار بہت مشہور ہوئے۔خوجی کے کردار کے پس منظر میں اس عہد کے لکھنوی مزاج اور تہذیب ومعاشرت پر ایک طنز بھی ہے جس میں تلخی کی جگہ قہقہے ہیں۔''فسانہ آزاد' میں معاشرتی

پہلوؤں اور واقعات کے سوا کوئی دوسرے فنی عنصر مکمل نہیں۔اس میں کوئی واضح پلاٹ نہیں۔قصہ کا آغاز' ارتقاء کشمکش اور انجام جسے منطقی تسلسل کہتے ہیں وہ نہیں ہے۔ یہ ایک طرح کا مہماتی ناول ہے جس میں مختلف کرداروں کے واقعات کا بیان ہوا ہے۔ان واقعات میں کیا؟ اور کیوں؟ کے بجائے دلچسپ واقعات' ہنسی مذاق چٹکلے' لطیفے' فقرے بازیاں' دلچسپی بڑھاتے ہیں اپنی طوالت کے پیش نظر اسے داستان کے سلسلے سے ملانا چاہیے' لیکن اپنی حقیقت نگاری واقعات کے بیان' کرداروں کی تخلیق کے اعتبار سے ناولوں میں حصہ پاتا ہے۔سرشار کے بعد اس دور کے تیسرے بڑے ناول نگار عبدالحلیم شرر ہیں انہیں تاریخی ناول نگاری کا بانی کہا جاتا ہے' تاریخی ناول نگار تاریخ کا ایک شعور رکھتا ہے' اور بعض تاریخی واقعات اور کرداروں کو اپنے ناولوں میں بطور پس منظر استعمال کرتا ہے۔نذیر احمد نے اصلاح معاشرہ کا جو سلسلہ شروع کیا تھا' شرر نے اسے جاری رکھا' شرر کا اس بات پر ایقان تھا کہ اسلاف کے شاندار کارناموں کو یاد دلا کر اخلاف میں ایک نئی قوت عمل' ولولہ اور جوش پیدا کیا جائے' چنانچہ انہوں نے تاریخ اسلام کو اپنے ناولوں کا موضوع بنایا' اس کی ایک وجہ یہ بھی بتائی جاتی ہے کہ انگلستان اور یوروپی ممالک کی سیاحت کے دوران انہوں نے اسکاٹ کے تاریخی ناول ''طلسمان'' کا مطالعہ کیا تو اس کا گہرا اثر ان پر پڑا۔ان کا تاثر تھا کہ اس ناول میں اسلام کا مذاق اڑایا گیا۔ چنانچہ انہوں نے ردعمل کے طور پر جوابی ناول لکھنے کا عزم کیا۔ تاکہ اسلام کی عظمت اور سربلندی کو دکھلایا جائے' پھر ایسے ناول لکھے جن میں اسلامی تاریخ کے اوراق ماضی تازہ کئے گئے تھے۔شرر کے ناولوں میں یہ شعوری مقصد نمایاں ہے' شرر انگریزی جانتے تھے' اور انہوں نے اپنے ناولوں میں انگریزی ناول کے فن کو پوری طرح برتا' واقعات کے بیان میں انہوں نے مسلمان فوجوں کے جاہ وجلال' شان وشوکت کا تذکرہ بڑے زور وشور سے کیا۔ان کے ناولوں میں مکالمے طویل ہوتے ہیں' مسلمان ہی ان کے ناولوں کے ہیرو ہیں' اور وہ ہی ہمیشہ فتح یاب اور ظفر مند ہوتے ہیں' شرر نے تاریخی ناولوں کے کردار اور واقعات و مقامات تاریخ سے لئے ہیں' لیکن انہیں پیش کرنے میں مقامی فضا اور مقامی رنگ کو اختیار کیا' جسے تاریخی ناول نگاری کا عیب سمجھا جاتا ہے۔اس عیب سے قطع نظر ان کے ناول فن پر پورے اترتے ہیں' شرر کے ناولوں کی فہرست خاصی طویل ہے۔ ان کی پہلی کاوش ''ملک العزیز ورجنا'' ۱۸۸۸ء میں قسط وار چھپی اور مکمل ہوئی۔ ۲۴

یہ ناول اور ان کے دوسرے ناول ''حسن انجلینا'' ''منصور موہنا'' ان کے مشہور رسالے ''دل گداز'' میں قسط وار شائع ہوئے۔ شرر کے ناولوں میں ''ایام عرب'' ''فلورا فلورینڈا'' ''فتح اندلس'' ''حسن کا ڈاکو'' اور ''فردوس بریں'' قابل ذکر ہیں۔ ناول ''فردوس بریں'' کو سب سے زیادہ شہرت حاصل ہوئی۔ منظر نگاری اور کردار نگاری اس ناول میں اعلیٰ پائے کی ہے ''شیخ علی وجودی'' کا کردار فن کاری کا نمونہ ہے۔ انہوں نے بعض اصلاحی ناول بھی لکھے جیسے ''دربار رام پور'' ''آغا صادق کی شادی'' اور ''بدرالنساء کی مصیبت'' لیکن انہیں مقبولیت حاصل نہیں ہوئی۔ اس کے باوجود شرر نے اپنی ناول نگاری کے ذریعہ فن کے مسلمہ اصول پیش کیے۔ انہوں نے اپنے ناولوں میں پر تکلف منظر نگاری، رنگین اشعار زبان کے لطف، چاشنی اور چٹخارے اور ایک خاص قسم کی انشاء پردازی کو بہترین انداز میں ناولوں میں سمویا ہے، وقار عظیم کے بموجب:

> ''مغربی فن کی مبادیات اور مشرقی مزاج کی شوخی اور رنگینی کا امتزاج شرر کی قائم کی ہوئی روایت ہے، اور اس روایت کی پیروی اور تقلید ہمارے ناول نگاروں نے جتنی زیادہ کی ہے کسی اور روایت کی نہیں کی''۔ ۲۵

بیسویں صدی کے اس دور میں جس میں نذیر احمد، سرشار اور شرر نے ناول نگاری کی۔ ان کے اہم رجحانات ہندوستان کی سیاسی، سماجی، معاشی، معاشرتی زندگی سے وابستہ رہے اور اپنے ناولوں میں ان اثرات کو نمایاں کیا۔ ادب چونکہ خلاء میں تخلیق نہیں ہوتا، اس لئے معاشرہ، تہذیب و تمدن کے اثرات اس پر اثر انداز ہوتے ہیں، انسانی زندگی کے تغیرات کا اثر براہ راست ادب پر پڑتا ہے، حالانکہ ناول کے ارتقاء کی ابتدائی کڑیاں داستان گوئی سے وابستہ ہیں، لیکن یہاں کے وہ سیاسی، سماجی اور معاشی انقلاب ہی تھے جنہوں نے ادب کو گریز، فرار، تفریح اور عیش پرستی سے نکال کر اسے حقیقت پسندی، عمل اور جدوجہد کے دائرے میں داخل کیا۔ 1857ء کے بعد جب لوگوں کی آنکھیں کھلیں اور حقائق نظر آنے لگے تو ادب میں بھی زندگی کے حقائق پیش ہونے لگے اور اس حقیقت کے پیش کرنے کیساتھ ماضی کی عظمتیں بھی دکھائی گئیں تاکہ حال کی پستی کا احساس ہو سکے۔ جہاں نذیر احمد نے اپنے ناولوں سے اصلاح معاشرت کا کام لیا وہیں شرر نے مسلمانوں کی تاریخی عظمت کو بیان کرتے ہوئے اپنے دور کے لوگوں کی پستی و زبوں حالی کا ذکر کیا اور انہیں خواب غفلت سے جگانے کا کام کیا۔ سرسید نے بعض سیاسی اور معاشی مصلحتوں کے پیش نظر

''مغرب کی پیروی'' پر زور دیا۔ وہ رجحان ادب میں بھی آیا' لیکن اس کے ساتھ ساتھ اکبر کے ذریعہ مغرب بیداری اور مشرق پرستی پر چوٹیں بھی جاری رہیں' نئی اور پرانی اقدار کی کشمکش کے یہ رجحانات اس دور کے ناولوں میں پوری طرح نظر آتے ہیں۔

اس دور میں حالی نے بھی اصلاحی رنگ میں ایک ناول ''مجالس النساء'' لکھا۔ لکھنو میں ''اودھ پنچ'' کے ایڈیٹر منشی سجاد حسین کی کتابیں جس میں ''حاجی بغلول'' ''طرح دار لونڈی'' ''میٹھی چھری'' ''کایا پلٹ'' ''شیخ چلی'' ''احمق الذین'' ''پیاری دنیا'' وغیرہ شامل ہیں۔ ناول کی ساخت پر لکھی گئی۔ منشی سجاد حسین کے علاوہ نواب سید محمد آزاد جن کا ناول ''نوابی دربار'' 1878ء اور جوالا پرشاد برق کے ناولوں کے ترجمے جن میں ''مارآستین'' اور ''پرتاب رہنی'' مشہور نام ہیں۔

نذیر احمد کی قائم کردہ روایتوں کے آگے بڑھانے والے ان کے ہی ایک عزیز راشد الخیری ہیں۔ نذیر احمد' راشد الخیری کے پھوپا تھے' ان کی ذہنی تربیت میں نذیر احمد کا بڑا ہاتھ تھا ان کے ناول دراصل ''توبۃ النصوح'' اور ''بنات النعش'' کے سلسلے کی کڑیاں ہیں' انہوں نے بھی نذیر احمد کی طرح لڑکیوں کی تعلیم وتربیت کو اپنے ناولوں کا خاص موضوع بنایا۔ انہوں نے خاص طور پر ان مصائب وآلام کا ذکر کیا جن میں خواتین اس وقت گرفتار تھیں۔ عورتوں کی مظلومی ان کی توہم پرستی' کینہ پروری اور مہم رسومات کو ختم کرنے کیلئے انہوں نے آواز اٹھائی چونکہ ان کے ناولوں کا انجام اکثر وبیشتر المیہ پر ہوتا تھا اس لئے انہیں ''مصور جذبات'' مصور الم اور ''مصور غم'' کہا گیا اس کے باوجود ان کے ہاں غم کا وہ پراثر اور آفاقی تصور نہیں جو ایک المیہ میں ہوتا ہے۔ وہ اس تاثر کو پوری طرح ابھار نہیں سکے' ان کی تصانیف میں ''صبح زندگی'' ''شام زندگی'' ''نوحہ زندگی'' ''عروس کربلا'' ''سیدہ کا لال'' ''منازل سائرہ'' ''حیات صالحہ'' نوبت پنج روزہ'' ''سیلاب اشک'' جوہر عصمت' تحفہ شیطان'' ''بنت الوقت'' ''نانی ہشو'' ''بیلہ میں میلہ'' وداع خاتون'' ''شب زندگی'' اور ماہ عجم'' قابل ذکر ہیں۔ راشد الخیری نے پہلی مرتبہ ان ناولوں میں عورت کے مسائل کو عورت کی نظر سے دیکھا اور ایک مخصوص طبقہ کی ہمدردانہ حمایت کی روش ڈالی۔

اس دور کے دوسرے ناول نگاروں میں سجاد حسین کسمنڈوی' محمد علی طیب' قاری سرفراز حسین عربی اور دوسرے ناول نگاروں نے ناول کی روایتوں کو فروغ دینے کی کوشش کی' مگر بحیثیت مجموعی ان میں کوئی ناول کے فکروفن کی ترقی کی طرف قدم نہیں بڑھا سکا' اس کے فوراً بعد مرزا سوا کی ناول

نگاری کا دور سامنے آتا ہے‘ مرزا محمد ہادی رسوا عام طور سے ’’امراؤ جان ادا‘‘ کے مصنف کی حیثیت سے تاریخ ادب میں مشہور ہیں‘ ان کا ناول 1899ء میں شائع ہوا۔ رسوا نے جملہ پانچ ناول لکھے جن کے نام یہ ہیں۔ ’’افشائے راز‘‘ ’’اختری بیگم‘‘ ’’ذات شریف‘‘ ’’شریف زادہ‘‘ ’’امراؤ جان ادا‘‘ یہ تمام ناول معاشرتی زندگی کے مختلف پہلوؤں کی آئینہ داری کرتے ہیں لیکن ناول ’’امراؤ جان ادا‘‘ فنی طور پر ان کی بہترین تخلیق ہے‘ کہنے کو تو اس ناول میں ’’امراؤ جان‘‘ نامی ایک لکھنوی طوائف کا قصہ ہے۔ طوائفوں کا ذکر پہلے ناولوں میں بھی ملتا ہے لیکن اس ناول میں رسوا نے لکھنو کے انحطاط پذیر معاشرے وہاں کی تہذیب کی اس کے علاوہ جذبات انسانی کی مصوری کا کمال دکھایا ہے۔ ڈاکٹر مجتبیٰ حسین لکھتے ہیں:

> ’’اس ناول (امراؤ جان ادا) میں طوائف نہ صرف ایک سماجی علامت ہے بلکہ وہ معصومیت کا المیہ بن جاتی ہے۔ یہاں معصومیت اغوا کی جاتی ہے بیچی جاتی ہے مجروح کی جاتی ہے اور آخر میں بھلا دی جاتی ہے اس طرح یہ ناول خیر وشر کی بڑی علامت بن جاتا ہے‘‘۔ ۲۶

یہ ناول فنی اعتبار سے ایک کامیاب ناول ہے قصہ میں ترتیب ربط اور تسلسل ہے۔ کردار نگاری پورے عروج پر ہے‘ ناول کا پلاٹ سلجھا ہوا ہے‘ زبان و بیان کے لحاظ سے بھی یہ ایک بے عیب تصنیف ہے۔ ’’امراؤ جان‘‘ اس ناول کا سب سے اہم کردار ہے۔ جس کی شخصیت اور سیرت کا فنی نقطہ نظر سے تجزیہ کے بعد پتہ چلتا ہے کہ یہ اردو ناولوں کا پہلا بڑا اور مکمل کردار ہے۔ رسوا نے اس ناول میں امراؤ جان کی ذہنی کیفیات‘ قلبی واردات اور نفسیاتی حالات کی آئینہ داری فنکارانہ مہارت اور خوش اسلوبی کے ساتھ کی ہے۔ اور بقول اسلم آزاد:

> ’’حقیقت یہ ہے کہ مرزا رسوا کا ناول ’’امراؤ جان ادا‘‘ اردو ناول کی کلاسیکی سرمائے اپنے فنی محاسن کے اعتبار سے ایک امتیازی درجہ رکھتا ہے‘‘۔ ۲۷

اس ناول میں پہلی مرتبہ جس انداز میں انسانی نفسیات کا ماہرانہ تجزیہ کیا گیا ہے وہ اس سے قبل کے ناولوں میں نہیں ملتا۔ ابواللیث صدیقی کے بموجب:

> ’’امراؤ جان ادا‘ کو اردو میں نفسیاتی ناول کا پہلا کامیاب نمونہ قرار دیا

جاتا ہے''۔ ۲۸؎

ایک طوائف کی زندگی میں کوئی شایان شان بات نہیں ہوتی کہ انہیں ناول میں بیان کیا جائے لیکن رسوا کی ''امراؤ جان'' حقیقت میں طوائف نہیں تھی بلکہ حالات کا شکار ہوئی تھی' رسوا نے اس کی زندگی میں پیش آئے مختلف حالات کا نفسیاتی تجزیہ کرتے ہوئے انہیں واقعات کے پس منظر میں بیان کیا۔ اس اعتبار سے ''امراؤ جان ادا'' اردو میں ایک منفرد ناول ہے' اور بقول وقار عظیم:

> ''رسوا نے فلسفیانہ فکر' نفسیاتی تجزیہ' ادبی اور شاعرانہ ذوق اور فنی حسن ترتیب کو یکجا کر کے ''امراؤ جان ادا'' کو ناول نگاری کے فن میں بلندی' تعمق' ہمہ گیری' لطافت ونزاکت اور ان سب باتوں کے ساتھ ساتھ تاثیر کی اقدار کا حامل بنا دیا اور اس ناول نگاری کا فن پہلی مرتبہ اس عروج پر پہونچا جہاں فلسفے اور شاعری کا اعلیٰ قدریں پوری طرح ایک دوسرے کی ہم نوا اور ہم عناں نظر آتی ہیں''۔ ۲۹؎

اسی موضوع پر قاضی سرفراز حسین کا ناول ''شاہد رعنا'' بھی ہے۔ جو 1898ء میں شائع ہوا چنانچہ بہت سے ناقدین فن نے ان دونوں میں مماثلت تلاش کرنے کی کوشش کی ہے اور یہ کہا گیا کہ رسوا نے ''امراؤ جان'' کو ''شاہد رعنا'' کے طرز پر لکھا' اس تعلق سے پروفیسر یوسف سرمست لکھتے ہیں:

> ''شاہد رعنا' اور ''امراؤ جان ادا'' میں شروع سے اخیر تک بیشمار مماثلتیں پائی جاتی ہیں''۔ ۳۰؎

لیکن رسوا نے ان مماثلتوں کے باوجود اپنے مخصوص فنکارانہ انداز سے اس میں ایسی جدت پیدا کی ہے کہ یہ مماثلتیں کمزور پڑ جاتی ہیں' ابواللیث صدیقی کہتے ہیں:

> ''دونوں قصوں میں کہیں کہیں مماثلت ہے لیکن ''امراؤ جان ادا'' فنی اعتبار سے ''شاہد رعنا'' سے بالکل الگ ہے قاضی سرفراز حسین ایک مصلح اور مرزا رسوا ناول نگار ہیں دونوں ناولوں کا خاتمہ ہی اس کا تصفیہ کرنے کیلئے کافی ہے''۔ ۳۱؎

مرزا رسوا کے دور کے ہی ایک قابل ذکر ناول نگار مرزا سعید ہیں جن کے ناول ''خواب

مستی'' (1905ء) اور ''یاسمین'' (1908ء) میں زندگی کے معاشرتی بحران کو پیش کیا گیا ہے۔ معاشرے میں توازن، اخلاقی اقدار کیلئے مذہب کی ضرورت پر زور دیا گیا ہے اور مذہب سے بیگانگی اور بیزاری سے کس طرح معاشرے میں خرابیاں پیدا ہوتی ہیں اس کا تذکرہ ناول کے فنی حدود میں رہ کر کیا گیا۔

ناول نگاری کے اس دور میں حقائق زندگی کے اور زندگی کے مسائل کو پیش کیا گیا۔ تحلیل نفسی کے ذریعہ کرداروں کا نفسیاتی تجزیہ کیا گیا۔ جہاں رسوا، مرزا سعید، راشد الخیری اور دوسرے ناول نگار نئی اور پرانی قدروں کو باقی رکھنے کی کوشش کر رہے تھے، وہیں ایک حلقہ میں ان قدروں سے بیزارگی اور ان سے بغاوت کا رجحان بھی پرورش پا رہا تھا، یہ انسانی زندگی کی فطرت رہی ہے کہ وہ ہمیشہ تغیرات دیکھنا پسند کرتی ہے، ایک طرح کی چیزوں کو مسلسل گوارا نہیں کرتی۔ ادب میں بھی ایک عہد کے بعد قدیم رجحانات کی جگہ نئے اور متضاد رجحانات جگہ پانے لگے۔ چنانچہ حقیقت پسندی کے ایک دور کے بعد ادب میں رومانی و جمالیاتی رنگ جگہ پانے لگا۔ اردو میں رومانی و جمالیاتی تحریک مغربی ادب سے آئی۔ رومانیت کی اہم خصوصیت حقیقی زندگی سے فرار کی خواہش ہے۔ تخیل کے حسین سپنوں کے سہارے حسن کی پرستش ہونے لگی۔ ایک ایسی دنیا کی خواہش اور تمنا کی گئی جس میں محبت اور عشق کی آزادی ہو، جمال پرستی میں عورت کے ظاہری حسن کے تذکرے خوب کئے گئے، اس طرح کے ادب کو ''ادب لطیف'' کہا گیا۔ مغربی ممالک میں جہاں زندگی ایک مخصوص ڈگر پر چل رہی ہے اس طرح کے قصے عام تھے ہمارے بعض ادیبوں نے ترجموں کے ذریعہ رومانی اثرات کو اردو ادب میں پیش کیا۔ رومانیت کوئی تحریک نہیں، یہ مختصر عرصہ کیلئے اردو ادب میں آئی، لیکن ناول کے وسیع کینوس نے ایک مرتبہ پھر ادب میں مختصر جگہ بنالی، رومانی ادیبوں میں سجاد حیدر، یلدرم اور نیاز فتح پوری مشہور ہیں، انہوں نے ترکی ادب کی تحریروں کو اپنے مخصوص اسلوب میں اس انداز سے پیش کیا کہ یہ ترجمہ نہیں لگتیں، سجاد حیدر یلدرم نے رومانی افسانے زیادہ لکھے۔ لیکن نیاز کے دو ناول اس سلسلہ میں مشہور ہیں جن میں پہلا ''ایک شاعر کا انجام'' (1913ء) میں اور دوسرا ''شہاب کی سرگذشت'' ایک بہتر ناول ہے۔ اس میں جذباتیت زیادہ ہے فنی پختگی کی کمی محسوس ہوتی ہے ''شہاب کی سرگذشت'' ایک بہتر ناول ہے اس میں اسلوب زیادہ نکھرا ہوا دکھائی دیتا ہے اس ناول میں نیاز صاحب نے ازدواجی زندگی کے اہم مسئلہ

کو اٹھایا ہے ایک کردار ''شہاب'' کی نفسیاتی کشمکش کو پیش کیا گیا ہے' زندگی کے بعض تجربوں کو شاعرانہ انداز میں پیش کیا گیا ہے خاص طور پر اس ناول کے خطوط' لباس اور مناظر کی تصویر کشی' رقص کے وقت اعضاء کی جنبش کا مصورانہ بیان ہوا ہے نیاز نے اپنے ناولوں میں اپنے نظریات اور اپنی انشاء پردازی کے جوہر دکھائے اور یوسف سرمست کہتے ہیں:

''نیاز نے اردو ناول کی اہم خدمت انجام دی اور اس کو نہ صرف ایک نئی وسعت سے روشناس کرایا بلکہ اپنی رومانی بغاوت سے آئندہ آنے والے ناول نگاروں کے انقلابی رجحانات کیلئے راستہ صاف کیا''۔ ۳۲؎

نیاز کے اس رومانی رنگ کو آگے بڑھاتے ہوئے کرشن پرشاد کول نے ایک ناول ''شاما'' لکھا۔علی عباس حسینی نے اپنا پہلا ناول ''خاف کی پری'' (1919ء) میں لکھا' رومانی تحریروں کا خاص وصف ان کا دلچسپ اسلوب نگارش ہے' جس کی بدولت ان تحریروں کو مقبولیت حاصل ہوئی۔

بیسویں صدی کے ابتدائی ربع اول میں ہندوستان میں سیاسی بیداری بڑھ گئی تھی۔ جدوجہد آزادی تیز ہوگئی تھی پہلی جنگ عظیم کا خاتمہ ہو چکا تھا' اس دور کی ناول نگاری ہندوستان کی سیاسی اور سماجی زندگی کی تبدیلیوں کی آئینہ دار ہے۔مغرب و مشرق کی تہذیبوں کے تصادم کے اثرات ادب میں بھی نمایاں ہوئے۔مغربی تہذیب کے اثرات نے ہندوستان کو بعض پرانی فرسودہ روایات سے آزاد کرایا اور ایک نیا اور صحتمند شعور بخشا۔ہندوستان کی بیشتر آبادی گاؤں اور دیہاتوں میں رہتی بستی تھی۔ایک بڑے انقلاب کے لئے ان دیہاتوں کو آزادی کے مقصد سے آگاہ کرانا ضروری تھا' چنانچہ گاندھی جی نے گاؤں گاؤں سفر کیا اور دیہاتوں کے سینوں میں آزادی کی چنگاری بھڑکائی اور انہیں آزادی کی نعمتوں اور برکتوں سے واقف کروایا۔اس دور کی اردو ناول نگاری میں بھی ایک بڑا نام ''پریم چند'' کا ملتا ہے جنہوں نے اپنی ناول نگاری کے ذریعہ ان دیہاتوں میں رہنے والوں کی زندگی سے متعلق مسائل کو پیش کیا۔پریم چند کی ناول نگاری اردو ناول میں ایک اہم موڑ رکھتی ہے اس لئے یوسف سرمست کے بموجب ''پریم چند اردو ناول میں ایک عہد کی حیثیت رکھتے ہیں''۔

پریم چند کی ناول نگاری بیس پچیس سال کے عرصہ پر محیط ہے اور ان کے ناولوں میں کم و

بیش وہ سبھی رجحانات دکھائی دیتے ہیں جو اس وقت کی ناول نگاری میں رائج تھے پریم چند کے ناولوں کے موضوعات میں دیہات یا دیہاتی زندگی ایک اہم عنصر ہے۔ان کے ناولوں میں جہاں ایک مظلوم مزدور' کسان کی زندگی کی کشمکش ملتی ہے وہیں جابر زمیندار ٹھیکہ دار' سرمایہ دار کے مظالم کی داستان بھی ملتی ہے۔ انہوں نے پسماندہ ہریجن طبقہ کیلئے بھی آواز اٹھائی ہے' اور سیاسی جماعتوں اور لیڈروں کی استحصال پسندانہ سازشوں سے غریب عوام کو آگاہ کرایا۔ پریم چند نے اپنے ناولوں میں پرانی فرسودہ رسوم وروایات کی برائیاں بیان کی ہیں' مذہبی ٹھیکہ داروں کے بے جا قیود سے لوگوں کو آگاہ کرایا' دیہاتی زندگی کے ساتھ ساتھ پریم چند نے ''شہری بابو'' ''مل مزدور'' شہروں کی تیز رفتار زندگی اور شہری لوگوں کے مسائل کا اپنے ناولوں میں تذکرہ کیا۔ پریم چند کے ناولوں کے موضوعات بہت پھیلے ہوئے ہیں۔ پریم چند نے اپنی طویل ناول نگاری کے دور میں حسب ذیل ناول لکھے۔

(۱) اسرار معابد۔ (۲) ہم خرما و ہم ثواب ۔ (۳) جلوہ ایثار ۔ (۴) بیوہ۔ (۵) بازار حسن ۔ (۶) گوشہ عافیت ۔ (۷) نرملا ۔ (۸) غبن ۔ (۹) چوگان ہستی ۔ (۱۰) پردہ مجاز ۔ (۱۱) میدان عمل ۔ (۱۲) گئودان ۔ (۱۳) منگل سوتر۔

پریم چند کے ابتدائی ناولوں میں ہندو معاشرہ کی بری رسومات کا ذکر ملتا ہے وہ پجاریوں اور مہنتوں کی اصلی زندگی کو بے نقاب کرتے ہوئے ان کے زہریلے اثرات سے معاشرہ کو محفوظ رکھنا چاہتے ہیں' ہندو سماج میں بیوہ عورت کی حالت زار کو انہوں نے اپنے ناول ''ہم خرما و ہم ثواب'' میں پیش کیا۔ یہ ناول 1906ء کے قریب لکھا گیا۔ بعد کے آنے والے ناولوں میں پریم چند کی ناول نگاری کا کینوس وسعت اختیار کر لیتا ہے اور وہ پورے ہندوستانی معاشرہ کی اصلاح میں کوشاں نظر آتے ہیں۔ اپنے ناول ''بازار حسن'' میں انہوں نے ایک مجبور طوائف ''دسمن'' کی زندگی کو پیش کرتے ہوئے سماجی' اخلاقی اور اقتصادی پس منظر میں معاشرہ کی خرابی کو پیش کیا' ان کے ناولوں ''گوشہ عافیت'' ''چوگان ہستی'' اور ''میدان عمل'' میں سیاسی بیداری اور حصول آزادی کی جدوجہد دکھائی دیتی ہے اور گاندھی جی کی تعلیمات کی تائید ملتی ہے۔

ناول ''گئودان'' میں پریم چند اپنی ناول نگاری کی معراج پر دکھائی دیتے ہیں۔ یہ ناول 1934-35ء میں لکھا گیا' پریم چند کے ناقدین نے اسے نہ صرف پریم چند کا بلکہ اردو کا ایک

کامیاب ناول قرار دیا ہے۔ اسے ہندوستانی زندگی کا المیہ بھی قرار دیا جاسکتا ہے۔ ''گئو دان'' ایک کسان ''ہوری'' کا المیہ ہے جو اپنی ساری زندگی سماج و معاشرہ کی قید و بند سہتے ہوئے مصیبتوں میں گذارتا ہے' وہ محنت کرتا ہے لیکن اس کا صلہ زندگی بھر نہیں ملتا' پریم چند نے فنکاری سے اسے پیش کیا ہے فنی اعتبار سے بھی یہ ایک کامیاب ناول ہے کردار نگاری اعلیٰ پیمانے کی ہے۔

پریم چند شاید پہلے ناول نگار ہیں جنہوں نے مقصدیت اور فن دونوں کو اپنے ناولوں میں کامیابی کیساتھ برتا۔ انہوں نے اپنی مقصدیت کو کبھی فن پر غالب دکھائی نہیں دیا' ان سے پہلے کے ناول نگاروں کی مقصدیت ان کے فن پر غالب دکھائی دیتی ہے' پریم چند کے ابتدائی ناولوں میں بعض خامیاں واضح دکھائی دیتی ہیں' جیسے کمزور بنیادوں پر ناول کی تعمیر' واقعات کی بھرمار یا ان کے بے جا استعمال کمزور کرداروں کی پیشکشی وغیرہ لیکن گئودان تک پہونچتے پہونچتے وہ ان خامیوں پر قابو پاجاتے ہیں۔

بہرحال پریم چند نے اپنی ناول نگاری کے ذریعہ ہندوستانی معاشرہ ہندوستانی معاشرہ کی حقیقی تصویر کشی کی ہے پہلی مرتبہ انہوں نے نچلے طبقے کی محنت کش عوام کو اپنے ناولوں کا ہیرو بنایا۔ جہاں انہوں نے سماج کے عدم توازن کو دور کرنے کی کوشش کی وہیں اپنے ناولوں کے ذریعہ آزادی کے حصول کے جذبہ کو ابھارا۔ اور اردو ناول کو ایک جامع روایت دی۔ وقار عظیم کے خیال میں:

> ''پریم چند کے ناول اردو ناول کی تاریخ میں زندگی اور فن کی عظمت اور بلندی کے بہترین مظہر ہیں' پریم چند سے اچھے اچھے ناول نگاروں نے فن کی جو روایت قائم کی تھی پریم چند نے نہ صرف اسے ایسے امکانات کا حامل بنایا کہ اجتماعی اور انفرادی زندگی کا کوئی موقع اور فکر' احساس اور جذبہ کی کوئی پیچیدگی اس کیلئے بیگانہ نہیں رہی' پریم چند کے ناول بیک وقت ٹالسٹائے کی وسیع النظری اور ڈکنس کی مردم شناسی کے حامل ہیں۔ اور مشرقی مزاج کے صحیح آئینہ دار بھی''۔ ۳۳

پریم چند کے دور میں ہندوستان میں سیاسی وسماجی بیداری کی لہر تیز ہوگئی تھی' ایک طرف سیاست دانوں کے ذریعہ حصول آزادی کی جدوجہد زور پکڑتی جارہی تھی دوسری طرف ادب میں بھی نئے خیالات' نئے تجربات ہونے لگے تھے' ہندوستان میں صرف سیاسی آزادی کو ہی بنیاد نہیں

بنایا گیا تھا بلکہ اس کے ساتھ سماجی اور معاشی حالات کی بہتری بھی ضروری سمجھی جاتی تھی، سائنس کی ترقی نے بہت سی فرسودہ رسوم وروایات کے طلسم توڑے، مذہب سے بیگانگی بڑھنے لگی، سماجی، مذہبی، اخلاقی اصول وضوابط سے بیزارگی اور بغاوت کے جذبہ عام ہونے لگے، یہی باغیانہ خیالات ترقی پسند تحریک کے آغاز کے ساتھ شدت اختیار کر لیتے ہیں یہ ایک طرح کی روحانی بیچینی تھی، جس کا تذکرہ اس دور کی ناول نگاری میں زیادہ ملتا ہے، خارجی حالات کی عکاسی کے ساتھ ساتھ کرداروں کی داخلی کیفیات، نفسیاتی کشمکش کا اظہار ملتا ہے۔

روس کے ''اکتوبر انقلاب'' کے بعد ساری دنیا میں مارکس کے نظریات عام ہوئے اور ان کی مقبولیت میں اضافہ ہوا اشتراکیت کے نظریہ کو فروغ ہوا۔ اردو ناولوں میں بھی اسے پیش کیا گیا۔ ناول کی ہیئت میں تبدیلی واقع ہوئی اور اندرونی جذبات واحساسات پر زیادہ زور دیا جانے لگا اس دور میں ناول ڈائری اور خطوط کے انداز میں لکھے گئے۔ اس طرز پر قاضی عبدالغفار نے دو ناول ''لیلیٰ کے خطوط'' 1932ء میں اور ''مجنون کی ڈائری'' 1934ء میں لکھے۔ ل۔ احمد نے ''فسانہ محبت'' روائداد نگاری کی ٹیکنیک پر لکھا۔

ہندوستان میں ترقی پسند تحریک کے آغاز سے قبل ہی لندن میں مقیم چند ہندوستانی طلبہ جن میں سجاد ظہیر، ملک راج آنند وغیرہ شامل ہیں ترقی پسندی کی بنیادیں ڈال چکے تھے۔ جہاں 1935ء میں ترقی پسند مصنفین کے عنوان سے ترقی پسند ادب لکھ رہے تھے۔ ہندوستان میں اپریل 1936ء میں لکھنو میں ترقی پسند تحریک کی پہلی کانفرنس پریم چند کی صدارت میں منعقد ہوئی۔ جس میں پریم چند نے اپنا تاریخی خطبہ پڑھا اور ادب برائے ادب کے بجائے ادب برائے زندگی کا نعرہ بلند کیا ترقی پسند مصنفین نے اشتراکیت کو فروغ دیتے ہوئے جاگیردارانہ نظام کے خاتمہ پر زور دیا۔ ادب کے فرسودہ ڈھانچوں کو توڑ کر یہ باور کرایا گیا کہ ادب کا مقصد تفریح نہیں ادب کو افادی ہونے کے ساتھ ساتھ حقیقی زندگی کا آئینہ دار ہونا چاہئے۔

حقیقت نگاری ترقی پسند تحریک کی امتیازی خصوصیت ہے اگر چہ نذیر احمد سے لے کر پریم چند تک سب کے پاس حقیقت نگاری کے اچھے نمونے ملتے ہیں لیکن ترقی پسند تحریک میں حقیقت نگاری ایک نئی مفہوم کے ساتھ سامنے آتی ہے۔ حقیقت نگاروں نے خوبصورتی، بدصورتی، برائی، اچھائی کو جوں کا توں پیش کرنے کی کوشش کی، ادیبوں کو آزادی حاصل تھی، اس آزادی نے

بعض ایسی باتوں کو بھی عام کردیا جواب تک شجر ممنوعہ سمجھی جاتی تھی، عریاں نگاری اور جنسی خیالات کو پیش کرتے ہوئے ادیبوں نے حقیقت نگاری کے مفہوم کو وسعت دی۔ تحلیل نفسی کے ذریعہ کرداروں کی زندگی کا نفسیاتی تجزیہ کیا گیا' اور فرائڈ کے نظریات کو ادب میں کافی اہمیت دی گئی' اس کی ابتدائی مثال ''انگارے'' کا وہ افسانوی مجموعہ ہے جس میں لکھنے والوں نے آزادی سے اپنے خیالات کا اظہار کرتے ہوئے سماج و معاشرہ کی اندرونی گھٹن کو باہر نکالنے کی کوشش کی۔ ''انگارے'' کے افسانوں میں جذباتیت زیادہ ہے لیکن ترقی پسندی کی طرف یہ واضح قدم ہے۔

ترقی پسند تحریک کی نمایاں خصوصیت حقیقت نگاری ہے۔ اگرچہ حقیقت نگاری کسی نہ کسی صورت میں نذیر احمد سے لے کر پریم چند تک سب ہی کے پاس ملتی ہے لیکن اپنی نمایاں ترین میں یہ اس تحریک کے ساتھ ہی اردو میں فروغ پاسکی۔ حقیقت نگاری کا لازمی نتیجہ یہ ہوا کہ اس دور کے ادیب داخلی اور خارجی دونوں زندگیوں کو پیش کرنے پر مجبور ہوگئے۔ ترقی پسند ادیبوں پر مارکس اور فرائڈ کے نظریات کا بہت اثر رہا' مارکس کے زیر اثر خارجی زندگی' ماحول اور معاشرہ کی زندگی پر اثرات کا تجزیہ ہونے لگا اور فرائڈ کے زیر اثر انسان کی داخلی زندگی کی کشمکشوں' اس کی خواہشات و جذبات کی حقیقت منظرکشی کی جانے لگی۔ اس لئے نفسیات کے مطالعہ کو اہمیت دی گئی۔ فرائڈ کے نظریہ کے مطابق انسان خواہشات کا پتلا ہے۔ اس کی بہت سی خواہشات کی تکمیل نہیں ہو پاتیں۔ اور اس کے لاشعور میں دبی رہتی ہیں اور جب کبھی موقع ملتا ہے یہ خواہشات مختلف ذرائع سے اپنی تشفی کا سامان کرلیتی ہیں۔ فرائڈ ادب کو بھی جنسی خواہشات کی تسکین کا ذریعہ مانتا ہے ایک تخلیق کار اپنی نامکمل خواہشات کی تکمیل اپنی ادبی تخلیق کے ذریعہ کرتا ہے۔ جس میں ہر طرح کی آزادی حاصل ہوتی ہے۔ فرائڈ کے نظریات نے ترقی پسند ادب کو بہت متاثر کیا۔ اور پس پردہ رہنے والی باتوں اور جنس سے متعلق موضوعات کو کھل کر تخلیقات میں پیش کیا جانے لگا۔ اس سلسلہ میں عریاں نگاری کو فروغ حاصل ہوا۔ شروع میں عریاں نگاری میں فحش نگاری داخل ہوگئی تھی۔ لیکن بعد میں اس میں فنی پختگی آتی گئی۔

> جدید ناول نگاروں نے کرداروں کی نفسیاتی تحلیل کرتے ہوئے اس کی زندگی کے دوسرے واقعات کیساتھ جنسی جذبات کو بھی پیش کیا' کیونکہ جنسی جذبہ کی بدولت ہی انسانی کردار کی تعمیر و تخریب ہوتی ہے۔ یونگ کے

مطابق: ''فرائڈ سے پہلے کوئی بھی بات جنس نہیں ہوسکتی تھی لیکن فرائڈ کے بعد ہر بات جنسی بن گئی''۔ ۳۴؎

چنانچہ اس دور کے ناول نگاروں نے اپنی تخلیقات میں جنس کے مختلف پہلوؤں کو پیش کرتے ہوئے اس سے متعلق بہت سی پیچیدگیوں کو دور کرنے کی سعی کی۔ اپنے جذبات کی تسکین کیلئے عریاں نگاری ہو تو وہ فحش بن جاتی ہے لیکن پختہ قلمکاروں کے ہاں یہ حقیقت نگاری کی معراج بن جاتی ہے۔ عصمت، منٹو، عزیز احمد ایسے ہی پختہ لکھنے والے تھے۔

عزیز احمد کی ناول نگاری بھی کم وبیش ترقی پسند خیالات پر ہی مشتمل ہے، اردو ناول کی تاریخ میں عزیز احمد کے ناول ایک اہم موڑ کی حیثیت رکھتے ہیں آنے والے ابواب میں عزیز احمد کی ناول نگاری کا تنقیدی مطالعہ پیش کیا جا رہا ہے۔

☆☆

دوسرا باب

عزیز احمد کے حالات زندگی شخصیت اور کارنامے

ادب کی تاریخ میں عزیز احمد کا نام ہمہ جہت شخصیت کی حیثیت سے مشہور ہے۔ عزیز احمد وہ فاضل ادیب ہیں جنہوں نے بحیثیت افسانہ نگار، ناول نگار، مترجم، شاعر، نقاد، محقق، اقبال شناس و ہفت زبان کی حیثیت سے شہرت پائی، اتنی ساری خوبیوں کا کسی ایک شخصیت میں جمع ہو جانا خود اس کی عظمت کی دلیل ہے۔

عزیز احمد 11 رنومبر 1913ء کو حیدرآباد دکن میں پیدا ہوئے۔ ؎35 ان کا تعلق حیدرآباد کے ایک علمی اور ادبی خاندان سے تھا۔ ان کے والد بشیر احمد کا کوروی حیدرآباد کے نامور وکیل مانے جاتے تھے۔ لیکن عزیز احمد کو زیادہ دنوں تک اپنے والدین کی شفقت نصیب نہیں ہوسکی۔ والد کے انتقال کے بعد ان کا بچپن اپنے ماموں محمد احمد کی سرپرستی میں گذار جو کہ ایک اچھے وکیل تھے۔ عثمانیہ ہائی اسکول عثمان آباد سے عزیز احمد نے میٹرک کا امتحان کامیاب کیا۔ میٹرک کے بعد انہوں نے (1928ء) میں جامعہ عثمانیہ میں داخلہ لیا اور ایف اے کا امتحان وہیں سے کامیاب کیا۔ (1934ء) میں بی اے (آنرز) اعزاز کے ساتھ کیا۔ بی اے میں ان کے مضامین اردو، انگریزی اور فارسی تھے۔ جامعہ عثمانیہ میں عزیز احمد کو مولوی عبدالحق، ڈاکٹر سید محی الدین قادری زور، پروفیسر عبدالقادر سروری، وحید الدین سلیم اور مولانا مناظر احسن گیلانی جیسے اساتذہ میسر آئے۔ عزیز احمد کو گھر سے ادبی ماحول ملا تھا۔ ان کے اساتذہ نے ان کی صلاحیتوں کو مزید نکھارنے کا موقع فراہم کیا۔ زمانہ طالب علمی میں عزیز احمد دیگر اساتذہ کی بہ نسبت مولوی عبدالحق

اور پروفیسر عبدالقادر سروری سے بہت قریب تھے۔انہوں نے پروفیسر عبدالقادر سروری کی مجلّہ ''مکتبہ'' کے لئے اپنی خدمات وقف کیں۔

نظام حکومت نے انہیں مولوی عبدالحق کی سفارش پر اعلیٰ تعلیم کے لئے لندن بھیجا۔ جہاں ای ایم فورسٹر سے ملاقاتیں عزیز احمد کی زندگی کا اہم واقعہ رہیں۔انگریزی اور فارسی میں آنرز کر کے واپس آئے تو انہیں جامعہ عثمانیہ میں انگریزی کا پروفیسر مقرر کیا گیا۔1940ء میں ان کی شادی ہوئی۔اس دور کی اہم بات یہ رہی کہ انہیں 1942ء میں نظام حیدر آباد کی بہو شہزادی درشہوار کا اتالیق مقرر کیا گیا۔اس طرح چار سال تک انہیں حیدر آباد کے نظام گھرانے سے منسلک رہنے اور شاہی زندگی کو قریب سے دیکھنے کا موقع ملا۔اس دوران انہیں کشمیر کی سیاحت کا موقع بھی ملا۔اس شاہی خدمت کے بعد عزیز احمد نے 1946ء میں دوبارہ جامعہ عثمانیہ میں ملازمت اختیار کر لی اور 1947ء میں تقسیم ہند اور پاکستان کے وجود میں آنے کے بعد وہ 1949ء کو کراچی منتقل ہو گئے جہاں انہوں نے محکمہ اطلاعات پاکستان میں 1957ء تک خدمات انجام دیں۔اس دور میں اردو کی ممتاز ناول نگار و افسانہ نگار قرۃ العین حیدر بھی ان کی معاون تھیں۔

عزیز احمد 1957ء میں انگلستان چلے گئے اور وہاں اسکول آف اورینٹل اینڈ افریقن اسٹڈیز لندن میں شعبہ اردو کے بیرونی لیکچرر کے طور پر خدمت انجام دیتے رہے۔اس کے بعد وہ مستقل طور پر کینیڈا منتقل ہو گئے۔1962ء سے انتقال تک شعبہ اردو ٹورنٹو یونیورسٹی (کینیڈا) میں بحیثیت ایسوسی ایٹ پروفیسر اپنی خدمات انجام دیں وہ 1969ء کے بعد سے کیلی فورنیا یونیورسٹی' لاس اینجلز' امریکہ میں وزیٹنگ پروفیسر بھی رہے تھے۔1975ء میں ایک مرتبہ وہ قائداعظم میموریل لیکچر کے سلسلہ میں پاکستان آئے یہ ان کا آخری دورہ پاکستان تھا۔عزیز احمد نے 18 نومبر 1975ء کی شام کو اپنی زندگی کی آخری ادبی مجلس میں شرکت کی۔جو فیض احمد فیض کے اعزاز میں منعقد کی گئی تھی۔آخری عمر میں عزیز احمد آنتوں کے سرطان کے مہلک مرض میں مبتلا ہو گئے۔اس سلسلہ میں ان کے تین آپریشن بھی ہوئے' آخر کار 65 برس کی عمر پانے کے بعد 16/دسمبر 1978ء کو انہوں نے داعی اجل کو لبیک کہا۔ان کی تدفین کینیڈا ہی میں عمل میں آئی۔

عزیز احمد کو اردو' فارسی' انگریزی اور فرانسیسی زبان پر مکمل عبور حاصل تھا۔عربی زبان بھی تھوڑی بہت جانتے تھے' جب کہ ترکی' اطالوی اور جرمن زبان پر ان کو دسترس گفتگو کی حد تک

تھی۔عزیز احمد کی شخصیت کے بارے میں بہت کم معلومات ملتی ہیں لیکن علم وادب کیلئے ان کے بے پایاں خدمات کو دیکھا جائے تو معلوم ہوتا ہے کہ عزیز احمد اپنی ذات میں ایک انجمن تھے۔ سینکڑوں قیمتی مقالات وتراجم اور کئی بلند پایہ تحقیقی وتنقیدی کتابیں لکھیں اس کے علاوہ ناول وافسانہ کی صورت میں ایک اہم تخلیقی ذخیرہ اپنی یادگار چھوڑا۔

☆ عزیز احمد کی علمی وادبی خدمات:

عزیز احمد نے کم عمری ہی میں اپنی ادبی زندگی کا آغاز کر دیا تھا۔ جب انہوں نے روسی زبان کے افسانے اردو میں ترجمہ کرنا شروع کئے تھے اس سلسلہ کے دو افسانے ''بچپن'' اور ''شریر لڑکا'' 1928ء میں نیرنگ خیال میں شائع ہوئے۔ افسانہ ''شریر لڑکا'' رابندر ناتھ ٹیگور کا لکھا ہوا تھا۔ڈاکٹر مرزا حامد بیگ کی تحقیق کے مطابق:۔

''عزیز احمد نے اپنا اولین افسانہ ''کشاکش جذبات'' کے عنوان سے لکھا جو پروفیسر عبدالقادر سروری کی ادارت میں شائع ہونے والے مجلّہ ''مکتبہ'' حیدرآباد دکن مکتبہ ابراہیمیہ شمارہ نومبر 1929ء میں شائع ہوا''۔ ۳۶ عزیز احمد کا ایک طبع زاد افسانہ عبدالقادر سروری کے رسالہ مکتبہ (نومبر 1929ء) میں شائع ہوا۔عزیز احمد کے ایک ناول ''مرمر اور خون'' کا پیش لفظ مولوی عبدالحق کے نام سے شائع ہوا لیکن کہا جاتا ہے کہ اس پر مولوی عبدالحق نے صرف اپنے دستخط کئے تھے اور عزیز احمد کو یہ اجازت تھی کہ وہ متن خود لکھ کر لائیں۔ادبی زندگی کے اولین دور میں انہوں نے ناول اور افسانہ نگاری کو زیادہ اہمیت دی اور ''گریز' آگ' ایسی بلندی ایسی پستی' شبنم' ہوس' مثلث اور تری دلبری کا بھرم جیسے ناول لکھے۔

عزیز احمد نے کئی افسانے لکھے۔ان کے افسانوں کے دو مجموعے ''رقص ناتمام'' اور ''بے کار دن بے کار راتیں'' چھپ کر شائع ہو چکے ہیں۔ ''آب حیات'' کے نام سے ان کے تاریخی ناولوں کا مجموعہ بھی شائع ہوا۔ان کے ناولٹ نما دو طویل افسانے ''خدنگ جستہ'' اور ''جب آنکھیں آہن پوش ہوئیں'' مشہور ہوئے۔عزیز احمد کی افسانہ نگاری کے بارے میں انیس قیوم فیاض لکھتی ہیں:

''عزیز احمد کے افسانوں کا مجموعہ ''بے کار دن بے کار راتیں'' اپنے مخصوص

اسلوب ہلکے ہلکے مزاح اور زہریلے نشتر کی وجہ سے انفرادیت رکھتا ہے.... ان کے افسانوں کی تعداد خاصی ہے جس میں انہوں نے جنسی حقیقت نگاری پر کامیابی کے ساتھ قلم اٹھایا ہے۔ ۳۷

یہ کتابیں، ناول اور افسانے انہیں ناول کے افق پر تابندہ کرتی ہیں۔ لیکن اردو فکشن کی تاریخ میں عزیز احمد کے ساتھ ناانصافی بھی ہوئی۔ کیوں کہ ان کی کتابیں ایسں دور میں لکھی گئیں جب فکشن میں کرشن چندر، عصمت چغتائی، راجندر سنگھ بیدی اور دیگر ترقی پسند ادیبوں نے اجارہ داری قائم کر رکھی تھی۔ چنانچہ ''تیڑھی لکیر'' (عصمت چغتائی) اور ''شکست'' (کرشن چندر) کو اردو ناول کی تاریخ میں بلند مقام دیا گیا لیکن عزیز احمد کے ناولوں ''گریز' آگ اور ایسی بلندی ایسی پستی'' کو نظرانداز کر دیا گیا۔

جامعہ عثمانیہ کے زمانہ طالب علمی میں عزیز احمد کے علمی وادبی کارناموں میں تیزی آ گئی تھی جہاں انہوں نے افسانوں اور نظموں کے ساتھ کالج کی تقریبات کیلئے ڈرامے بھی لکھنے شروع کئے۔ انہوں نے ایک ''مزاحیہ فیچر'' لکھا تھا۔ جسے 1931ء میں جامعہ عثمانیہ میں اسٹیج کیا گیا تھا۔ 1932ء میں انہوں نے ایک ڈرامہ ''کالج کے دن'' تحریر کیا۔ ڈاکٹر محی الدین قادری زور کے زیرنگرانی اسٹیج کئے گئے اس ڈرامہ میں مخدوم محی الدین، شکور بیگ، جمیل احمد، رفعت، اشرف اور ظفرالحسن نے مختلف کردار ادا کئے۔ عزیز احمد کا ایک اور ڈرامہ ''مستقبل'' 1934ء میں اسٹیج ہوا۔ عزیز احمد نے اپنے زمانہ طالب علمی میں افسانہ نگاری اور ڈرامہ نگاری کے ساتھ ناول نگاری بھی شروع کر دی تھی۔ بقول عزیز احمد کے:

''معلوم نہیں کونسی اندرونی طاقت تھی جو مجھ سے کہتی تھی تمہارا اصلی میدان ڈرامہ نہیں ناول ہے۔ تھرڈ ایر کے ختم پر جب گرما کی چھٹی گذارنے عثمان آباد گیا تو وہاں میں نے ''ہوس'' لکھا جو میرا پہلا ناول ہے''۔ ۳۸

عزیز احمد کے ناولوں کی تعداد کے بارے میں عموماً غلط فہمی رہی ہے۔ اردو کے بیشتر محققین اور ناقدین نے جہاں کہیں بھی اردو ناول کے ارتقاء یا تنقید میں دوسرے نگاروں کے ساتھ عزیز احمد کا ذکر کیا ہے وہیں عزیز احمد کے چند مشہور ناولوں کے نام بھی گنائے ہیں۔ عام طور پر عزیز احمد کی ناول نگاری پر جو کچھ بھی لکھا گیا تو ان کے صرف چھ ناولوں کا ذکر کیا گیا۔ بعد

کے محققین نے تحقیق مزید کے بجائے قدما کے بیانات پر بھروسہ کر کے انہیں ناولوں کا ذکر کیا جن کے نام ذیل میں درج کئے جاتے ہیں۔

(۱) ہوس (1932ء)

(۲) مرمر اور خون (1932ء)

(۳) گریز (1945ء)

(۴) آگ (1945ء)

(۵) ایسی بلندی ایسی پستی (1947ء)

(۶) شبنم (1950ء)

اپنی تحقیق کے دوران راقم الحروف کو عزیز احمد کے مزید دو ناول ایسے دستیاب ہوئے جن کا جائزہ اردو ناول کی تاریخ وتنقیدی کتابوں میں نہیں ملتا۔ ان دون ناولوں کے نام یہ ہیں۔

(۷) برے لوگ (سنہ تصنیف نامعلوم)

(۸) تری دلبری کا بھرم (1964ء)

ناول ''تری دلبری کا بھرم'' کا ذکر ڈاکٹر مرزا حامد بیگ نے اپنی کتاب ''اردو افسانہ کی روایت'' میں کیا ہے لیکن ''برے لوگ'' کا تذکرہ کسی بھی ادبی تاریخ میں نہیں ملتا۔ مجھے اس بات کی خوشی ہے کہ میں اسے پہلی بار اردو دنیا سے متعارف کروا رہا ہوں اور اس ناول پر پہلی مرتبہ جائزہ بھی پیش کیا جا رہا ہے۔ یہ عزیز احمد کا آخری ناول ہے۔

عزیز احمد کی فکشن نگاری میں تاریخ اور تہذیب کی واضح جھلکیاں دیکھی جاسکتی ہیں۔ ان کے ناولوں اور ناولٹس میں ہند اسلامی کلچر کی بھر پور تصویر کشی کی گئی ہے۔ اس کے علاوہ یورپ کی اجتماعی معاشرت کے مرقعے بھی ان کے ناولوں میں بڑی عمدگی سے پیش کئے گئے ہیں۔ ان کے فکشن کی بڑی انفرادیت ان کا تاریخی اور جغرافیائی معلومات کو کہانی کا ایسا جز بنانا بھی ہے جو قاری کو ناگوار نہیں گذرتا بلکہ وہ خود اس خوابناک فضا میں سانس لینا شروع کر دیتا ہے۔ بہ طور ناول نگار عزیز احمد تاریخ اور تہذیب کی مختلف جہتوں کو اس طرح بیان کرتے ہیں کہ وہ ایک تاریخی تسلسل کا حصہ معلوم ہونے لگتی ہیں۔

عزیز احمد ایک اچھے تنقید نگار تھے۔ چنانچہ بحیثیت نقاد انہوں نے کافی شہرت ومقبولیت

حاصل کی۔ ان کا تنقیدی شعور بہت گہرا اور متوازن تھا۔ اپنی مشہور تنقیدی تصنیف ''ترقی پسند ادب'' میں انہوں نے ترقی پسند ادب کا گہرائی و گیرائی سے جائزہ لیا۔ اس میں بے لاگ تبصرے بھی ہیں' حقائق بھی ہیں اور ادب کی پرکھ بھی ''ترقی پسند ادب'' اردو تنقید کی کتابوں میں ایک اہم اضافہ ہے۔ عزیز احمد کے دوسرے تنقیدی کارناموں میں ''اقبال نئی تشکیل'' اقبال اور پاکستانی ادب اور ایک انتخاب ''شعرائے عصر کے کلام کا انتخاب'' شامل ہے۔ جو آل احمد سرور کے اشتراک سے ترتیب دیا گیا ہے۔

عزیز احمد نے بحیثیت مترجم بعض اہم کتابوں کا ترجمہ کیا ہے اور ان کے ترجمے بہت مقبول ہوئے ہیں۔ عزیز احمد اس بات پر یقین رکھتے تھے کہ کسی زبان کے علمی اور ادبی سرمائے میں اضافے کے لئے دوسری زبانوں کی ممتاز کتابوں کا ترجمہ ضروری ہے۔ انہوں نے نظریاتی تنقید کی ارسطو کی مشہور زمانہ تنقیدی کتاب ''بوطیقا'' (Politics) کا اردو میں ترجمہ ''فن شاعری'' کے عنوان سے کیا۔ دانتے کی ڈیوائن کامیڈی اور شیکسپئر کے ڈرامہ رومیو جولیٹ کے علاوہ ایک ڈرامہ (The Master Builder) مصنفہ ہنرک ابسن کا ترجمہ ''معمار اعظم'' کے عنوان سے کیا۔ ان کے دوسرے تراجم میں ''مقالات گارساں دتاسی'' دو جلدوں میں اور ''تیمور'' ''جہانگیر خان' تا تاریوں کی یلغار اور ''دنیا کے شاہکار افسانے'' اہم تراجم ہیں۔

عزیز احمد اچھے شاعر بھی تھے۔ ان کی نظموں کا ایک مجموعہ ''ماہ لقا اور دوسری نظمیں'' کے عنوان سے 1943ء میں حیدرآباد دکن سے شائع ہوا اس مجموعہ میں ایک مثنوی ''عمر خیام'' اور دو نظمیں ''ماہ لقا'' اور ''فردوس برروئے زمین'' شامل ہیں اپنی زندگی کے آخری ایام میں انہوں نے ''بسلسلہ آغوش مرگ'' کے عنوان سے کچھ غزلیں کہی تھیں۔ عزیز احمد کی ایک غزل کے چند اشعار اس طرح ہیں۔

چھلکی جو مئے تو بن کے شرر گونجتی رہی
مینا سے تابہ ساغر گونجتی رہی
آئی خزاں 'طیور تو جتنے تھے اُڑ گئے
نغموں سے پھر بھی شاخ شجر گونجتی رہی

آغوش شب میں پھول تو مرجھا کہ گر گئے
صحن چمن میں باد صبا گونجتی رہی

عزیز احمد ایک ہمہ جہت شخصیت کے مالک تھے۔ان کی ادبی شخصیت کا ایک زاویہ تنقید میں بھی سامنے آتا ہے۔ان کی کتاب ''ترقی پسند ادب'' کو اس تحریک کی تنقیدی تاریخ کا درجہ حاصل ہے اور اس کتاب میں جو غیر جانبداری برتی گئی وہ بے حد قابل تحسین ہے۔ان کی کتاب ''اقبال نئی تشکیل'' شائع ہوئی تو اسے اقبالیات کے باب میں ایک اہم موضوعی کتاب تسلیم کیا گیا۔اقبالیات پر عزیز احمد کے بکھرے ہوئے مضامین کو جناب طاہر تونسوی نے ''اقبال اور پاکستانی ادب'' کے عنوان سے شائع کیا ہے۔ٹورنٹو یونیورسٹی میں عزیز احمد نے برصغیر میں مسلمانوں کی تہذیبی زندگی پر گراں قدر کام کیا۔اس ضمن میں ان کی دو کتابوں ''اسلامی کلچر ہندوستانی ماحول میں'' اور ''ہندوستان میں اسلام کی علمی تاریخ'' کو بہت اہمیت اور شہرت حاصل ہوئی۔ان انگریزی کتابوں کا ڈاکٹر جمیل جالبی نے اردو ترجمہ کیا۔اہم بات یہ ہے کہ ان کتابوں کو پڑھ کر مشہور مورخ ڈاکٹر تارا چند بھنا اُٹھے اور نراد چودھری جیسے ہندوستان صحافی نے ان کی کتابوں سے استفادہ کیا۔

عزیز احمد کو ان کی علمی و ادبی خدمات کے عوض مختلف اعزازات سے بھی نوازا گیا۔انہیں فیلو آف دی رائل سوسائٹی آف کنیڈا کا اعزاز ملا۔اس کے ساتھ ہی انہیں اکادمی ادبیات کنیڈا کی رکنیت بھی حاصل تھی۔انہیں حکومت اٹلی کی جانب سے وہاں کی اعزازی شہریت بھی دی گئی تھی۔عزیز احمد کو ان کی مختلف تصنیفات کی بنیاد پر ڈی لٹ اور ایف آر سی ایس کی ڈگری بھی دی گئی۔

عزیز احمد نے شاعری‘ افسانہ نگاری و ناول نگاری کے علاوہ تاریخ‘ اسلامیات‘ سماجیات اور سیاسیات وغیرہ مضامین پر بہت سی وقیع کتابیں اردو اور انگریزی زبان میں لکھی ہیں‘ انہوں نے بہت سی ادبی کتابوں پر تبصرے بھی کئے جس سے ان کی تنقیدی شعور سے آگہی ہوتی ہے۔ان کے کئی افسانے‘ تبصرے‘ خطبات ابھی زیور طبع سے آراستہ نہیں ہوئے ان کی تفصیلات ڈاکٹر مرزا حامد بیگ نے اپنی کتاب ''اردو افسانے کی روائیت'' (شائع کردہ اکادمی ادبیات پاکستان 1991ء) میں دی ہیں۔عزیز احمد نے اردو کے علاوہ انگریزی زبان میں بھی کئی علمی‘ سیاسی‘ سماجی‘ ادبی کتابیں تصنیف کیں۔

عزیز احمد کی ان علمی وادبی خدمات کو دیکھ کر یہ بخوبی اندازہ لگایا جاسکتا ہے کہ وہ ایک ہمہ گیر شخصیت کے حامل ادیب تھے، جو بلا شبہ اپنی ذات میں ایک انجمن اور علم وادب کے منارہ نور تھے ان کے علم وفکر کی کرنیں آج اردو ادب کو اپنی ضیاء پاش کرنوں سے منور کر رہی ہیں۔

☆☆

تیسرا باب

عزیز احمد کی ناول نگاری کا تنقیدی مطالعہ

ابتدائی دور کے ناول

ہوس

عزیز احمد کا پہلا ناول ''ہوس'' ہے۔ جو 1932ء میں لکھا گیا۔ اپنے زمانہ طالب علمی میں جہاں عزیز احمد نے کالج کی تقاریب وادبی محفلوں کیلئے ڈرامے' افسانے' نظمیں' غزلیں لکھی تھیں وہیں انہوں نے ناول نگاری کی طرف بھی توجہ شروع کی اور گرما کی چھٹیوں میں حیدرآباد سے اپنے آبائی وطن عثمان آباد گئے تو وہاں یہ ناول ضبط تحریر میں لایا۔

''ہوس'' ایک مختصر ناول ہے اور اس کے نام سے ہی ظاہر ہے کہ اس میں رومان اور ہوس پرستانہ جذبات کی عکاسی کی گئی ہے۔ عزیز احمد اس ناول کی اشاعت کے خلاف تھے لیکن جس بات نے انہیں حوصلہ بخشا وہ اپنے استاد مولوی عبدالحق کی سرپرستی و ہمت افزائی تھی جنہوں نے اس ناول کا دیباچہ لکھا اور عزیز احمد کے اس ناول کا تجزیہ کیا اس ناول کا جائزہ لیتے ہوئے مولوی عبدالحق نے دیباچہ میں لکھتے ہیں۔

> ''اس ناول میں مصنف نے آرٹ کی آڑ میں عقل' جذبات' محبت و ہوس' مرد و عورت کے تعلقات کی کشاکش کو بڑی خوش اسلوبی سے دکھایا ہے''۔ ۳۹

اس ایک جملہ میں ہی مولوی عبدالحق نے ناول کا بخوبی جائزہ لے لیا ہے۔ اس ناول

کے موضوع پر اظہار خیال کرتے ہوئے مولوی عبدالحق لکھتے ہیں:

''دراصل مصنف کا مقصود اس ناول کو لکھنے سے موجودہ رسم پردہ کا تاریک پہلو دکھانا ہے۔ نئی پود جس نے مغربی تعلیم اور مغربی خیالات اور جدید حالات میں پرورش پائی ہے وہ اس فرسودہ اور ناکارہ رسم سے بیزار ہے پردے کے حامی اسے اخلاق کا محافظ سمجھتے ہیں اور یہ مخرب الاخلاق اور مانع ترقی''۔ ۴۰

مولوی عبدالحق نے یہ بات اس لئے کہی کہ اس ناول میں جگہ جگہ عزیز احمد نے پردے کو ایک فرسودہ رسم کے طور پر پیش کرتے ہوئے اسے سماجی برائی سمجھا ہے اور پردہ کو لڑکیوں کی ترقی کی راہ میں حائل کانٹا جانا ہے اس ناول میں پیش کئے گئے خیالات کے چند اقتباسات سے ہمیں اس بات کا بخوبی اندازہ ہو جائے گا۔ عزیز احمد لکھتے ہیں:

''پردہ نے دوسروں تمام مسلمانوں کے گھروں کے دروازے بند کر دیئے تھے۔ پردہ نے مسلمان لڑکیوں کو قید کی وجہ سے بہت زیادہ حساس بنا دیا تھا پردہ نے مسلمان لڑکوں کو نسوانی محبت سے محروم کر کے ان کے اخلاق کی شائستگی کو پامال کر دیا تھا''۔ ☆ (عزیز احمد ''ہوس'' ص ۴۷)۔ ''پردہ نے زلیخا کو مجبور کر کے میرے حوالے کر دیا تھا اور پردے کے ہی باعث دبے ہوئے شعلہ دم احساسات نے یکلخت بھڑک کر سلیمہ کو جلا دیا تھا''۔ ۴۱

''اس تمام مصیبت اور بدبختی کا باعث وہ لڑکیاں ہیں، پردہ نے ان کو مردوں کی صورت اور مردوں کیساتھ اس قدر بے خبر رکھا ہے کہ ہر دم دام فریب میں ان کا پھنس جانا یقینی ہے''۔ ۴۲

پردہ سے متعلق عزیز احمد کے ان خیالات کو پڑھنے سے یہ معلوم ہوتا ہے کہ وہ پردے کے کتنے سخت مخالف تھے، مسلمان لڑکیوں کی بے راہ روی اور ان کی ترقی میں رکاوٹ کا سبب وہ پردہ کو ہی مانتے ہیں۔ اسی طرح اس ناول کے لکھنے کا مقصد پردہ کے تاریک اور فرسودہ پہلو کو دکھانا ہے۔ جس میں عزیز احمد حد سے تجاوز کر جاتے ہیں۔ حالانکہ عزیز احمد نے پردہ کی آڑ میں جنسی آزادی اور ہوس پرستانہ خیالات کو پیش کرتے ہوئے جذباتیت کو ہوا دی ہے اس طرح کے

موضوعات اردو ناول کے اس دور میں کم ہی دکھائی دیتے ہیں چنانچہ عزیز احمد نے اپنا دامن بچانے کیلئے پردہ کی آڑ لی ہے۔اور بقول پروفیسر سلیمان اطہر جاوید:

> ''کچھ ایسا لگتا ہے کہ اس طرح اظہار پر معاشرہ کے ردعمل کے اندیشے سے انہوں نے پردہ کو موضوع بنایا ہے' ورنہ ناول اچھا یا برا جیسا بھی ہو جنس اور رومانیت کے گرد ہی گھومتا ہے''۔[۴۳]

جس زمانہ میں عزیز احمد نے یہ ناول لکھا ہے اس وقت مغرب کے زیر اثر اردو ادب میں بھی جنس کا اظہار ہونے لگا تھا۔ جو آگے چل کر ترقی پسند افسانہ و ناول نگاروں میں پختگی حاصل کر لیتا ہے' لیکن اس طرح کے موضوعات کے سلسلے میں عزیز احمد نے جو بیباکی برتی ہے اور رومانی و جنسی موضوعات کو جس انداز میں اپنے ناول میں سمیٹا ہے وہ مغربی ادب کے مطالعہ کا اثر ہوسکتا ہے۔عزیز احمد نے مغرب کے ''ترقی یافتہ سماج'' کو ہندوستانی معاشرہ میں برتنے کی ناکام کوشش کی ہے۔ چونکہ ناول نگاری میں ان کی یہ پہلی کاوش ہے اس لئے جنس' رومان اور فلسفیانہ خیالات کے اظہار میں پختگی کم اور زمانہ شباب کی مستی جنسیت زیادہ ہے۔

ناول ''ہوس'' کا مرکزی کردار ہیرو نسیم ہے۔ یہ ایک نوجوان کا کردار ہے جو معاشرہ و سماج کے اخلاقی قیود کو توڑنا چاہتا ہے' عورت کی قربت ہی اس کا مطمع نظر ہے۔اس ناول میں عزیز احمد کا موضوع چونکہ جنس اور رومان ہے اس لئے انہوں نے اپنے ہیرو نسیم کا تعلق آرٹ یعنی مصوری سے رکھا ہے' عام طور پر فکشن میں جنسی طور پر ناآسودہ کرداروں کا تعلق آرٹ سے ہوتا ہے۔ آرٹسٹ کے تعلق سے کہا جاتا ہے کہ وہ اپنے ناآسودہ جذبات کو اپنے فن کے ذریعہ پیش کرتے ہوئے ان کی تکمیل کیلئے کوشاں رہتا ہے۔ چنانچہ ''ہوس'' کا ہیرو نسیم بھی کچھ اسی طرح کا ہی آرٹسٹ ہے جو کہ مغرب کی شاہکار تصاویر کی نقل اُتارتا ہے۔ جیسے:۔

> ''میں نے استادان فن کے شاہکاروں کی نقل سے ابتداء کی اور اس سلسلہ میں میری سب سے زیادہ کامیاب نقل ''تی تیانو'' کے شاہکار ''پاک اور ناپاک محبت'' کی نقل تھی جس کے بعد میں نے چند قدیم یونانی شاہکاروں اور نشاۃ ثانیہ کے شاہکاروں میں سے لیونارڈ ونیسی ''مونا لیسا'' تی تیانو کی ''فلورا'' اور سائڈ رولو نے چلی کی ''بہار'' وغیرہ کو نقل کیا۔[۴۴]

عزیز احمد نے اپنے ہیرو نسیم سے متعلق مغرب کی ان شاہکار تصاویر کے نام گنوا کر جہاں مغربی آرٹ سے اپنی علمیت کا ثبوت دیا ہے وہیں اپنے کردار کو بحیثیت ایک بڑے آرٹسٹ کے پیش کرنے کی سعی کی ہے۔ نسیم اپنے فن کی تکمیل کیلئے حیدرآباد سے ممبئی منتقل ہوتا ہے جہاں وہ اپنے چچا کے گھر قیام پذیر ہوتا ہے اور دوران قیام آزاد ماحول میں رہتے ہوئے اپنے ہی چچا کی لڑکیوں سے عشق کے ہفت خواں طے کرتا ہے۔

ناول ''ہوس'' میں نسیم کا کردار ایک ایسے نوجوان کا کردار ہے جس کے پاس محبت کی اعلیٰ اقدار موجود نہیں ہیں۔ وہ ایک طرح کا نفسیاتی مریض ہے۔ وہ جنسی طور پر ایک ایسا ناآسودہ نوجوان ہے جس کے دل و دماغ پر ہر وقت عورت چھائی رہتی ہے وہ ہمیشہ اچھی یا بری عورت کی قربت کا خواہاں رہتا ہے اور فطرت اور معاشرت کے قیود اس کے آگے بے معنی ہیں۔ اپنی عمر سے بڑی چچازاد بہن زلیخا سے محبت کا گھناؤنا کھیل کھیلتا ہے' نسیم کے خیالات ملاحظہ ہوں:۔

> ''میں محسوس کر رہا تھا کہ میں ایک عورت سے اس قدر قریب بیٹھا ہوں اور بالکل تنہائی میں اس وقت وہ مجھے عورت معلوم ہو رہی تھی۔ گوشت پوست کی ایک نوجوان عورت اس وقت فطرت اپنی پوری حکومت کے ساتھ میرے دل سے اس پیہم پیدا ہونے والے احساس کو زائل کر رہی تھی کہ وہ میری چچازاد بہن بھی ہے اور معاشرت اور مذہب کے تمام تر قیود مجھے بے بنیاد اور غیر فطری نظر آ رہے تھے' فطرت نے سرشت انسانی کو آزاد بنایا ہے تو پھر یہ خودساختہ پابندیاں کیوں''۔ ؎۴۵

اس طرح کے خیالات سے پتہ چلتا ہے کہ نسیم کا کردار اخلاقی طور پر پست نوجوان کا کردار ہے پردہ کو موردالزام ٹھہراتے ہوئے وہ اپنے عزیز کی لڑکی سے محبت رچاتا ہے وہ ایک ایسا مشرقی نوجوان ہے جس کی ذہنیت مغرب زدہ ہو چکی ہے۔ وہ محبت میں اس قدر آگے جانا چاہتا ہے کہ سماج و معاشرہ کی اچھی صالح قدریں اس کے سامنے کوئی اہمیت نہیں رکھتیں اور تھوڑی سی کوشش کے بعد جب صنف مخالف سے اُسے مثبت رویہ ملتا ہے تو اپنے چچا کی بڑی لڑکی زلیخا کا دامن عصمت چاک کر جاتا ہے اور اسے یاس و امید میں چھوڑ کر وطن سے دور چلا جاتا ہے۔ نسیم کی زبانی بعض مرتبہ فلسفیانہ خیالات کا اظہار کراتے ہوئے عزیز احمد نے اس کے کردار کو تقویت

پہونچانے کی کوشش کی ہے لیکن اس سلسلہ میں مصنف کی شخصیت جھلک جاتی ہے۔ نسیم کے مقابلہ میں زلیخا کا کردار ناول کے ابتدائی حصہ میں کافی مضبوط ہے وہ ایک خودسر مضبوط ارادے کی مالک لڑکی کے طور پر قارئین کے سامنے آتی ہے۔

"زلیخا کے کردار کا مطالعہ کر کے اور اپنے خیالی مفروضات سے کچھ دیر تک قطع نظر کر کے میں جس نتیجہ پر پہونچا وہ یہ تھا کہ زلیخا کی طبیعت کا ناگوار پہلو صرف دو چیزوں سے مرکب تھا، خود پسندی اور نخوت، ان کے سوا اس کی طبعیت میں کوئی ناگوار بات نہ تھی"۔ ۴۶

لیکن نسیم کی محبت کا جادو اس پر چل جاتا ہے۔ وہ اخلاقی طور پر ایک مضبوط کردار کی حامل لڑکی ہونے کے باوجود عمر کے فطری تقاضوں سے مجبور ہو جاتی ہے۔ ماں باپ کی لاپرواہی سے وہ عمر کی اسی منزل پر پہنچ جاتی ہے جہاں وہ اپنے جذبات پر قابو نہیں رکھ پاتی اور نسیم کی عفت و عصمت گنوا بیٹھتی ہے، یہاں عزیز احمد نے ہندوستانی معاشرہ کی اس برائی کی طرف نشاندہی کی ہے جہاں سماج میں بعض وجوہات کی بناء پر شادیاں وقت پر انجام نہیں ہو پاتیں جس کی بناء پر گناہ کے راستہ کھل جاتے ہیں۔ جب نسیم اپنی محبت کو بے یار و مددگار چھوڑ کر وطن سے دور چلا جاتا ہے تو زلیخا ایک مشرقی تہذیب کی پروردہ لڑکی کی طرح اسے اپنی بربادی کی داستان لکھتے ہوئے کہتی ہے کہ:

"نسیم تم بے مروت ہو اور کس قدر بے وفا ہو، میں تمہارے لئے گھنٹوں روتی ہوں، تمہارے لئے میں نے وہ وہ تکلیفیں جھیلیں جن سے زیادہ کوئی عورت کوئی تکلیف نہیں جھیل سکتی، میں نے اب تک تمہارا نام نہیں بتایا"۔ ۴۷

اس طرح زلیخا کا کردار اس معصوم ہندوستانی لڑکی کا کردار دکھائی دیتا ہے جو محبت کے دام فریب میں آسانی سے آجاتی ہیں اور جب تباہ برباد ہو جاتی ہیں تو مظلومیت کا داغ اپنے سینے سے لگائے چپ چاپ گھلتی جھلتی رہتی ہیں اور اُف تک نہیں کرتیں۔

ناول کے دوسرے کردار میں زلیخا کے بھائی جمیل کا کردار ہے جو اپنی پڑھائی اور کھیل میں اس قدر مصروف ہے کہ اپنے گھر میں ہونے والے گھناؤنے کھیل سے بے خبر ہے اپنی بہن کے مجرم کو سزا دلانے سے قاصر ہے لیکن اپنی بہن کے دامن میں لگے داغ کو دور کرنے میں مدد کرتا ہے۔ زلیخا اور جمیل کی چھوٹی بہن سلیمہ ہے جو ناول کے پیش کردہ ماحول کے مطابق اپنی بڑی بہن

کے نقش قدم پر چلتی ہوئی اپنی عصمت گنوا بیٹھتی ہے۔ سماج کے اصولوں میں قید اور وقت کی مار کھائے ہوئے ماں باپ ہیں جو کہ موزوں وقت پر اپنی بیٹیوں کی شادی نہیں کر پاتے اور گھر کے ماحول میں اتنی آزادی دیتے ہیں کہ وہ اپنے ہاتھوں سے اپنی تباہی کا سامان کر بیٹھتی ہیں۔ اور سماج کو منہ دکھانے کے قابل نہیں رہتے صدمہ کی تاب نہ لاکر باپ خودکشی کر بیٹھتا ہے اور ماں مرگ کی بیماری میں مبتلا ہو جاتی ہے۔ یہ تمام کردار انفعالیت کا اظہار کرتے ہیں۔ نسیم میں اتنی ہمت نہیں کہ وہ اپنی محبت کو گلے لگائے زلیخا اور سلیمہ اپنی بربادی کو چھپائے رکھتی ہیں اور بھائی اور ماں باپ سماج سے ڈرتے ہیں۔

عزیز احمد نے ناول کا انجام ایک سوچے سمجھے منصوبہ کے تحت فطری انداز میں کیا ہے جیسا کرو گے ویسا بھرو گے کے مصداق ناول کے آخر میں زلیخا کی شادی بے خبری میں نسیم کے بڑے بھائی سے کر دی جاتی ہے اور نسیم کے وطن آنے کے بعد سلیمہ کی نسیم سے شادی کر دی جاتی ہے۔ سلیمہ سے شادی کے بعد نسیم کی زندگی کا چین وسکون چھین جاتا ہے کیونکہ دونوں کی محبت جدا جدا ہوتی ہے۔

> ''سلیمہ بالکل میری سلیمہ نہیں، حالانکہ وہ اپنی وجود تک کو میری خدمت میری راحت کیلئے مٹا دینے میں کوشاں رہتی ہے مجھے اور کسی عورت سے محبت نہیں ہوئی، مجھے اپنی بیوی سلیمہ سے بھی محبت نہیں، محبت کو میں اب تصویروں میں ڈھونڈتا ہوں، اور تصویروں ہی میں محبت کے تخیل کو کمال تک پہنچانے کی کوشش کرتا ہوں''۔ ۴۹

پروفیسر سلیمان اطہر جاوید کے مطابق ''ہوس'' کا انجام بڑا بناوٹی اور غیر فطری ہے زلیخا جو نسیم کے رویہ سے اس کی مخالف شدید مخالف بلکہ دشمن ہو جاتی ہے تعجب ہے اپنے اور نسیم کے تعلقات کی اس حد تک پردہ پوشی کر لیتی ہے۔

> ''اسی نسیم سے وہ اپنی بہن سلیمہ کی شادی کیلئے کیسے آمادہ ہو جاتی ہے''۔ ۵۰

لیکن عموماً یہ دیکھا گیا کہ محبت کسی اور سے ہوتی ہے اور شادی کسی اور سے، نسیم زلیخا میں عمروں میں تفاوت کے باوجود زلیخا کی شادی نسیم کے بڑے بھائی سے ہوتی ہے اور سماج میں بدنامی سے بچنے کیلئے گناہگار سلیمہ کی شادی نسیم سے ہوتی ہے۔ عزیز احمد نے اس طرح ناول کا

انجام حالات کے مجموعی تناظر میں کیا ہے عام قارئین کیلئے یہ ایک اچھا ناول ہے جس میں رومانی انداز میں جنسی جذبات کو کھلے انداز میں پیش کیا گیا اور اردو ناول میں ایک نیا تجربہ کیا گیا' ٹکنیکی لحاظ سے ناول تو مکمل ہے لیکن اسے ایک کامیاب ناول کے زمرہ میں شامل نہیں کیا جا سکتا' یہ ایک طرح کا نفسیاتی ناول ہے جس میں کرداروں کی نفسیاتی کشمکش کو رومان کے ذریعہ پیش کیا گیا ہے۔ اس لئے اس میں قصہ' ضمنی اہمیت کا حامل ہے' پھر بھی عزیز احمد نے نسیم' زلیخا' سلیمہ کے کرداروں سے جڑے واقعات کو بیان کرتے ہوئے ناول کے پلاٹ کو پھیلایا ہے' ناول میں مکالمہ نگاری کم ہے لیکن خیالات اور جذباتی کیفیات کو اچھے انداز میں پیش کیا گیا ہے' نفسیاتی ناولوں کا ایک اہم وصف جذبات نگاری ہوتا ہے۔ عزیز احمد نے اس ناول میں جا بجا جذبات نگاری کے اعلیٰ نمونے پیش کئے ہیں ایسا محسوس ہوتا ہے کہ عزیز احمد نے نسیم کے کردار کے ذریعہ اپنے داخلی جذبات کو پیش کیا ہے نسیم کے جذبات ملاحظہ ہوں:

> ''کوئی جسم میرے ''معیار جمال'' تک نہ پہونچتا تھا' اس لئے جمالی معیار کو کسی عورت میں ڈھونڈنے کی ضرورت نہ تھی' میرا شباب صنف مقابل میں اپنا ہم آہنگ مشغلہ' شعلہ محبت تلاش کر رہا تھا فطری محبت جو ہر قسم کے باطل دعووں سے پاک ہو صرف ایک ہی محبت فطری محبوت ہو سکتی ہے یعنی وہ محبت جو کسی مرد کو کسی عورت سے اس وجہ سے ہو کہ وہ عورت ہے''۔ ۵۱

نسیم کے ہوس پرستانہ جنسی جذبات کی ایک اور مثال پیش ہے:

> ''مجھے تو محبت کرنے سے محبت تھی مجھے شباب کے باعث عشق تھا' مجھے صنف مقابل سے ایک ہمدم تلاش کرنا تھا' جذبات نفسانی کا ہمدم نہیں' جذبات جنسی کا ہمدم' جذبات نفسانی اور جنسی جذبات کے زمین آسمان کے فرق کو صرف ایک محسوس کرنے والا محبت کرنے والا دل سمجھ سکتا ہے' میں کوئی عارضی معاشقہ نہیں کرنا چاہتا تھا' میں عورت کی پائیدار محبت کا جویا تھا''۔ ۵۲

ناول میں رومانی خیالات کی منظر نگاری دلفریب انداز میں کی گئی ہے جس میں تلذذ سے کام لیا گیا ہے اس ناول کی ایک ہم خوبی اس کا انداز بیان اور اسلوب ہے' رومانی ناولوں میں

اسلوب اہمیت کا حامل ہے، جس کے ذریعہ محبت کی فضاء قائم رکھی جاتی ہے چنانچہ عزیز احمد نے بھی اپنے ناول میں جہاں جہاں رومانی خیالات، جنسی جذبات اور وصل کے مناظر بیان کئے ہیں وہاں انہوں نے رنگین رومانی اسلوب اختیار کیا ہے اس کے برخلاف معاشرتی اور نفسیاتی خیالات کو پیش کرتے وقت عزیز احمد ایک بڑے مفکر اور فلسفی دکھائی دیتے ہیں چنانچہ نسیم کی زبانی ایک پیش کردہ یہ خیالات ان کے اپنے مطالعہ کی خبر دیتے ہیں چند مثالیں ملاحظہ ہوں:۔

''پھر اس نے مجھے اپنی ہدایت کیلئے کیوں بلایا ہے، کیوں بلا رہی تھی، اگر وہ آگ سے بچنا چاہتی تھی تو آگ سے کھیل کیوں رہی تھی، آہ! انسانی جذبات کس قدر متضاد ہیں، انسانی سرشت اجتماع ضدین ہے''۔۵۳

''ہم جس دنیا میں رہتے ہیں وہ کذب و اختراء دروغ و مصلحت کی تاریک نقابوں میں اس قدر چھپی ہوئی ہے کہ سچائی ہر ہر قدم پر تلاش میں ناکام ہو کر ٹھوکریں کھاتی اور گرتی جاتی ہے''۔۵۴

اور ناول کے انجام کے وقت نسیم کا یہ خیال کہ:

''مگر اب مجھے یقین آیا ہے کہ خدا کی چکی آہستہ پیستی ہے مگر بہت باریک پیستی ہے''۔۵۵

اس طرح کے خیالات سے عزیز احمد نے ناول میں فلسفیانہ رنگ پیدا کرنے کی کوشش کی ہے۔ ناول ''ہوس'' چونکہ عزیز احمد کی پہلی کاوش ہے، اس لئے اس میں موضوع و بیان کی خامیوں کو قطع نظر کرتے ہوئے دیکھا جائے تو عزیز احمد کی یہ ایک اچھی تخلیقی کاوش ہے اور آگے چل کر ترقی پسند ادیبوں نے اس طرح کے موضوعات کو پختگی کے ساتھ ادب میں برتا ہے۔

☆☆

مرمر اور خون

''مرمر اور خون'' عزیز احمد کا دوسرا ناول ہے۔ یہ ناول بھی 1932ء میں لکھا گیا' عزیز احمد نے تعلیمی تعطیلات کے درمیان اپنے وطن عثمان آباد میں اپنے دو ناول ''ہوس'' اور ''مرمر اور خون'' تصنیف کئے اور وہ ان ناولوں کو اس قابل نہیں سمجھتے تھے کہ انہیں زیور طبع سے آراستہ کیا جائے' کیونکہ یہ ان کے زمانہ طالب علمی کی وہ ابتدائی کاوش تھیں' جن میں فن کاری سے زیادہ تاثراتی جذبات غالب ہیں' ناول ''ہوس'' کی طرح ''مرمر اور خون'' کا دیباچہ بھی ان کے استاد مولوی عبدالحق نے لکھا اس ناول کے تعلق سے وہ یوں رقم طراز ہیں:

> ''یہ عزیز احمد سلمہ' کا نقش ثانی ہے اور اکثر و بیشتر نقش ثانی اول سے بہتر ہوتا ہے''۔ ۵۶

موضوع کے اعتبار سے ناول ''مرمر اور خون'' بھی عزیز احمد کے پہلے ناول ''ہوس'' سے کچھ جدا نہیں' پہلے ناول میں نوجوان دلوں کی آزادروی کو پیش کیا گیا ہے جس بات نے مولوی عبدالحق کو یہ کہنے پر مجبور کیا کہ ''نقش ثانی نقش اول سے بہتر ہوتا ہے''۔ وہ اس ناول کا انداز بیان اور پیش کش ہے جس میں یقیناً عزیز احمد نے پہلے ناول سے بہت کچھ ترقی کی ہے' مولوی عبدالحق لکھتے ہیں:

> ''ہونہار مصنف نے زبان کی صفائی اور قوت بیان میں پہلے کی نسبت بہت ترقی کی ہے اور نفسیاتی اور خاص کر جذباتی کیفیتوں کو بعض موقعوں پر بڑی خوبی اور دلکشی سے بیان کیا ہے جس میں کہیں استادانہ کمال نظر آتا ہے۔ ۵۷

ناول ''مرمر اور خون'' میں بھی ایسی فضاء پیش کی گئی ہے جس میں نوجوان' معاشرہ کے

بنائے گئے قوانین سے بیزار ہیں اور انہیں توڑنا چاہتے ہیں اور جس کیلئے وہ آزاد ماحول چاہتے ہیں' ناول کا عنوان ''مرمر اور خون'' تخیلی انداز کا حامل ہے۔عزیز احمد نے اس ناول میں پیش کردہ سنگتراشی کے آرٹ کے ذریعہ ایک مرمریں مجسمہ اور ایک گوشت پوست کے انسان کے فرق کو بڑے ہی شاعرانہ اور فلسفیانہ انداز میں پیش کیا ہے۔سہیل بخاری کے بموجب:

''مرمر اور خون' کی اساس تضاد پر رکھی گئی ہے مشرق اور مغرب کا تضاد' غیر فطری روح (مجسمہ اور ذی روح (انسان) کا تضاد' فطرت وصنعت کا تضاد' تخیل وحقیقت کا تضاد' ضعیفی وجوانی کا تضاد' امارت وافلاس کا تضاد' غرض اس میں ہر قسم کا تضاد پایا جاتا ہے''۔ ۵۸

خود عزیز احمد نے اپنے ناول پر تبصرہ کرتے ہوئے لکھا ہے:

''اس ناول یعنی ''مرمر اور خون'' کا زندگی سے کوئی تعلق نہیں' یہ آرٹ اور نشاۃ ثانیہ پر بہت سی کتابوں اور ہیولاک ایلس کی نفسیاتی جنسی کا اُبال ہے''۔ ۵۹

اس اقتباس سے پتہ چلتا ہے کہ عزیز احمد کو اعتراف ہے کہ انہوں نے اپنے ابتدائی دو ناول مغرب کے اور خصوصاً بہت سے انگریزی ناولوں کے مطالعہ کے بعد تاثراتی طور پر مقامی فضاء اور مقامی کرداروں کو لے کر لکھے ہیں' اس لئے ان ناولوں کے جدید اور متنازعہ موضوعات قارئین کو کھٹکتے ہیں' عزیز احمد کی یہ ابتدائی کوششیں تھیں جو بعد میں آنے والے ترقی پسند افسانہ نگاروں اور ناول نگاروں کو اس طرح کے موضوعات کے برتنے میں راہ ہموار کر رہی تھیں اور عریاں نگاری ایک فن کی صورت اختیار کرنے لگی تھی۔

ناول ''مرمر اور خون'' کے مرکزی کرداروں میں عذرا اور طلعت اور رفعت کے کردار اہم ہیں۔نسرین' زینب اور پروفیسر وغیرہ کے کردار ضمنی ہونے کے باوجود ناول میں اپنی موجودگی کا احساس دلاتے ہیں۔اس ناول میں بھی عزیز احمد نے اپنے کرداروں کے ارتقاء کو پیش کرتے ہوئے ان کی نفسیاتی کیفیات کی عکاسی کی ہے۔عذرا پروفیسر منصور احمد کی اکلوتی بیٹی ہے۔جس کے باپ نے یورپ میں ایک طویل عرصہ قیام کیا تھا' اور ایک یورپین عورت سے شادی کی تھی جو کہ عذرا کی پیدائش کے کچھ عرصہ بعد انتقال کر جاتی ہے' یورپ میں دو تین سال تعلیم حاصل کرنے

کے بعد عذرا اپنے باپ پروفیسر منصور احمد کے ہمراہ وطن واپس ہوتی ہے۔ صرف باپ کے زیر تربیت رہنے کی وجہہ سے عذرا میں نسوانی حجاب کے بجائے مردانہ وجاہت سی آ گئی تھی، پروفیسر کو ہمیشہ یہ خیال کھٹکتا رہتا کہ اس نے ایک مغربی عورت سے شادی کر کے بہت بڑی غلطی کی تھی، کیونکہ اس کی بیٹی میں مغرب ومشرق کے متضاد رجحانات پرورش پانے لگے تھے۔ عزیز احمد لکھتے ہیں:

''ایک مغربی عورت سے شادی اس کی ناقابل تلافی غلطی تھی، جس کا اثر اس کی اولاد پر اس طرح پڑ رہا تھا کہ اس کا طرز خیال نہ تو قطعاً مغربی تھا، اور نہ قطعاً مشرقی، ایک درمیانی خطرناک فضاء میں اس کے دماغ نے نشوونما پائی تھی''۔ ۶۰

اپنے اس خیال کو عزیز احمد ایک مرتبہ پھر یوں دہراتے ہیں:۔

''اس کی تعمیر مشرق ومغرب کے متضاد عناصر سے ہوئی ہے... اس کی تربیت اس قدر آزادی کے باوجود کچھ اس طرح ہوئی تھی کہ وہ نہ خالص مغربی حلقوں اور نہ اعلیٰ مشرقی حلقوں میں اپنے آپ کو بے تکلف پاتی تھی، وہ محسوس کرنے لگی کہ مشرق ومغرب کی آمیزش کی وجہہ سے وہ اپنی افتاد طبعیت اور اپنے طرز خیال کی حد تک مشرق ومغرب دونوں سے علیحدہ ہے''۔ ۶۱

اس طرح کے خیالات کا اظہار کرتے ہوئے عزیز احمد نے عذرا کے کردار کو ایک ایسی لڑکی کے کردار کے طور پر پیش کیا جس میں نہ مغرب کی طرح آزادروی ہے نہ مشرقی نسوانیت، ماں کی عدم موجودگی میں اس طرح کی نسوانی تربیت میں کمی آ گئی تھی، وہ تنہائی پسند تھی، نوجوان ہونے کے باوجود اپنے اندر صنف مخالف کیلئے کوئی کشش نہیں رکھتی تھی، ادبی کتابوں سے دل بہلاتی تھی، لیکن بہت جلد وہ تنہائی سے گھبرا اٹھتی ہے عذرا کے خیالات ملاحظہ ہوں:

''تنہائی، یہ تنہائی اس کا کام تمام کردے گی اس کی روح کو، اس کی روح کی مسرتوں کو اس کی روح کی زندگی کو ختم کر کے رہے گی''۔ ۶۲

اپنی تنہائی کو دور کرنے کیلئے وہ کسی ہمدرد کی تلاش میں رہتی ہے، اور اپنے والد کے

دوست کے بیٹے رفعت میں اپنی تنہائی کا رفیق تلاش کر دیتی ہے، جو کہ اس کے بچپن کا ساتھی بھی رہ چکا ہے، ابتداء میں عذرا اور رفعت کی محبت کا گرم جوشی سے جواب نہیں دیتی ہے، لیکن بہت جلد وہ رفعت کے انتظار میں رہنے لگتی ہے، جب رفعت کو فوج میں ملازمت مل جاتی ہے تو عذرا اور رفعت کے والدین دونوں کو شادی طے کر دیتے ہیں لیکن اچانک رفعت کو جنگ کیلئے بلاوا آ جاتا ہے اور وہ سرحد پار جانے کی تیاریوں میں لگ جاتا ہے، جانے سے پہلے ایک حسن و دلفریب رات کو رفعت اور عذرا ایک دوسرے کے اس حد تک قریب آ جاتے ہیں کہ محبت کی آخری حدود کو چھو لیتے ہیں ''گناہ رنگین'' کے عنوان سے عزیز احمد نے اس ناول میں دونوں کے وصل کے مناظر کو بڑے ہی رومانی اور شاعرانہ انداز میں پیش کیا ہے اس طرح وہ اپنے ساتھ قاری کو بھی اپنے مخصوص اسلوب بیان سے لذت کوشی میں مبتلا کر لیتے ہیں عزیز احمد کے دونوں ناولوں ''ہوس'' اور ''مرمر اور خون'' میں نوجوان کردار محبت کے طوفان خیز تلاطم میں اس قدر بہہ جاتے ہیں کہ انہیں اپنی کوئی خبر نہیں رہتی اور پانی سر سے گذر جانے کے بعد اپنے اس جذباتی حادثہ کو ''گناہ'' سمجھنے لگتے ہیں یہاں پر عذرا بھی اپنی پیشمانی کا اظہار یوں کرتی ہے۔

> ''اسے یہ احساس پیدا ہوا کہ وہ ایک ''گناہ'' سخت، شرم ناک گناہ کی مرتکب ہوئی ہے ہر نقطہ نظر سے یہ گناہ کس قدر سخت تھا، مذہبی نقطہ نظر، اخلاقی نقطہ نظر، معاشرتی نقطہ نظر سے''۔ ۶۳

اس طرح عزیز احمد نے اپنے ناولوں میں ایک ایسے معاشرہ کی تصویر کشی کی ہے جہاں کے افراد میں اخلاقی قدروں کا فقدان پایا جاتا ہے، جہاں گناہ کی ترغیب تو ہے، لیکن بعد از گناہ پریشانی، پیشمانی اور خجالت کا جو سامنا کرنا پڑتا ہے اس کا کوئی اخلاقی مداوا نہیں، جہاں دولت کے زیر اثر اپنی محبت کی نشانی کا قتل کر دیا جاتا ہے۔ بقول عزیز احمد کے:

> ''دولت نے عذرا کو بعد گناہ سے نجات دلوادی، پروفیسر کو یا کسی کو کانوں کان بھی خبر نہیں''۔ ۶۴

حقیقت میں عزیز احمد نے مغربی تہذیب، مغربی معاشرہ کو اپنے ناولوں میں پیش کرنے کی کوشش کی ہے جو انہوں نے مغربی ادب کے مطالعہ سے حاصل کی تھیں، لیکن اس حیرت ناک حقیقت سے انکار نہیں کیا جا سکتا کہ آج کا معاشرہ ہو بہو عزیز احمد کے ان ناولوں میں پیش کی گئی

تہذیب کا عکاس ہے لیکن آج سے پچاس ساٹھ سال قبل ہندوستانی معاشرہ میں اس طرح کی آزادی اور بے باکی شاید ہی ممکن ہے۔

میدان جنگ سے اطلاع آتی ہے کہ رفعت کا حرکت قلب بند ہوجانے سے انتقال ہوگیا ہے۔عزیز احمد نے رفعت کے کردار کو سوچ سمجھے منصوبہ کے تحت ناول سے الگ کیا' کیونکہ طلعت کا کردار بھی مرکزی اہمیت کا حامل ہے' طلعت' رفعت کا چھوٹا بھائی ہے جو ایک ماہر سنگتراش ہے' عزیز احمد نے طلعت کے کردار کو ابھارنے کیلئے مغرب کے شاہکار سنگتراشی کے نمونوں جیسے سافو، پگمیلین، گیلیٹیا کے نام اس کے ساتھ گنوائے ہیں' سنگتراشی سے متعلق شاعرانہ افر نفسیاتی خیالات کو پیش کرتے ہوئے طلعت کے کردار کو موثر بنانے کی کوشش کی ہے۔طلعت جب پہلی بار عذرا کو دیکھتا ہے تو وہ اندر ہی اندر اُسے چاہنے لگتا ہے' لیکن بھائی کے ساتھ عذرا کے میل جول سے اس میں رقابت کے جذبات بھڑکنے لگتے ہیں' سنگتراش ہونے کی بناء پر وہ عذرا کو ایک مرمریں مجسمہ کے روپ میں دیکھتا ہے اور عذرا کی قربت حاصل نہ ہونے کی بناء پر عذرا کی نوکرانی زینب سے اس کی ماں کی بیماری اور وفات کے بعد ہمدردی کے بہانے اس سے قریب ہوتا ہے اور اپنی محبت کے دام فریب میں گرفتار کر کراس کی عصمت سے کھیلتا ہے' زینب' پندرہ' سولہ سال کی ایک ایسی غریب لڑکی ہے جس کی ماں ایک مہلک بیماری میں مبتلا ہو کر فوت ہوجاتی ہے اور وہ جوانی کی دہلیز پر قدم رکھتے ہی اتفاقاً عذرا اور رفعت کے گناہ کی عینی شاہد بن جاتی ہے۔اور جب طلعت کے روپ میں ایک بڑے گھر کے لڑکے کو اپنی جانب مائل پاتی ہے تو وہ بھی جذبات میں بہک جاتی ہے اور اپنی دل میں یہ تسلی بھرا خیال لاتی ہے کہ بڑے گھر کی لڑکی عذرا کیلئے یہ شرم کی بات نہیں ہے تو پھر اس کیلئے کیوں' وہ کہتی ہے

''یہی گناہ عذرا بی بی نے کیا تھا میں اکیلی گنہگار نہیں ہوں''۔ ۶۵

اس طرح عزیز احمد نے ایک طرف تو یہ دکھانے کی کوشش کی کہ طلعت جیسے نوجوان اپنی ہوس مٹانے کیلئے غریب گھر کی لڑکی کو بھی نہیں چھوڑتے ہیں' زینب کے کردار میں انہوں نے نچلے طبقہ کی ایسی لڑکی کو پیش کیا ہے جو کہ اپنی غریبی' بے بسی کے آگے مجبور ہو کر اپنے جذبات پر قابو نہ پاکر امیر لڑکوں کی ہوس پرستی کا شکار ہوجاتی ہے۔

ناول ''مرمر اور خون'' میں نسرین کا کردار بہت اہمیت کا حامل ہے۔جو عذرا کی سہیلی اس

کی مشیر اوراس کی ہم راز ہے‘اس کی تربیت آزاد ماحول میں ہوئی تھی‘ وہ زندگی کے رنگین پہلو سے اچھی طرح واقف تھی اورعورت کی نسوانیت اس میں کوٹ کوٹ کر بھری تھی‘ وہ عیش پرستی کی رسیا تھی‘ اس طرح کی تربیت میں ان سستی قسم کی کتابوں کا بڑا دخل تھا جسے وہ بڑے ذوق وشوق سے پڑھتی تھی اور جن کے بارے میں تبصرے کرتی تھی‘اس سلسلہ میں عزیز احمد لکھتے ہیں:

”اس قول کی صحت میں کیا کلام ہوسکتا ہے اور محض ذہنی عیش پرستی ہے عیش پرستی یہ وہ لفظ تھا جس سے نسرین کا خمیر کا جوہر تیار کیا گیا تھا....دس برس کی عمر سے وہ اپنے آپ کو عورت سمجھتی تھی‘ اوراس کی عمر کے ساتھ ساتھ اس کے جنسی جذبات بہت تیز ہوگئے‘ اس کے ادبی مذاق نے اوراس معاشرہ نے جس میں وہ تھی اسکا جنسی مذاق بہت بلند کردیا“۔٦٦ؔ

عزیز احمد نے اپنے دونوں ناولوں میں ایک ایک کردار ایسا پیش کیا ہے جس کے ذریعہ انھوں نے حقیقت میں اپنے جذبات کی عکاسی کی ہے۔ ناول ”ہوس“ میں نسیم کے کردار کے ذریعہ اور یہاں نسرین کے کردار کے ذریعہ عزیز احمد نے اپنے آزاد خیالات پیش کئے ہیں۔ نسرین کے خیالات کی آزادی ملاحظہ ہو:

”کسی خواہشات کی ترغیب سے نجات پانے کا بہترین طریقہ یہ ہے کہ وہ خواہش پوری کردی جائے“۔٦٧ؔ

یا پھر نسرین کا اعتراف کرنا کہ

”گناہ کے لئے بھی ظرف کی ضرورت ہے‘ مجھ میں گناہ کا ظرف ہے‘ میرے خمیر کی تعمیر ان لطیف کیفیتوں سے ہوئی ہے جس کو دنیا گناہ کہتی ہے“۔٦٨ؔ

اس طرح کے خیالات کو پیش کرتے ہوئے عزیز احمد نے یہ نہیں سوچا کہ انسان معاشرہ اور سماج کا ایک رکن ہوتا ہے اور اس میں رہنے کے اصول وقوانین ہوتے ہیں‘ انسانی دماغ میں اٹھنے والی ہر جائز‘ ناجائز خواہش کو فوراً ہی روبعمل نہیں لایا جاسکتا‘ اگر ایسا ممکن ہوتا تو جانور اور انسان میں تفریق مشکل ہوجاتی اس سے محسوس ہوتا ہے کہ اس طرح کے خیالات کی پیش کشی میں عزیز احمد بعض دفعہ تجاوز کرجاتے ہیں اور سماج ومعاشرہ کے بعض اہم قوانین کو نظر انداز کرنے کی

کوشش کرتے ہیں، نسرین کے ذریعہ عزیز احمد کے خیالات ملاحظہ ہوں:

''عذرا میں اس اصول کے سرے سے مخالف ہوں، تم ہی بتاؤ کسی قاضی یا پیر نے یا پادری نے چند فقرے کہہ دیئے، اس کے بعد اگر وہی بات ہو تو جائز تصور کی جائے اس صورت میں ہر چیز قانونی ہو جائے لیکن اگر فطرت جو سب سے بڑا قانون ہے، انسان کو مجبور کرے تو وہ گناہ ٹھہرایا جائے''۔ ۶۹؎

نسرین، عذرا کو گناہ چھپانے کیلئے شادی کی ترغیب دیتی ہے۔ اس کے بموجب:

''کبھی کبھی انسانی زندگی کو نقاب کی ضرورت ہوتی ہے۔ اسی نقاب کی جو عمر بھر زندگی کے ایک حصہ پر پڑی رہے''۔ ۷۰؎

اور جب عذرا اور طلعت کی شادی ہو جاتی ہے تو عزیز احمد اس شادی کو صرف ایک معمولی رسم کی طرح سمجھتے ہیں:

''وہ معمولی رسم پوری ہوگئی جس کو معاشرہ کی اصطلاح میں نکاح کہتے ہیں''۔ ۷۱؎

غرض اس طرح کے خیالات کے مطالعہ سے پتہ چلتا ہے کہ عزیز احمد نے مغربی ادب سے بہت تاثر لیا ہے۔ جہاں ناول نگاری میں عریانیت اور جنس سے متعلق مضامین کے اظہار میں آزادی اور پختگی آ رہی تھی، جہاں مرد اور عورت کے مابین رشتہ کو معاشرتی قوانین کے بجائے فطرت کی نظروں سے دیکھا جا رہا تھا، جہاں شادی کا تصور قید کی مانند رہ گیا تھا اور ناول میں نسرین کی باتوں کے جواب میں عذرا کا یہ کہنا کہ ''آخر معاشرت کے کسی نہ کسی اصول کی پابندی بھی تو ضروری ہے''۔ مشرق و مغرب کی ذہنیت کے تضاد کا اظہار کرتی ہے۔

ناول ''مرمر اور خون'' میں مرمر اور خون سے متعلق شاعرانہ انداز بیان ملتا ہے، سنگتراش طلعت کا ہاتھ مجسمہ سازی کے دوران زخمی ہو جاتا ہے اور خون کا قطرہ سافو مجسمہ پر دل کے مقام پر گر جاتا ہے سنگ مرمر اور خون کے قطرہ کو بطور استعارہ استعمال کرتے ہوئے عزیز احمد نے شاعرانہ انداز میں بحث کی ہے ان کے خیالات ملاحظہ ہو:

''خون کے اس دھبے نے سافو کے اس مجسمہ کو وہ کیفیت اور حقیقت عطا کر دی تھی جس تک مرمر کبھی پہنچ نہ سکتا تھا سافو کی وہ چھپی ہوئی حرارت جو

مرمر کے سفید اور سرد حجاب کی وجہ سے مکمل ظاہر نہیں ہوسکتی تھی، اس خون کے چھوٹے سے دھبہ سے پوری طرح نمایاں تھی گویا خود سافو کا قلب دھڑک دھڑک کر اس کے قلب سے باہر نکل آیا.... آج اُس نے محسوس کیا کہ خون ہی اصل حیات ہے... جو انسانی رگوں میں اس لئے دوڑتا پھرتا ہے کہ انہیں زندہ رکھے اس کے مقابلہ میں مرمر کیا ہے صرف ایک زاویہ نگاہ ہے''۔ ۲ے

ناول ''ہوس'' کی طرح ''مرمر اور خون'' کا انجام بھی عزیز احمد نے سوچے سمجھے منصوبہ کے تحت کیا کہ طلعت نے زینت سے اپنی ہوس پوری کی اور اسے غریبی میں بے یار و مددگار چھوڑ دیا، امارت نے طلعت کے اس گناہ کو چھپا دیا تھا ادھر رفعت کے انتقال کے بعد معاشرتی رسم کے پورا کرنے کیلئے ایک گنہگار عذرا کی شادی گہنگار طلعت سے کردی جاتی ہے اور طلعت کے بموجب:

''باوجود جنسی قربت کے وہ اس سے کس قدر دور تھی... دو جسموں میں انتہائی قربت ہوسکتی ہے لیکن یہ کیوں کر ممکن ہے کہ دو روحیں بھی اسی طرح قریب ہوسکیں''۔ ۳ے

اور آخر میں طلعت، زینت اور عذرا کا موازنہ کرتے ہوئے خیال کرتا ہے کہ:

''گو عذرا کی ہستی کے ساتھ مرمر وابستہ تھا اور زینت کی زندگی کے ساتھ خون، گویا امارت نے مرمر کو اپنے لئے مخصوص کر لیا تھا اور غربت خاک و خون میں تڑپ رہی تھی''۔ ۴ے

ناول ''مرمر اور خون'' عزیز احمد کی ابتدائی کاوش ہونے کے باوجود چند ایک خامیوں سے قطع نظر فنی حیثیت سے ایک کامیاب کوشش ہے، ناول میں قصہ اہمیت کا حامل نہیں، یہ ایک رومانی اور نفسیاتی ناول ہے۔ ناول کے پلاٹ کو پھیلانے کیلئے عزیز احمد نے بعض واقعات شامل کئے ہیں۔ جس سے ناول میں جھول پڑتا ہے، جیسے درمیان میں ''ناولٹ'' ڈرامے کے ریہرسل کی تشکیل والا باب اضافی حیثیت رکھتا ہے۔ ڈرامے کی ریہرسل کے بہانے عزیز نے اپنے کرداروں کو ایک دوسرے کے قریب آنے اور آپس میں ایک دوسرے کو سمجھنے کا موقع دیا ہے۔

ناول میں مکالمے کم ہیں، جہاں جہاں نسرین کا ذکر آیا ہے وہاں مکالمے جاندار دکھائی دیتے ہیں۔ ورنہ عموماً کرداروں کے ذریعہ عزیز احمد نے اپنے مخصوص طرز فکر کو ہی پیش کیا ہے، ناول کے تمام کردار یکساں طرز کے ہیں۔ یہ ناول نگار کی منشاء کے مطابق کام انجام دیتے ہیں مگر کرداروں میں فطری ارتقاء کی کمی پائی جاتی ہے۔

ناول ''مرمر اور خون'' کا سب سے اہم وصف اس کی منظر نگاری و جذبات نگاری اور انداز بیان ہے جس کی تعریف مولوی عبدالحق نے بھی کی، منظر نگاری میں عموماً عزیز احمد نے صبح کا سماں، بہار کی بہاریں موسم بہار کے مناظر کو بڑے دلچسپ پیرائے میں بیان کیا ہے، اس کیلئے انہوں نے تشبیہوں کا بھی استعمال کیا ہے، جیسے:

> ''ڈوبتے ہوئے آفتاب کی روشنی میں معلوم ہوتا تھا کہ تالاب کی سطح پر دن کی موجیں اٹھ اٹھ کر پانی کی موجوں میں تحلیل ہو رہی ہیں''۔۵ے

اور ایک باغ کا منظر ملاحظہ ہو:

> ''کھجور کی قطار سڑک کے اس حصہ سے ایک جھنڈ معلوم ہوتی تھی، اور پھولوں کے درمیان عذرا اسی طرح کھڑی تھی کھجور کے درخت باغ اور عذرا سب اُسے ایک عظیم الشان تصویر معلوم ہوئے، مصور قدرت نے بہت بڑے پیمانے پر ایک تصویر بنادی تھی، شفق کی ہلکی، روشنی نے رنگ آمیزی انتہا کر دی تھی، درختوں کی پتیاں تک معلوم ہوتا تھا کہ موقلم کی باکمال جنبش سے بنائی گئی ہیں، اس پوری فضاء سے جسمیت گویا بالکل مفقود ہو چکی تھی''۔۶ے

عزیز احمد نے اس طرح کی خوبصورت منظر نگاری کے ذریعہ ناول میں رومانی فضا لانے کی کوشش کی ہے۔ عزیز احمد کی منظر کشی و منظر نگاری پر تبصرہ کرتے ہوئے ڈاکٹر سہیل بخاری یوں رقمطراز ہیں:

> ''پورا ناول ایک رومانی فضا میں ڈوبا ہوا ہے جو نور و ظلمت سے تیار کی گئی ہے۔ جا بجا چاندنی، ہجوم اشجار، تنہائی، پانی، ابر کے ٹکڑوں، ہوا کے جھونکوں، پھولوں، سبزہ، لیمپ اور قمقموں کا تذکرہ موجود ہے اس طرح، ناول ابتداء

سے انتہا تک دھوپ چھاؤں کا منظر پش کرتا ہے۔ منظر کشی نہایت دل کش ہے اور اس سے واقعات کو ابھارنے اور جھکانے کا جائزہ مصرف لیا گیا ہے''۔ ے ے

منظر نگاری کے علاوہ' سراپا نگاری' جذبات نگاری کے خوبصورت مناظر بھی اس ناول میں ملتے ہیں اس طرح ناول ''مرمر اور خون'' عزیز احمد کی ابتدائی کاوش ہونے کے باوجود اچھی کاوش ہے۔

☆☆

چوتھا باب

عزیز احمد کے شاہکار ناول

''گریز''

عزیز احمد نے 1932ء میں دو ناول ''ہوس'' اور ''مرمر اور خون'' تحریر کئے تھے جوان کی ابتدائی کاوش ہونے کی بناء فکر وفن کی خوبیوں سے عاری تھے، جن میں حقیقت سے زیادہ جذباتیت تھی، ان دو ناولوں کے بعد تقریباً دس برس تک عزیز احمد نے کوئی اور ناول نہیں لکھا تھا۔ لیکن 1942ء میں انہوں نے ناول ''گریز'' لکھ کر اردو ناول کے افق پر اپنا نام روشن کر دیا اور مقبولیت دوام حاصل کی۔ اردو ناول ''گریز'' میں پہلی اور دوسری عالمی جنگ کے درمیانی حالات اور خاص طور سے ہندوستان اور یورپ کی زندگی کا نقشہ بڑے دلفریب انداز میں کھینچا گیا ہے۔ عزیز احمد کے حالات زندگی سے پتہ چلتا ہے کہ انہوں نے 1935ء میں تین سال اعلیٰ تعلیم کے حصول کی غرض سے انگلستان کا سفر کیا تھا اور وطن واپسی سے قبل کچھ عرصہ یورپ کے مختلف ممالک کی سیر وتفریح میں بھی گذارا تھا، چنانچہ اپنے سفر یورپ کے مشاہدات کو انہوں نے ناول ''گریز'' میں پیش کیا۔

موضوع کے اعتبار سے ناول ''گریز'' بھی عزیز احمد کے ابتدائی دو ناولوں ''ہوس'' اور ''مرمر اور خون'' سے جدا نہیں، اس میں بنیادی طور پر جنس کا بیان ہوا ہے۔ پہلے دو ناولوں کی بہ نسبت اس ناول میں عزیز احمد کی جنس نگاری وسعت اختیار کر لیتی ہے ایسا محسوس ہوتا ہے کہ عزیز احمد نے یہ ناول مخصوص نقطہ نظر سے لکھے ہیں۔ عزیز احمد نے جس عہد میں یہ ناول لکھا اس وقت ہندوستان میں ترقی پسند تحریک زور وشور سے جاری تھی، جس کے زیر اثر ادب میں حقیقت

نگاری کو عروج حاصل ہوا تھا اور اسی حقیقت نگاری کے ضمن میں اور فرائڈ کے نظریات سے متاثر ہوتے ہوئے شعر و ادب میں جنسی خیالات کو آزادی کے ساتھ پیش کیا جانے لگا تھا۔ اس وقت کے فسانوی ادب میں بھی کم و بیش سبھی ادیبوں نے اپنی تخلیقات میں کسی نہ کسی طرح جنس سے متعلق مضامین کو پیش کیا۔ عزیز احمد، عصمت اور منٹو نے اپنی تخلیقات میں جنسی پہلو کو پیش کرتے ہوئے یہ دلیل پیش کی کہ جنس زندگی کی ایک حقیقت ہے اور اس سے پردہ پوشی یا احتراز ممکن نہیں۔ سماج میں موجود گھٹن کو دور کرنے کیلئے جنس کا بے باکی سے اظہار کیا جانے لگا۔ لیکن ہمارے ادیبوں نے فن کی پختگی میں کمی کی بناء جنس کے حقیقی اظہار کو عریانی اور فحش نگاری تک پہونچا دیا۔ اس طرح سماجی گھٹن دور ہونے کے بجائے جنس ایک تلذذ کا ذریعہ بن گئی۔ بعد میں ادیبوں کو اس حقیقت کا انکشاف ہوا کہ زندگی کے اظہار میں کچھ باتیں ایسی بھی ہیں جن کی پوشیدگی ہی میں ان کی عظمت و بڑائی مضمر ہے۔

عزیز احمد کا یہ ناول ''گریز'' بھی موضوع کے اعتبار سے جنسی خیالات، جنسی بے راہ روی اور زندگی کے غیر حقیقی پہلو پر مبنی ہے۔ عزیز احمد نے اپنے سفر یورپ کے مشاہدہ کی بناء پر یا اپنے موضوع کے اظہار میں آزادی حاصل کرنے کیلئے ناول کے بیشتر کرداروں اور واقعات کو پیش کرنے کیلئے یوروپ کی زندگی کی عکاسی کی ہے چونکہ عزیز احمد کا موضوع جنس ہے اور یورپ کے متعلق مشہور ہے کہ وہاں جنسی آزادی عام ہے۔ اس لئے عزیز احمد نے اپنے خیالات کو آزادی سے پیش کرنے کیلئے یورپ کا ماحول استعمال کیا ہے۔ ہندوستان کے ماحول میں اتنی آزادی ممکن نہیں حالانکہ ہندوستان میں انہیں اپنے مقصد کا مواد مل سکتا تھا۔ ناول ''گریز'' کے موضوع پر تبصرہ کرتے ہوئے ڈاکٹر ہارون ایوب لکھتے ہیں کہ:

> ''گریز نہ ایک اظہار جنس کا وسیلہ ہے نہ ہی سماج کی اصلاح کا، اس میں تلذذ ہے جس میں دوسروں کو بھی شریک کرنے کی کوشش کی گئی ہے''۔ ۷۸

کچھ اس طرح کی بات وقار عظیم نے بھی عزیز احمد کی بابت کہی ہے:۔

> ''گریز'' پہلی اور دوسری عالمگیر جنگوں کے درمیانی وقفہ کے پر شورش یورپ اور انگلستان کی زندگی کا ناول ہے۔ اس میں اس عہد کی سیاسی و معاشی فضا

کا ایک منتشر ساخا کہ ہے، لیکن ناول کے سیاسی اور معاشی پس منظر پر جنسی حقائق کا غلبہ ہے، جنہیں مصنف نے مزے لے لے کر بیان کیا اور اپنے قاری کو اس مزے میں پوری طرح شریک ہونے کی دعوت دی ہے''۔۷۹

''گریز'' میں نعیم حسن نامی ایک ایسے ہندوستانی نوجوان کا قصہ پیش کیا گیا ہے جو شہر حیدر آباد کا متوطن ہے، ماں باپ کا سایہ سر سے اٹھ جانے کے سبب اپنی زندگی عسرت میں بسر کرتا ہے لیکن کسی طرح اپنی تعلیم جاری رکھتا ہے، ایک رئیسہ خانم کی بیٹی بلقیس سے ایک ایک طرفہ عشق کرتا ہے جو رشتہ میں اس کی چچا زاد بہن بھی ہے لیکن اپنی عسرت کی بناء پر شادی سے احتراز کرتا ہے، اسی دوران وہ آئی، سی، ایس کیلئے منتخب ہوجاتا ہے اور اعلیٰ تعلیم کے حصول کیلئے انگلستان روانہ ہوجاتا ہے اپنی رنگین طبعیت کی بناء پر لندن اور پیرس کی حسین زندگی میں کھو جاتا ہے، طرح طرح کی لڑکیوں سے عشق رچاتا ہے اور بقول احسن فاروقی کے:

''وہ (نعیم) آئی، سی ایس کی ٹریننگ کیلئے انگلینڈ جاتا ہے اور وہاں ایسا معلوم ہوتا ہے کہ سوائے عورت بازی کے کوئی اس کا مشغلہ ہی نہیں ہے'' اگر ''گریز'' سے یورپ کا اندازہ لگایا جائے تو معلوم ہوگا کہ ان حصوں میں جہاں نعیم گئے سوائے قحباؤں کے اور کوئی بستا نہیں''۔ ۸۰

نعیم یورپ کے اس رنگین ماحول میں تین سال گذار کر تعلیم کے اختتام پر جب وطن واپس ہوتا ہے تو پتہ چلتا ہے کہ بلقیس کسی اور کی ہوچکی ہے، اپنی محبت کی ناکام حسرتیں لئے ملازمت کے سلسلہ میں دربدر پھرتا ہے، لوگوں کے کہنے کے باوجود شادی سے گریز کرتا ہے اور یاس وحسرت میں اپنی زندگی بسر کرتا ہے۔

ناول ''گریز'' میں 1936ء سے 1942ء کے درمیانی زمانہ میں حیدر آباد اور یورپ کے بڑے بڑے شہروں کی زندگی کی تصویر کشی کی گئی ہے اور بتایا گیا ہے کہ ایک ہندوستانی نوجوان کے آئی سی ایس میں انتخاب کے بعد انگلستان جاکر کیا کیا تبدیلیاں آتی ہیں، اس کی دماغی حالت کیا ہوجاتی ہے اور وہ زندگی کو کس نقطہ نظر سے دیکھتا ہے۔ یورپ کے آزاد ماحول میں کس طرح وہ عیش پرستانہ زندگی بسر کرتا ہے۔

ان سب باتوں کو بڑی فن کاری سے 'گریز' میں پیش کیا گیا ہے، ناول کا عنوان ''گریز''

اسی لئے رکھا گیا ہے کہ اس میں ''نعیم'' شروع سے آخر تک زندگی کے دور میں گریز کرتا ہے۔ ''گریز'' میں زندگی اور اس کے حقائق، محبت، عشق، عیش پرستی کی ناکامیوں کی تلخی، سب سے گریز دکھائی دیتا ہے۔

عزیز احمد نے ناول ''گریز'' میں اس دور کی دنیا کی معاشرتی، تہذیبی، سیاسی، سماجی زندگی کے نمونے بڑی عمدگی سے پیش کئے ہیں، یہ وہ دور تھا جب صنعتی انقلاب کے بعد زندگی کے مختلف شعبوں میں شکست و ریخت اور تعمیر و ترتیب کا عمل جاری تھا، سائنسی علوم کی ترقی سے زندگی کی رفتار میں تیزی آ گئی تھی، مختلف طرح کے نئے انداز فکر، رجحانات، تحریکوں سے لوگوں کی ذہنیت میں نمایاں تبدیلی آنے لگی تھی۔ حقیقت پسندگی کا رجحان بڑھنے لگا تھا، سائنس اور نفسیاتی علوم کی ترقی نے سماج میں جنس کی اہمیت کو واضح کر دیا تھا جس سے یہاں کا ادب بھی متاثر ہوا تھا۔ عزیز احمد کا ناول ''گریز'' بھی اسی دور کی نمائندگی کرتا ہے۔

ناول کا مرکزی کردار ''نعیم حسن'' ہے یہ کردار ناول میں شروع سے آخر تک چھایا ہوا ہے یہ کردار بیسویں صدی کے ایک ایسے ہندوستانی نوجوانوں کا کردار ہے جو مغربی طرز تعلیم، طرز فکر سے آشنا ہے۔ سر پر ماں باپ کا سایہ نہ ہونے کے باوجود تعلیم جاری رکھتا ہے۔ حیدر آباد اس کا وطن ہے جہاں وہ اپنے رئیس چچا کی بیٹی بلقیس کے بارے میں سنہرے خواب دیکھتا ہے، لیکن احساس کمتری اُسے اظہار محبت سے روکتی ہے، لیکن جب وہ آئی سی ایس کے باوقار عہدے کیلئے منتخب ہو جاتا ہے تو اپنے آپ کو ساتویں آسمان پر پہنچا لیتا ہے نعیم کے خیالات ملاحظہ ہوں:

> ''جب میں نے سنا تھا کہ خانم چاہتی ہیں اس کی شادی مجھ سے ہو تب سے بلقیس کی ''شان پارسائی'' میں فرق آ گیا تھا، کشش کا بہت بڑا باعث یہ تھا کہ میری مفلسانہ طالب علمی زمانہ میں وہ میری پہونچ سے باہر تھی، آئی سی ایس کے انتخاب نے مجھے اتنا اوپر اٹھا دیا کہ میرا ہاتھ اس تک پہنچ سکتا تھا''۔ ۸۱

آئی سی ایس کی ٹریننگ کیلئے نعیم انگلستان روانہ ہو جاتا ہے وہاں سے وہ ایک خط اپنے چچا عاقل خان کو لکھتا ہے اور اشارۃً یہ کہتا ہے کہ بلقیس کی شادی کہیں اور نہ کی جائے۔

> ''پھر بھی مجھے بڑی ہی مسرت ہوگی اگر میری واپسی تک بلقیس کی شادی ملتوی رہے، آخر مجھے بھی تو بلقیس کی شادی میں شرکت کا حق ہے''۔ ۸۲

بلقیس کی محبت کو خیالوں میں بسائے جب نعیم یورپ کی مغربی زندگی میں قدم رکھتا ہے تو بہت جلد وہ یہاں کی رنگنیوں میں کھوسا جاتا ہے' اور بلقیس کی صرف یادسی رہ جاتی ہے' عزیز احمد نے نعیم کے کردار کو اس انداز میں پیش کیا ہے کہ وہ نڈر اور بے باک ہے' یورپ کے لڑکوں اور لڑکیوں کو آسانی سے دوست بنا لیتا ہے اور اپنی علمی قابلیت اور باتوں سے انہیں اپنا گرویدہ بنا لیتا ہے وہ لندن اس لئے جاتا ہے کہ اعلیٰ تعلیم حاصل کرے لیکن عزیز احمد نے اپنے موضوع کی بنا تعلیمی زندگی کے بجائے عیش پرست زندگی کے حسین مرقع ناول پیش کئے ہیں۔ نعیم دوسرے مما لک سے آئی لڑکیوں میں بہت تیزی سے گھل مل جاتا ہے اور ایک دو ملاقات ہی میں محبت کے سارے مراحل طے کر جاتا ہے' لڑکیوں سے دست درازی اور بوسہ بازی اس کے لئے عام بات ہے۔ یورپ کے ماحول میں اس طرح کی باتیں عام ہیں۔ وہ ہر وقت اس بات کے لئے کوشاں رہتا ہے کہ کس طرح ایک لڑکی کی قربت حاصل کی جائے اسکے لئے وہ لندن اور پیرس کے ریستورانوں میں شامیں گذارتا ہے۔ نعیم سب سے پہلے ''میری پاؤل'' کی جانب دوستی کا ہاتھ بڑھاتا ہے۔ میری پاول ''گل سرخ'' کے نام سے نوجوانوں میں بہت مشہور تھی۔ ہر نوجوان اس سے قربت کا خواہاں رہتا لیکن میری پاول نعیم کی محبت کو حد سے بڑھنے نہیں دیتی نعیم پریشان ہو جاتا ہے اور تنہائی کا احساس اسے پریشان کر دیتا ہے' نعیم کے خیالات ملاحظہ ہوں:

> ''اس رات اس نے اپنی زندگی میں خلا محسوس کیا' خلا اور بڑی ہی سخت تنہائی ایسی تنہائی جو کبھی کبھی برسات کی راتوں میں حیدرآباد میں محسوس کرتا تھا''۔ ۸۳

اور جب اس طرح تنہائی سے وہ بہت ہی پریشان ہو جاتا تو اپنی زندگی کی جنسی گھٹن دور کرنے کیلئے قحبہ خانہ چلا جاتا ہے۔

میری پاؤل کی علمی' سیاسی وسماجی سرگرمیوں کو دیکھ کر نعیم اس کی عظمت کا قائل ہو جاتا ہے' نعیم کی اس سے محبت جنسی جذبہ کے تحت نہیں بلکہ اس کی باوقار شخصیت کی عظمت سے مرعوب ہو کر دوستانہ نوعیت اختیار کر لیتی ہے۔

نعیم کی زندگی میں ہلچل مچانے والی لڑکی ایلس ہے۔ یہ ایک امریکی لڑکی ہے جو فرانسیسی زبان سیکھنے یورپ آتی ہے اور بہت جلد نعیم کے قریب ہو جاتی ہے۔ عزیز احمد نے نعیم اور ایلس کی

محبت کو جذباتی انداز میں پیش کیا ہے۔ شروع میں نعیم' ایلس سے اس لئے محبت کرتا ہے کہ کس طرح اس کی جنسی ہوس کی تکمیل ہو لیکن ایلس ایک مشرقی لڑکی کی طرح آگے بڑھنے نہیں دیتی' چنانچہ نعیم بے چین سا ہو جاتا ہے:

''اس جنسی تشنگی کی وجہ سے نعیم بہت بے چین ہو جاتا ہے بعض وقت وہ یہ بھی چاہتا ہے کہ ایلس کا پیچھا چھوڑ دے اور کوئی ایسی لڑکی تلاش کرے جس سے اس کی مدعا برآری زیادہ آسانی سے ہو''۔۸۴

لیکن بہت جلد نعیم کی ایلس سے محبت ہوس پرستی سے حقیقی پیار کی منزل تک پہنچ جاتی ہے اور دونوں زندگی کا ساتھ نبھانے کے وعدے کر لیتے ہیں۔ ایسے ہی ایک موقع پر نعیم کے جذبات کی عکاسی عزیز احمد نے بڑے دلفریب انداز میں کی ہے۔

''اور وہ خواہش جو ایلس کی دوستی کے ساتھ ظہور میں آئی تھی' ایلس کے جسم' ایلس کے کنوارے پن کو فتح کرنے کی کوشش اور اس کا کہیں نام و نشان بھی نہ تھا۔ ایلس اب بھی کنواری تھی لیکن وہ احترام جو ایک عرصہ سے آہستہ آہستہ نعیم کے دل میں پیدا ہو رہا تھا اس ایک لحظہ میں جذبہ پرستش بن گیا۔ اس کی محبوبہ اس کی ہونے والی بیوی کسی سے یہاں تک کہ اس سے بھی آلودہ نہیں ہوئی۔ مشرق کا تصور عصمت اسے ایلس کے اطراف اس وقت اس طرح چھایا نظر آیا جیسے ماہتاب کے گرد حالہ''۔۸۵

نعیم اور ایلس آپس میں نسبت قائم کر لیتے ہیں۔ لیکن ایلس کے والد دونوں کو شادی سے پہلے یہ مشورہ دیتے ہیں کہ وہ کچھ دنوں الگ رہیں اس کے بعد بھی اگر دونوں میں محبت قائم رہے تو شادی کامیاب ہو سکتی ہے۔ ایلس امریکہ روانہ ہو جاتی ہے اور وقت کے گذرنے کے ساتھ امریکی زندگی کی رنگیوں میں آہستہ آہستہ نعیم اس کو بھول جاتا ہے۔ جس کا اظہار ان خطوں سے ہوتا ہے جو ایلس نے نعیم کو لکھے تھے اور جن میں آہستہ آہستہ جذبہ محبت میں کمی آتی جاتی ہے۔ نعیم ایک مرتبہ پھر تنہائی سے دوچار ہو جاتا ہے اور اپنے ہوس پرست طبعیت کی بنا ایک دفعہ اپنے دوست جیمس کرا کسلے کی بہن برتھا کے ساتھ بھی رات بسر کرتا ہے لیکن اس کے جذبات کو تسکین نہیں ہوتی چنانچہ وہ تفریح طبع کے خاطر یورپ کے مختلف شہروں میں دربدر پھرتا ہے۔ اور ہر جگہ

اس بات کیلئے کوشاں رہتا ہے کہ لڑکیوں سے مراسم بڑھائے۔نعیم کا جگہ جگہ سفر کرنا اس کے لاابالی ہونے کا اظہار ہے اس سلسلے میں عزیز احمد کے خیالات ملاحظہ ہوں:

''سفر میں ہی اپنی ذات اسکی سمجھ میں اچھی طرح آتی' سفر ہی میں زندگی کا لطف اور حسن اس کے آنکھوں میں چبھتا' سفر ہی میں وہ گویا اپنے آپ کو پالیتا قید مقام سے اس کے حواس خوابیدہ سے ہوجاتے' زندگی اس کے پاس سے ہو کر گذر جاتی اور اسے خبر نہ ہوتی''۔۸٦

یورپ کی زندگی میں دربدر بھٹک جب وہ ہندوستان آتا ہے تو اسے ملازمت کے سلسلہ میں بھی ایک مقام سے دوسرے مقام کا سفر کرنا پڑتا ہے' اس کی پہلی محبت کا انجام معلوم ہونے کے بعد لوگوں کے مشورے کے باوجود وہ کسی لڑکی سے شادی پر آمادہ نہیں ہوتا اور یہ سمجھتا رہتا ہے کہ شائد اس کی زندگی میں حقیقی سکون نہیں۔

''ایک طرح کی اعصابی کمزوری نعیم پر حاوی ہونے لگی' وہ سوچنے لگا میں اس طرح کب تک گریز کرتا رہوں گا' کب تک یہ ذہنی اور جذباتی انتشار باقی رہے گا اور کوئی ترکیبی نتیجہ کوئی امتزاج میری روح اور جسم کی فضا میں ابھرے گا کب تک میں زندگی سے گریز کرتا رہوں گا' کب تک میں زندگی سے بچ بچ کر خوابوں کی دنیا میں عاشقی میں پناہ لیتا رہوں گا اور عاشقی بھی خالص جذباتی عاشق جس میں کوئی ذہنی اطمینان نہیں''۔۸۷

اس طرح عزیز احمد نے ''گریز'' میں نعیم کے روپ میں ایک ایسے کردار کو پیش کیا جس کا خمیر تو ہندوستانی ہے لیکن عادات واطوار اور طرز زندگی مغربی نوعیت کا۔مغربی ماحول میں وہ رچ بس جاتا ہے' سچی اور حقیقی محبت اس کے نزدیک کوئی معنی نہیں رکھتی اس لئے محبت کی حقیقت اسے حاصل نہیں ہوتی' ایک جگہ وہ اعتراف کرتا ہے کہ اس کی زندگی میں کتنی لڑکیاں آئیں لیکن کسی سے اس کی محبت حقیقی نہیں:

''شائد مجھ میں سچی محبت کی صلاحیت ہی نہیں' مگر اب تک زندگی میں تین لڑکیاں مجھے ایسی ملیں جن کی وجہ سے میں کئی راتیں نہیں سویا' کئی دن پریشان رہا اور سمجھتا رہا کہ ان کا حاصل کر لینا میری زندگی کا سب سے بڑا

مقصد ہے' ایک ایلس' دوسری میری اور تیسری کون تیسری ایک ہندوستانی لڑکی تھی میری چچازاد بہن' اس کا نام بلقیس تھا"۔ ۸۸ے

ناول "گریز" میں نعیم کے مرکزی کردار کے علاوہ ایلس کا کردار جاندار ہے' وہ ایک امریکی لڑکی ہے لیکن ایک ہندوستانی نوجوان سے محبت کرتی ہے' وہ اپنی محبت میں احتیاط کرنا چاہتی ہے' عزیز احمد نے بعض جگہ ایلس کے روپ میں مشرقی اقدار کی حامل لڑکی کا کردار بھی پیش کیا ہے' جو کہ محبت میں آگے نہیں بڑھتی' اپنے والد کے مشوروں پر عمل کرتی ہے لیکن عزیز احمد اپنے موضوع کے مطابق اس کردار کو وسعت نہیں دیتے' چنانچہ ایلس کا کردار امریکہ جانے کے بعد ناول سے دور ہو جاتا ہے۔

ایلس کے علاوہ ناول میں بیشتر کردار ایسے ہیں جو ناول کے ماحول اور موضوع سے مطابقت رکھتے ہیں اور واقعات کو بڑھنے میں مدد دیتے ہیں' اور واقعات کے گذرنے کے ساتھ ساتھ منظر پر آتے ہیں اور چلے جاتے ہیں' میری پاول کے روپ میں عزیز احمد نے ایک ایسی یورپی لڑکی کے کردار کو پیش کیا جو حسین وجمیل بھی ہے اور اپنے عملی صلاحیت کے بل بوتے پر یورپ کے نوجوان حلقہ میں مشہور بھی ہے' یہ مغرب کی ایک ایسی لڑکی کا کردار ہے جس کے سامنے محبت سے زیادہ اہم دوسری چیزیں ہیں۔ میری پاول کے علاوہ برتھا' مارگرٹ اور جیمس کرا کسلے کے کردار یورپ کے ان تمام نوجوانوں کی عکاسی کرتے ہیں جو زندگی کو آزدانہ طور پر بسر کرنا چاہتے ہیں۔ زندگی کا کوئی مخصوص نقطہ نظر ان کے سامنے نہیں ہے' ایک کردار ہروشا کا بھی ہے جو نعیم کا قریبی دوست ہے یہ نوجوان چیکوسلواکیہ سے سیاست اور عمرانیات کی تعلیم حاصل کرنے انگلستان آتا ہے' وہ ایک مضبوط کردار کا حامل نوجوان ہے' نعیم کے مقابلہ میں وہ غیر ضروری تفریحات پر تعلیم کو اہمیت وفوقیت دیتا ہے۔ ناول میں جگہ جگہ اس کی ذہانت کے نمونے ملتے ہیں' بیشتر اوقات نعیم کو وہ زندگی کے معاملہ میں زرین مشورے دیتا دکھائی دیتا ہے' ایک کردار جو بہت کم پیش ہوا ہے لیکن بظاہر سارے ناول کے پس پردہ دکھائی دیتا ہے وہ بلقیس کا کردار ہے جو ہر وقت نعیم کے دل میں بسی رہتی ہے۔ بلقیس کا تعلق اس طبقہ سے ہے جو اپنے والدین کی دولت کی بناء انگریزی ماحول سے روشناس ہوتی ہے اور اپنی ماں کی طرف سے دی گئی آزادی میں بڑی ہوتی ہے' نعیم اس سے ایک طرفہ محبت کرتا ہے لیکن ہندوستانی معاشرہ کے تقاضوں کی بناء بلقیس' نعیم کے وطن آنے تک

انتظار نہیں کرسکتی اور اس کی شادی کہیں اور کردی جاتی ہے۔

نعیم کے ہندوستان میں قیام‘ دوران سفر جہاز میں‘ اور یورپ کی تین سالہ زندگی اور وطن واپسی پر اس کے بہت سے چھوٹے بڑے کرداروں سے ملاقات ہوتی رہتی ہے۔ عزیز احمد نے بیشتر کردار اپنے اطراف کے سماج سے لئے ہیں اور ناول جو زندگی کی پیشکشی کا کامیاب ذریعہ ہے اس میں بھی اسی طرح کے کردار پیش کئے جاتے ہیں۔ چنانچہ عزیز احمد نے کردار نگاری کے سلسلہ میں اپنے مطالعہ اور مشاہدہ کا اچھا استعمال کیا ہے۔ چنانچہ ان کے کردار ناول کا ہی ایک حصہ معلوم ہوتے ہیں اور ناول کی زندگی کا جزو لگتے ہیں۔ ناول میں پیش کردہ نوجوان کرداروں کے مطالعہ سے پتہ چلتا ہے کہ ان میں سے بیشتر کردار آزاد منش انسان ہیں‘ دنیا کے بیشتر ممالک سے لندن اور پیرس میں اس لئے جمع ہوتے ہیں کہ اعلیٰ تعلیم حاصل کریں لیکن یہاں کی رنگنیوں میں کھو جاتے ہیں‘ ہندوستان سے بھی بیشتر نوجوان کا یورپ میں جمع ہونا اس بات کا ثبوت ہے کہ اس وقت اعلیٰ تعلیم کیلئے لوگ اپنے نوجوانوں کو انگلستان بھیجا کرتے تھے‘ جہاں ان کی دوستی دوسرے ممالک کے نوجوانوں سے ہوتی ہے۔ اس طرح کی دوستی دکھاتے ہوئے عزیز احمد نے رنگ ونسل میں تفریق مٹانے کی کوشش کی ہے‘ ان نوجوانوں کی آپسی گفتگو‘ ان کی عادات واطوار سے پتہ چلتا ہے کہ اس میں آوارہ گردی‘ سیر وتفریح کے علاوہ اپنے عہد کا سیاسی وسماجی شعور بھی ہے‘ وہ دنیا میں ہونے والی سیاسی تبدیلیوں پر تبصرہ کرتے ہیں جن میں اشتراکیت واشتمالیت دنیا کی بیشتر ممالک میں ہونے والی سیاسی تبدیلیوں‘ جنگ عظیم کے بعد کے اثرات‘ شعر وادب‘ موسیقی‘ مصوری غرض اس طرح کے بیشتر مضامین پر بحثیں نوجوانوں کے موضوعات گفتگو ہیں‘ بعض مرتبہ ایسا محسوس ہوتا ہے کہ عزیز احمد خود اپنے نقطہ نظر کا اظہار ان کرداروں کے ذریعہ کرا رہے ہوں۔ اس ناول میں پیش کردہ ہندوستانی کردار تمثیلی بھی ہوسکتے ہیں کیونکہ اس وقت عزیز احمد کے علاوہ سجاد ظہیر‘ ملک راج آنند‘ رشید جہاں اور دوسرے ہندوستانی نوجوان تعلیم کی غرض سے یورپ میں جمع تھے‘ جہاں کے ہوٹلوں میں بیٹھ کر ہی انہوں نے ترقی پسند تحریک کی بنیاد ڈالی تھی‘ اور اسے ہندوستان میں پھیلایا تھا‘ اس طرح ناول ”گریز“ کے بیشتر کردار اپنے عہد کی تصویر کشی کرتے ہیں۔

عزیز احمد کے بیشتر نقادوں نے ناول ”گریز“ پر تنقید کرتے ہوئے ان کی جنسی نگاری کو ہی نشان ہدف بنایا ہے‘ ان پر الزام لگایا گیا کہ وہ جنسی کیفیت کے اظہار میں خود بھی تلذذ کا شکار

ہوتے ہیں اور قاری کو اس بھی اس میں شریک کر لیتے ہیں اور اس طرح کی کیفیت میں نامناسب افراط سے کام لیتے ہیں وقار عظیم کے بموجب:

''ناول کے سیاسی اور معاشی پس منظر میں جنسی حقائق کا غلبہ ہے جنہیں مصنف نے مزے لے لے کر بیان کیا ہے، اور اپنے قاری کو اس مزے میں پوری طرح شریک ہونے کی دعوت دی ہے''۔۸۹

عزیز احمد کے پیش نظر ایک مخصوص موضوع تھا، اور اس موضوع کی کیفیت اور اس میں خوبی اس وقت ہی پیدا ہوسکتی ہے جب کہ اسے مخصوص انداز میں اس طرح پیش کیا جائے کہ وہ دلفریب لگے نعیم اور برتھا کی ملاقات کا ایک منظر پیش ہے، جس سے عزیز احمد کے طرز کا اندازہ ہوسکتا ہے:

''برتھا، نیم دراز حالت میں اس کی گود میں لیٹی ہوئی تھی اور اس کا سنہرے بالوں سے بھرا ہوا سر نعیم کے شانے کا سہارا لگائے ہوئے بڑا خوبصورت معلوم ہوتا تھا، نعیم نے اس کا بوسہ لینا چاہا تو اس نے اپنے لب اوپر اٹھائے، نعیم نے اسی حالت میں اسے اور اچھی طرح اپنی آغوش کی گرفت میں لے کے اور اس کے سینے پر پنجے گاڑ کر اس کا بوسہ لیا، نعیم کے دانت اس کے دانتوں سے ٹکرائے اور وہ نعیم کی زبان کو چوسنے لگی''۔۹۰

عزیز احمد نے چونکہ یورپ کا ماحول اور مغربی کردار لے تھے اس لئے اس طرح کے مناظر کی تفصیلی پیش کشی میں انہیں آزادی ملی، لیکن نعیم جو کہ ہندوستانی نوجوان ہے اس کی بے باکی دراصل عزیز احمد کی بے باکی ہے اس طرح کے کردار کو پیش کرتے ہوئے عزیز احمد نے اردو ناول نگاری کے کرداروں میں نیا تجربہ کیا ہے، جنسی پیش کشی میں بعض مرتبہ عزیز احمد زیادتی کر دیتے ہیں جو کہ گراں لگتا ہے، مخصوص اعضاء کے بیان میں عزیز احمد تکرار کرتے دکھائی دیتے ہیں جو کہ مریضانہ ذہنیت کا اظہار کی ہے جیسے:

''مارگرٹ کے پستان چھوٹی چھوٹی اور فولاد کی سخت ناشپاتیوں کے سے تھے''۔۹۱

''برتھا کے پستان بڑے بڑے تھے اور نرم نہیں تھے''۔۹۲

اس طرح کی چند ایک خامیوں کے باوجود عزیز احمد کی جنس نگاری اپنے موضوع سے مطابقت رکھتی ہے اور ایک مخصوص فن کی ترجمانی کرتی ہے، عزیز احمد پر عریاں نگاری کے یہ الزامات اردو تنقید کے اس عہد میں کئے گئے تھے، جب کہ تنقید پوری طرح تشکیل نہیں ہو پائی تھی۔ آج اردو تنقید کی ترقی نے جانچ کے پیمانے بدل دیئے ہیں۔ چنانچہ جنس کو بھی ادب میں اہمیت دی گئی ہے، عزیز احمد نے بھی بدلتے وقت کے ساتھ جب کہ سماج میں پرانی قدروں کا خاتمہ اور نئی روایات کی تعمیر ہو رہی تھی جہاں سائنسی علوم نے مذہب اور اخلاقی قدروں کو ہلا کر رکھ دیا تھا علوم نفسیات اور فرائڈ کے نظریات نے انسانی زندگی کے نئے پہلوؤں کو اجاگر کیا تھا، اپنے عہد کے ادب کو بھی متاثر کیا تھا اور اپنے ناولوں میں پہلی مرتبہ ان موضوعات کو برتا۔ اس کیلئے مغرب کے بڑے بڑے ادیبوں سے تاثر بھی لیا، اس کے باوجود وہ اس طرح کے موضوعات کی پیش کشی میں مبتدی تھے، ان کی چند ایک خامیوں سے قطع نظر انہوں نے جنس کو بطور آرٹ اپنے ناولوں میں پیش کیا مغرب و مشرق کی محبت، جنسی جذبہ اور محبت کے نئے رنگ اس طرح کے نئے تجربے عزیز احمد نے اپنے ناول میں کئے اور اردو ناول کو نئی جہتوں سے روشناس کرایا، یوسف سرمست کے بموجب:

> ''عزیز احمد راست اور کھلے طور پر جنسیت کو پیش کرتے ہیں وہ جنسی جذبہ کو نہ ذلیل سمجھتے ہیں نہ ذلیل دکھانے کی کوشش کرتے ہیں، اس لئے آج تک ان کی عریاں نگاری فحش نہیں بنی ہے، بلکہ اس کے برخلاف جنس کا عنصر ان کی ناول نگاری میں بڑی فنی قدر و قیمت رکھتا ہے''۔ ۹۳

ناول ''گریز'' کو صرف عزیز احمد کی عریاں نگاری یا سستی جذباتیت کا مظہر قرار نہیں دیا جا سکتا۔ عزیز احمد نے اس ناول میں اس عہد کی ہندوستانی اور یورپی زندگی کے حقیقی نقشے پیش کئے ہیں اس طرح یہ ناول اس عہد کی سیاسی و سماجی تاریخ بھی ہے۔ عزیز احمد کا گہرا مطالعہ اور مشاہدہ اس میں فنی پختگی پیدا کر دیتا ہے۔ عزیز احمد کا یہ ناول ایک طرح کا سفر نامہ بھی ہے کیونکہ ناول کا مرکزی کردار حیدرآباد سے ممبئی اور پھر براہ جہاز یورپ کا سفر کرتا ہے جہاں وہ لندن، پیرس، روم، برلن، نیپلز اور دوسرے شہروں کا سفر کرتا ہے، اس طرح قاری ان تمام مقامات کا اندازہ نعیم کے کردار سے کرتا رہتا ہے وہاں کے بازاروں، ہوٹلوں، درسگاہوں کے ماحول سے یورپ کی تہذیب و

معاشرت کا اندازہ ہوتا ہے۔

ناول کے بارے میں کہا گیا ہے کہ یہ زندگی کو پیش کرنے کا فن ہے' چنانچہ عزیز احمد نے بھی اس ناول میں زندگی کو بڑے احسن طریقے سے پیش کیا ہے' اس کے مختلف پہلوؤں' خارجی اور داخلی حالات' محبت کے گوناگوں انداز' یورپ کی سیاسی' سماجی' تہذیبی زندگی کے حسین مرقعے اور سماجی زندگی میں اشتراکی واشتمالی نظریات غرض زندگی کے مختلف رنگوں کو اپنے ناول میں پیش کیا ہے ''گریز'' میں صرف ایک کردار کی زندگی کی ہی نہیں بلکہ پہلی اور دوسری جنگ عظیم کے درمیان ہندوستانی و یورپ کی زندگی کے مختلف پہلوؤں پر عزیز احمد نے نظر ڈالی ہے' عزیز احمد کے بہت سے نقادوں نے ''گریز'' کے صرف مخصوص پہلو پر زور دیتے ہوئے اس ناول کو زندگی سے دور بتایا ہے' اس طرح جانبداری برتی گئی ہے۔ احتشام حسین ''گریز'' پر تبصرہ کرتے ہوئے لکھتے ہیں:

> ''ان کی سب سے بڑی بھول یہ ہے کہ وہ جنسی زندگی کا تجزیہ کرتے ہوئے زندگی کے دوسرے بڑے بڑے مسئلوں کی طرف سے آنکھ بند کر لیتے ہیں''۔ ۹۴

حالانکہ عزیز احمد نے اپنے مخصوص موضوع جنس کے ساتھ ساتھ اس ناول میں زندگی کے گوناگوں پہلوؤں پر جا بجا روشنی ڈالی ہے' لیکن کسی ناول میں ایک پہلو پر ہی تفصیلات ہوتی ہیں زندگی کے تمام مسائل کو پیش نہیں کیا جا سکتا۔

''گریز'' میں عزیز احمد کی ناول نگاری فنی حیثیت سے پختگی حاصل کر لیتی' عزیز احمد کے سخت نکتہ چین احسن فاروقی نے بھی ان کے فن کی تعریف کی ہے:

> ''عزیز احمد کا ٹیکنک پر قابو داد کے قابل ہے' ان کے مطالعہ اور علم نے اس معاملہ میں ان کی پوری مدد کی' اور اردو ناول کا ٹیکنکی معیار انہوں نے بہت بلند کیا''۔ ۹۵

عزیز احمد نے ناول کو پیش کرنے میں مختلف طریقوں سے کام لیا ہے' ابتدائی واقعات اور نعیم کے ہندوستان سے یورپ پہنچنے کے احوال' جہاز کے سفر کے حالات کو بیان کرنے میں عزیز احمد نے ڈائری کی ٹیکنک سے کام لیا ہے' جس میں بیانیہ انداز زیادہ ہے۔ جزئیات نگاری اور طویل بیانی کو ڈائری کے انداز میں سمو کر عزیز احمد نے اپنے آپ کو طویل نگاری سے بچا لیا۔ ناول

میں خطوط بھی ہیں اور شعر و شاعری بھی اس سے کرداروں کے آپسی جذبات اور اظہار خیال اور واقعات کو آسانی سے پیش کرنے میں عزیز احمد کو بڑی مدد ملی ہے' چنانچہ نعیم' ایلس' میری پاؤل' جیمس کرا کسلے وغیرہ کے خطوط جہاں ناول کو آگے بڑھانے میں مدد دیتے ہیں وہیں ان سے ناول میں مخصوص کیفیت پیدا ہوتی ہے۔

ناول میں واحد متکلم کے طریقہ کار کو اپنایا گیا ہے' نعیم کے ذریعہ بہت سی باتوں کا اظہار اور اس کے جذبات و خیالات کی پیشکشی سے ناول کے مواد کو پیش کیا گیا ہے' ناول میں تاثراتی رنگ بھی پایا گیا ہے' مختلف موقعوں پر نعیم کے تاثرات دراصل عزیز احمد کے تاثرات ہیں جوان کے مشاہدے اور مطالعے کا سبب ہیں' اس طرح عزیز احمد نے ناول کے وسیع مواد کو مختلف طریقوں سے پیش کیا ہے۔

فنی اعتبار سے بحثیت مجموعی عزیز احمد کا ناول ''گریز'' ایک مکمل اور روایتی ناول ہے اس میں ناول کے اجزاء ترتیب میں ہیں اس میں واضح کہانی' پھیلا ہوا پلاٹ' ابتداء' درمیان اور اختتام سب ہی واضح طور پر موجود ہے۔ کردار نگاری اعلیٰ پیمانے کی ہے' نعیم کا کردار جاندار ہے' منظر نگاری اور جذبات نگاری مخصوص رنگ لئے ہوئے ہے' جزئیات نگاری میں بہت سے پہلوؤں کو اجاگر کیا گیا ہے ناول کے زماں و مکاں میں عزیز احمد نے بیشتر مواقع پر حقیقی ناموں کا استعمال کیا ہے۔ عزیز احمد کے مشاہدے نے اس میں حقیقت کا رنگ گہرا کر دیا' کرداروں کے مکالموں سے ان کی حیثیت اور مقام کا اندازہ ہوتا ہے۔

''گریز'' میں عزیز احمد نے زیادہ تر بیانیہ انداز اختیار کیا ہے' اس لئے ان کا اسلوب نگارش بھی سیدھا سادہ ہے' محبت کے مناظر بیان کرنے میں عزیز احمد جذباتی ہو جاتے ہیں چنانچہ ان کا اسلوب' رنگین بیانی اختیار کر لیتا ہے' جس سے اسلوب میں دلچسپی پیدا ہو جاتی ہے' کرداروں کے داخلی جذبات کو پیش کرنے میں عزیں احمد نے شاعرانہ اسلوب اختیار کیا ہے' اس کے لئے انہوں نے اشعار سے بھی کام لیا ہے' بیشتر اوقات عزیز احمد فلسفیانہ خیالات بھی کرداروں کے ذریعہ پیش کرتے ہیں جو دراصل انہی کے جذبات کی عکاسی ہوتی ہے جیسے:

''ایک نوجوان مرد اور ایک نوجوان عورت اگر زیادہ ساتھ رہے تو انس ہو ہی جاتا ہے''۔

اسی طرح سیاسی مباحث میں اشتراکیت اور اشتمالیت پر مبنی مباحث دراصل عزیز احمد

کے اپنے نظریات ہیں جو انہوں نے کرداروں کی زبانی پیش کئے ہیں، اس طرح انہوں نے اپنے اسلوب میں جدت پیدا کرنے کی کوشش کی ہے، بحثیت مجموعی عزیز احمد کا یہ ناول ایک مکمل اور کامیاب ناول ہے، جنسی خیالات کے اظہار میں اور احتیاط سے کام لیا جاتا تو اس ناول کے حسن میں چار چاند لگ جاتے اس کے باوجود اردو ناول نگاری میں یہ ایک نیا دور اور جری اقدام ہے جو عزیز احمد نے اٹھایا ہے، اردو ناول کی تاریخ میں یہ ناول اپنے مخصوص انداز کی بناء اہمیت رکھتا ہے۔

☆☆

''آگ''

''گریز'' کے بعد عزیز احمد کو جس ناول سے مقبولیت حاصل ہوئی وہ ''آگ'' ہے جو 1945ء میں پہلی مرتبہ شائع ہوا۔ عزیز احمد کے ابتدائی تین ناولوں ''ہوس'' ''مرمر اور خون'' اور ''گریز'' میں بنیادی طور پر جنسی پہلو نمایاں تھا۔ لیکن ان کا چوتھا ناول ''آگ'' جداگانہ حیثیت رکھتا ہے۔ اس ناول میں عزیز احمد نے زندگی کے تہذیبی اور معاشرتی پہلوؤں کی نمایاں عکاسی کی ہے' ''آگ'' میں انہوں نے 1908ء سے 1945ء کے درمیان کشمیر کی زندگی کے تہذیبی' معاشرتی' سیاسی وسماجی پہلوؤں کو فنکاری سے پیش کیا ہے اور اس کے ساتھ ساتھ انہوں نے اس عرصہ میں ہندوستان اور دنیا کے حالات کو نظر میں رکھا ہے اور ان حالات کا کشمیری زندگی پر اثر انداز ہونے والے اثرات کو بھی پیش کیا ہے' ان میں خاص طور پر ایشیا اور یورپ کے مما لک کے سیاسی حالات' انقلابات اور صنعتی ترقی کا تذکرہ اہم ہے اس طرح عزیز احمد کا یہ ناول ایک تاریخی دستاویز بن جاتا ہے۔

عزیز احمد نے کشمیری زندگی کو پیش کرنے میں ایک خاص طرز کو اپنایا ہے انہوں نے اس ناول کو بنیادی طور پر دو حصوں میں تقسیم کیا ''شنیدہ'' اور ''دیدہ'' اور پہلے حصہ ''شنیدہ'' میں انہوں نے اپنے وسیع مطالعہ اور تجربہ سے کام لیتے ہوئے حالات کا تذکرہ اور تجزیہ کیا ہے۔ دوسرے حصہ ''دیدہ'' میں عزیز احمد نے واحد متکلم بن کر کشمیری زندگی کا مشاہدہ کیا اور احوال پیش کیے۔ عزیز احمد نے اپنے ملازمت کے سلسلہ میں کچھ عرصہ کشمیر میں قیام کیا تھا' چنانچہ اپنے عمیق مشاہدہ اور کشمیری زندگی کو قریب سے دیکھنے کی بناء پر انہوں نے ''آگ'' میں کشمیر کی زندگی کا باریک بینی سے مطالعہ پیش کیا ہے اور زندگی کے مختلف پہلوؤں کو قارئین کے سامنے کھول کر پیش

کر دیا ہے۔ کشمیر کی زندگی کی اتنی حقیقی اور واضح تصویر شائد ہی اردو کی کسی اور ناول میں اس تفصیل سے پیش ہوئی ہو' یہاں کشمیری عوام' کشمیر کے قدرتی مناظر' جھیلیں' ہاؤس بوٹ' شکاری بھی ہیں' اور کشمیری مزدور غریب عوام کی محنت کش زندگی کی حقیقی تصویر بھی عام طور پر کشمیر کے نام کے ساتھ ہی ایک فرحت بخش احساس ذہن میں جاگ اٹھتا ہے' کشمیر کی وادی کے قدرتی حسن کا احساس' اور جنت نشان کشمیر اور شعراء اور ادیبوں کے خوابوں کی جنت کی تصویر آنکھوں کے سامنے پھر جاتی ہے' یہ احساس کشمیر کے باہر رہنے والوں اور سیاحوں کا ہوتا ہے' لیکن حقیقت میں کشمیر کے اس دلفریب حسن کے ساتھ ساتھ کشمیری عوام کی وہ زندگی بھی ہے جو نامساعد حالات کے سبب پریشانیوں اور مصائب میں گھری ہوئی ہے نشیب وفراز میں گھری زندگی کو کشمیری عوام ہی زیادہ محسوس کر سکتے ہیں اور بقول یوسف سرمست کے:

''کشمیر یہاں جنت نشان ہی نہیں جہنم زار بھی نظر آتا ہے''۔96

چنانچہ ''آگ'' میں عزیز احمد نے بھی کشمیری زندگی کے حقائق سے پردہ اٹھایا ہے' اور بتایا کہ اس جنت نشان کشمیر میں بھی زندگی طرح طرح کے مسائل سے دوچار ہے۔ اس ناول میں کشمیر کے غریب عوام کے مسائل' بھوک' افلاس' گندگی' بیماریوں کا تذکرہ ہے' اسی کے ساتھ دولت مند سرمایہ داروں کی زندگی کی رونق' ان کی شایان شان زندگی اور دولت کے بل بوتے پر غریب بھولے بھالے عوام پر ان کی ظلم وزیادتی' اور ان کی اخلاق سوز حرکتیں ان سب کا ذکر ہے اور ساتھ ہی اس عہد کے ہندوستان کے سیاسی وسماجی حالات' جدوجہد آزادی کا ذکر بھی ہمیں ملتا ہے۔

عزیز احمد نے چونکہ اپنے ناول میں ایک مخصوص عرصہ کی تہذیبی وسماجی زندگی کو پیش کیا ہے اس لئے وقت کے بہاؤ اور زندگی کی روش کو برقرار رکھنے کیلئے اور اپنے ناول کے پلاٹ کو مضبوط بنانے کیلئے انہوں نے ضمنی طور پر اس ناول میں تین نسلوں کی کہانی کو بنیاد بنایا ہے' ان نسلوں کے افراد کی زندگی کو تاریخ کے پس منظر میں پیش کرتے ہوئے عزیز احمد نے اس وقت کی کشمیری زندگی کا جائزہ لیا ہے۔

تہذیبی ناولوں میں قصہ کہانی اہمیت کی حامل نہیں ہوتی بلکہ زندگی کا مطالعہ اہم ہوتا ہے اگر کسی فرد یا افراد کی کہانی بھی ہو تو وہ ضمنی اہمیت کی حامل ہوتی ہے' ''آگ'' میں کشمیر کے ''جو'' خاندان کے سلسلہ کو پیش کیا گیا ہے' ''غضنفر جو'' اس کے بیٹے ''سکندر جو'' اور اس کے بیٹے ''انور

جو" کی زندگی کے حالات کو پیش کرتے ہوئے عزیز احمد نے وقت کے بہاؤ کے ساتھ اس عہد کی زندگی کو پیش کیا ہے۔ "جو" خاندان کے یہ تینوں کردار سرمایہ دار طبقہ کی نمائندگی کرتے ہیں' عزیز احمد نے سرمایہ دار طبقہ کے کرداروں کا انتخاب اس لئے کیا کہ اس وقت کے ادب میں سرمایہ دار طبقہ کے افراد ہی بنیادی حیثیت رکھتے تھے۔ کیونکہ سرمایہ دار طبقہ کے افراد کی زندگی میں جتنا شور شرابہ گھما گھی اور نشیب و فراز ہوتے ہیں وہ نچلے طبقہ میں ممکن نہ تھے۔

"آگ" میں 'جو' خاندان کے افراد کی زندگی کا ہی ایک حصہ ہے' اس لئے عزیز احمد نے ان کرداروں میں سے کسی کو ہیرو یا ہیروئین کے طور پر نہیں پیش کیا اور خود ہی واحد متکلم بن کر احوال پیش کرتے جاتے ہیں' اس لئے ناول میں بیانیہ انداز واضح دکھائی دیتا ہے' ناول میں ہیروئین کا کردار نہ ہونے کے سلسلہ میں عزیز احمد کہتے ہیں:

> "اور میں واحد متکلم پھر سوچ میں ہوں' اس ناول میں ہیروئین کا ملنا تو مشکل ہی تھا' کیونکہ شریف گھر کی کشمیرن کو کون دیکھ سکتا ہے' خصوصیت سے اجنبی سیاح اسے کیا جانے' اس کا جسم اس کی آواز سب پردہ کرتی ہے... وہ علم سے آزادی سے' سورج کی روشنی سے' تازہ ہوا سے' مرد کی نگاہوں سے' سچی محبت سے محروم ہے"۔ 97

عزیز احمد کے ان خیالات سے پتہ چلتا ہے کہ اُس وقت کی کشمیری عورت صرف گھر کی چار دیواری میں قید تھی باہر کی زندگی میں اس کا عمل دخل نہیں تھا' اور عزیز احمد کے ناول میں کوئی ہیرو کا کردار بھی نہیں ہے' بقول اُن کے:

> "مجھے سب سے زیادہ فکر اس بات کی ہے کہ ہیرو بھی میرے ہاتھ سے نکلا جا رہا ہے اور سکندر جو کی جگہ کشمیر کے مناظر اور کشمیر کی زندگی اس ناول کے ہیرو بنے جا رہے ہیں"۔ 98

اور حقیقت میں کشمیری زندگی کشمیر کے مناظر ہی اس ناول کے اصل ہیرو ہیں' زندگی کو پیش کرنے میں انسانی کردار کڑی کا کام دیتے ہیں۔

جو خاندان کے بڑے فرد "غضنفر جو" ہیں جو خواجہ صاحب کی حیثیت سے مشہور ہیں اور کشمیر میں قدیم نوادرات' قیمتی پتھروں اور قالینوں کی خرید و فروخت کا کام کرتے ہیں۔ سماج میں

ان کا رتبہ بلند ہے، لیکن رنگین مزاج بھی ہیں، اور نان بائی ''رجبا'' کی بیوی ''زون'' سے تعلقات رکھتے ہیں اور اپنی دولت کے بل بوتے پر اس طرح کی حرکات سے پردہ پوشی کرتے ہیں، نان بائی رجبا اپنی غربت سے بے بس ہو کر اپنی بیوی کی بد اخلاقی برداشت کر لیتا ہے، اس بات سے ایک طرف تو سرمایہ دار طبقہ کی اخلاقی گراوٹ کا پتہ چلتا ہے وہیں غریب عوام کی بے بسی کا بھی اظہار ہوتا ہے۔ ''غضنفر جو'' بیسویں صدی کے غلام ہندوستان کے وہ فرد ہیں جن پر سرمایہ دارانہ زندگی کے اثرات غالب ہیں جس کے زیر اثر وہ اپنی اولاد کو بھی سرمایہ دار بنانا چاہتے ہیں اور اپنے بیٹے سکندر جو کو بے جا لاڈ و پیار سے بگاڑتے رہتے ہیں، لیکن اسی وقت کچھ مصلحین قوم بھی ہیں جو قوم کو خواب غفلت سے جگانے اور ظلمت کے اندھیروں سے نکالنے کیلئے تعلیم کی برکات سے آگاہ کرتے ہیں، چنانچہ غضنفر جو کے ایک ساتھی ہیں ظہری صاحب جو ان میں بیداری کی لہر پیدا کرتے ہیں پہلے تو وہ کشمیریوں کی پستی کا ذکر یوں کرتے ہیں:۔

> ''جناب اس ملک کا واحد علاج جمہوری حکومت ہے''.... باخدا خواجہ صاحب اپنے ملک کی حالت دیکھ کر میری آنکھوں میں خون اتر آیا ہے ہم لوگوں سے بھیڑ بکری، گھوڑے، خچر اچھے ہیں، وہ مار کھاتے ہیں تو کبھی کبھی سرکشی بھی کرتے ہوں گے ہم کو تو کسی چیز کا احساس ہی نہیں، یہ بھوک دیکھئے یہ غربت دیکھئے یہ افلاس دیکھ کر میرا خون کھولتا ہے''۔99

ظہری صاحب کے یہ خیالات دراصل ان ہندوستانیوں کے خیالات ہیں جو بیداری کی مہم شروع کر چکے تھے۔ ظہری صاحب آزادی کے حصول کیلئے اور بڑی تبدیلی کیلئے تعلیم کی اہمیت پر زور دیتے ہیں:

> ''ہماری نکبت، افلاس کی وجہ ایک تیتری ہے، اس تیتری کا نام ہے جہالت تعلیم کی کمی اور.... تعلیم، تعلیم، تعلیم ہی ترقی کی راز ہے''۔100

غضنفر جو ظہری صاحب کے خیالات سے اتفاق کرتے ہیں آنے والے حالات اور زندگی کی تبدیلی کے پیش نظر اپنی خاندانی روایت کو توڑتے ہوئے اپنے بیٹے سکندر جو کو زیور تعلیم سے آراستہ کرنے کیلئے علی گڑھ بھیج دیتے ہیں، غضنفر جو کا یہ اقدام اس بات کی طرف اشارہ ہے کہ ہندوستانی قوم کو تعلیم کی نعمتوں اور برکتوں کا احساس ہوتا جا رہا تھا اور زندگی ایک نئے ترقی یافتہ دور

میں قدم رکھ رہی تھی۔ غضنفر جو وقت کے گذرنے کے ساتھ اپنے کاروبار کو وسعت دیتے جارہے تھے۔ ناول وقت کے بہاؤ کے ساتھ آگے بڑھتے ہوئے دوسرے دور میں اس وقت داخل ہوتا ہے، جب غضنفر جو کا بیٹا سکندر جو علی گڑھ سے اعلیٰ تعلیم حاصل کر کے ایک خوبرو تعلیم یافتہ نوجوان بن کر اپنے وطن کشمیر آتا ہے اور کشمیری زندگی میں اسے وقعت کی نگاہوں سے دیکھا جاتا ہے لیکن دولت اور جوانی کے نشہ میں وہ بھی اپنے باپ کا ہی بیٹا ثابت ہوتا ہے اپنے باپ کی داشتہ زون کی بیٹی فضلی سے عشق لڑاتا ہے جو کہ اب کشمیری حسینہ کے روپ میں سکندر جو کے سامنے آتی ہے اور اس کے دل کا چین چھین لیتی ہے۔ غضنفر جو ایک تجربہ کار باپ کی طرح حالات کو بھانپ لیتے ہیں اور سکندر جو کی شادی ایک اچھے گھر کی لڑکی سے کر دیتے ہیں لیکن اپنی شادی کے دوسرے روز ہی سکندر جو اپنے نوکر امرو کی مدد سے فضلی کے گھر نقب لگا کر اس سے ہم آغوش ہو جاتا ہے اپنے باپ کی داشتہ کی بیٹی سے تعلقات قائم کرنا کشمیری سرمایہ داروں کے اخلاقی دیوالیہ پن کی انتہا ہے۔ عزیز احمد نے کشمیری سماج میں اس طرح کے واقعات پیش کرتے ہوئے یہ بات بتانے کی کوشش کی ہے کہ دولت مند سرمایہ دار اپنی دولت کے نشہ میں چور کس طرح غریب عوام کی عصمت سے کھیلتے ہیں، ان سرمایہ داروں کے نزدیک غریبوں کی عصمت کی قیمت کا اندازہ امرو اور سکندر جو کے بیچ اس گفتگو سے ہو سکتا ہے:

> ''چھوٹے خواجہ تم کو رجبا نانبائی کی بیٹی فضلی سے عشق ہے؟ مجھے رجبا نانبائی کی بیٹی فضلی سے عشق ہے۔ کتنا عشق ہے؟ دنیا کی ہر چیز سے زیادہ عشق ہے'
> تم اسے کیا دو گے؟
>
> چار سو روپئے، سونے کے کنوج اور تالا زز''۔ ۱۰۱

سکندر جو کی رنگین مزاجی اور جو خاندان کی کاروباری زندگی اور کشمیری معاشرت کے تذکرہ کے ساتھ ناول آگے بڑھتا رہتا ہے اور عزیز احمد وقت کے اس بہاؤ کے ساتھ ساتھ ہمیں دنیا کے حالات سے بھی باخبر کرتے جاتے ہیں، بیسویں صدی کے ابتدائی دور ے دنیا میں سیاسی، سماجی تغیرات سے بھرے ہیں زندگی کی ڈگر مشکلات میں گھر گئی ہے، جنگ عظیم کے اثرات سے کئی ممالک کی زندگی پر برا اثر پڑا ہے، عزیز احمد دنیا کے ان حالات کو ''آگ'' سے تشبیہ دیتے ہوئے لکھتے ہیں:

''اور شمال میں آگ لہک لہک کر پھیلتی گئی' بخارا اور سمرقند اور اندجان سے قالین اور سمور آنا بند ہو گئے' تاشقند سے بھڑکتی ہوئی آگ بخارا پہنچی.... لینن اور ایک شخص جس کا نام اسٹالن تھا' روس اور مشرق کے مسلمانوں کے نام ایک بیان شائع کیا....جس میں انہیں انقلاب میں مساوات اور برابری سے شرکت کی دعوت دی تھی''۔۱۰۲

اس کے ساتھ ساتھ انور باشاہ کی سیاسی زندگی' دنیا میں صنعتی ترقی' ریل کا آغاز' کارخانوں کی وجہہ سے کام میں تیزی غرض دنیا کے حالات کے حقیقی نقشے عزیز احمد نے کھینچے ہیں' اس کے ساتھ عزیز احمد ہندوستان کے واقعات پر بھی نظر ڈالتے ہیں اور جدوجہد آزادی میں ہندوستانی عوام کی قربانیوں کا تذکرہ کرتے ہیں:

''جنوب میں دوسری قسم کی آگ پھیلتی جارہی تھی' جلیان والا باغ میں انسان گھٹنوں اور کہنیوں پر رینگے اور ان پر آگ برسی اور پھر ہوتے ہوتے ملک بھر میں پھیل گئی''۔۱۰۳

اور ہندوستان میں پھیلی اسی افراتفری کے تذکرہ کے ساتھ ساتھ عزیز احمد جو خاندان کی زندگی کے حالات بھی بیان کرتے تھے' جو اپنے نشیب وفراز سے رواں دوراں ہے' غضنفر جو تجارت کو آگے بڑھانے اور اُسے ترقی دینے میں سکندر جو اپنی قابلیت اور تعلیم کا بھرپور استعمال کرتا ہے' اپنے باپ کے کاروبار کو کشمیر سے باہر ہندوستان کے بڑے بڑے شہروں میں وسعت دیتا ہے اور خود کشمیر میں کئی ہاؤس بوٹ تیار کرواتا ہے' ہر سال وہ اپنی بیرونی شاخوں کا حساب کتاب کے سلسلہ میں مختلف شہروں کا دورہ کرتا ہے' جہاں کاروبار کے ساتھ وہ اپنی مزاج کی رنگینی کا سامان بھی کرتا ہے' ایک دفعہ اپنے کاروبار کی ایک برانچ میں آگ لگنے کی خبر سنی تو پریشان ہو اٹھتا ہے' اس موقع پر اس کے خیالات عزیز احمد کی زبانی یوں ہوتے ہیں:

''اور واقعتاً کشمیر میں آگ کے علاوہ ہے کیا' بھوکی آگ' جو خواجہ سکندر جو اور ان کی طرح کے پیچ کے پونچھ کھانے والوں نے پھیلائی ہے' لکڑی کے کھودنے والے' دیدے پھوڑ کے کپڑے پر رنگ برنگی پھول کاڑھنے والے' دیدہ ریزی کر کے قالین بننے والے ہر سال ابتدائے بہار میں زوجی

لا کے گیارہ ہزار فٹ عبور کرنے والے مزدوروں کی محنت کا یہ ثمرہ، مگر کیا یہ آگ اس کو اور اس مہاجنی نظام اور جاگیرداری نظام کو نہ جلائے گی، ہر طرف آگ لگی ہے، بھوک کی آگ، چنار کی آگ، لالے کی آگ، بیماریوں کی آگ''۔ ۱۰۴؎

یہ خیالات سکندر جو کے ہی نہیں ہر اس کشمیری کے ہیں جسے یہاں کی زندگی کی مشکلات کا احساس ہے، غریب مزدوروں کی عسرت بھری زندگی، مہاجنی نظام اور سرمایہ دارانہ نظام کا تذکرہ کرتے ہوئے عزیز احمد اس بات کی طرف اشارہ کرتے ہیں کہ عنقریب ایک بڑی تبدیلی زندگی میں آئے گی ایک انقلاب آئے گا جس کے بعد مزدور کو اس کا برابر حق ملے گا، اور معاشرہ میں پھیلی ہر طرح کی آگ ٹھنڈی ہوتی جائے گی۔

ناول کے اس حصہ میں عزیز احمد اس عہد کی زندگی کو پیش کرتے ہیں جب ہندوستان میں جہاں ایک طرف تو جدوجہد آزادی میں تیزی آ گئی تھی، وہیں بعض ہندوستانیوں کے انگریزوں کے ساتھ تعلقات اتنے بڑھے کہ ان کا کاروبار وسیع ہوتا گیا ان میں ایک سکندر جو بھی ہے جو اپنے فراست اور تدابیر کے سبب بہت سے انگریزوں سے تعلقات بڑھاتا ہے، اور اپنے کاروبار کو وسعت دیتا جاتا ہے، اس کے بنائے ہاؤس بوٹوں میں آئے دن پارٹیاں ہوتی رہتی ہیں جس میں کئی انگریزی میموں سے سکندر جو کے تعلقات بڑھتے جاتے ہیں، ان میموں کے پیچھے سکندر جو اتنا دیوانہ ہو جاتا ہے کہ ان کی قربت کیلئے کاروبار کو قربان کرتا جاتا ہے، سکندر جو کی زندگی کے اس پہلو کو پیش کرتے ہوئے عزیز احمد نے یہ بتایا کہ کس طرح کشمیری مسلمان دولت اور عورت کے چکر میں پھنس کر تباہی کے دہانے پر پہنچ جاتے ہیں۔

ناول کے تیسرے دور میں عزیز احمد ۱۹۴۲ء کے عہد کا تذکرہ کرتے ہوئے اور خود ہی واحد متکلم بن کر کشمیر کی زندگی میں داخل ہوتے ہیں، اور قارئین کو جو خاندان کی تیسری نسل کے کردار، سکندر جو کے بیٹے انور جو سے متعارف کرواتے ہیں اور اس کے ساتھ ہی اس دور کی سیاسی جلسے ہندوستان چھوڑ دو تحریک، مسلمانوں کی سیاسی سرگرمیاں، قیام پاکستان کے بارے میں کشمیری مسلمانوں کے طرز فکر کو بھی پیش کرتے جاتے ہیں۔

انور جو اپنے باپ سکندر جو کے برخلاف ایک سنجیدہ قسم کا نوجوان ہے اور اپنے باپ کی

حرکات سے نالاں ہے' وہ چاہتا ہے کہ اس کا باپ انگریز عورتوں کے چنگل سے چھٹکارہ پالے تا کہ ان کے کاروبار کی گرتی ہوئی ساکھ قائم رہ' انور جو کی سیاسی بصیرت بھی اہمیت کی حامل ہے وہ کشمیری کانگریس' مسلمانوں کی جدوجہد آزادی کی تدبیروں اور قیام پاکستان سے متعلق مباحث میں کشمیر کے بزرگوں کے ساتھ حصہ لیتا ہے' ناول ''آگ'' کے اختتام میں عزیز احمد نے ۱۹۴۵ء کے حالات پیش کئے ہیں' بیماری کے سبب سکندر جو کا انتقال ہو جاتا ہے اور جو خاندان کا سلسلہ انور جو کے ساتھ آگے جاری تھا' زندگی رواں دواں رہتی ہے جدوجہد آزادی شدت اختیار کر لیتی ہے کانگریس اور مسلم لیگ کے آپسی اختلافات' دوسری جنگ عظیم کے ہندوستانی سماج پر اثرات' مسلمانوں کے بیچ محمد علی جناح کی بڑھتی ہوئی مقبولیت' قیام پاکستان سے مسلمانوں کے اندیشے غرض' ہندوستانی زندگی کی ان کیفیتوں کو پیش کرتے ہوئے عزیز احمد اپنے ناول کے اختتام پر آتے ہیں' اور آخر میں یہ کہتے ہوئے کہ:

''انور جو کا نام اخبار میں آتا ہے ہی ناول ''آگ'' کا ختتام کرتے ہیں۔''آگ'' میں زندگی ایک وسیع کینوس پر پیش کی گئی' چنانچہ کئی چھوٹے بڑے کردار موقع کی مناسبت سے ابھرتے ہیں اور اپنی موجودگی کا احساس دلاتے ہوئے گذر جاتے ہیں۔عزیز احمد کے مشاہدہ نے ان میں حقیقت کا رنگ بھر دیا ہے۔ناول میں ظہری صاحب کی طرح کا ایک اور کردار میجر صاحب کا ہے جو زندگی کے مثبت پہلو پر ایقان رکھتے ہیں۔سکندر جو کے بہی خواہ ہیں اور اسے غفلت سے بیدار ہونے کی تلقین کرتے رہتے ہیں' ان ہی میجر صاحب کے عورت کے بارے میں خیالات کو عزیز احمد نے فلسفیانہ انداز میں پیش کیا ہے:

> ''جواہرات کی چمک اور ریشم کی سرسراہٹ ان دو احساسات پر عورتوں کی تقسیم کا دارومدار ہے ان کے مقابلہ میں مردانہ قدوخال چوڑے چکلے سینے دراز قد سب کی حیثیت ثانوی رہ جاتی ہے' اس چمک اس سرسراہٹ کا سلسلہ ایک مٹھی اناج کیلئے' بھیک اور رنڈی کے کوٹھے سے شروع ہو کر محل سراؤں پر ختم ہوتا ہے' اسی لئے بمبئی' کلکتہ' لکھنؤ' لاہور اور سرینگر میں اچھے اچھے گھروں کی بہو بیٹیاں جو جوہریوں اور بزازوں کے ہاتھوں رہن ہیں جو بھوکی ہوتی ہیں وہ پیٹ بھرنے کیلئے جسم بیچتی ہیں جو کھاتی پیتی ہیں وہ

ہیروں کی چمک اور ریشم کی سرسراہٹ کیلئے ....''۔۱۰۵؎

اس طرح عزیز احمد نے ناول ''آگ'' کے ذریعہ ہندوستانی معاشرہ میں عورت کی مظلومیت کا ذکر کیا ہے اور اس کے استحصال اور اس پر کیئے جانے والی زیادتیوں کے خلاف ایک دردمند آواز اٹھائی ہے۔ وہیں کشمیری مزدوروں کی سخت گیر محنت کش زندگی کو پیش کیا ہے' اور اس پیشکشی میں عزیز احمد حقیقت نگار بن جاتے ہیں:

''دھوپ میں اس کا سردی' گرمی کا ستایا ہوا چہرہ' پسینے اور جلدی بیماریوں کے عرق سے چمک اٹھتا اور کہیں جائے پناہ نہ ملتی تو بارش میں اس کے کپڑے شرابور ہوتے بہار اور جاڑوں میں اس کے کپڑوں سے پندرہ گز کے فاصلے تک تعفن کی بو آتی اس کی میلی کشمیری ٹوپی' اس کے سر پر منڈھی ہوئی اس کے میل سے داغ دار نظر آتی''۔۱۰۶؎

اور عزیز احمد اس مزدور کی بھوک کا ذکر یوں کرتے ہیں:۔

> ''یہ فرہاد جو عمر بھر پتھر پھوڑتے رہا ہے پھوڑتا رہے گا' اس کے پیش نظر شیریں کی تصویر بھی تو نہیں' بجائے شیریں کی تصویر کے بھوک کی تصویر ہے اور وہ کوئی حسین رومی' ایرانی شہزادی نہیں وہ ہزاروں منہ والا اژدھا ہے جو ہر آنت گھس گھس کر پھنکارتا رہتا ہے''۔۱۰۷؎

عزیز احمد نے کشمیر میں اپنے دوران قیام وہاں کی زندگی کا قریب سے مشاہدہ کیا تھا' چنانچہ وہاں کے قدرتی حسن اور دلفریب نظاروں کے ساتھ وہاں کے نچلے طبقے کی زندگی کی بے بسی کو محسوس کیا کشمیر میں لوگ زمین سے زیادہ پانی میں زندگی بسر کرتے ہیں غریب عوام کی ہاؤس بوٹوں کے کنارے زندگی اور کشمیری جھیلوں میں ان کی ضروریات زندگی کی گندگی کو عزیز احمد نے باریک نظر سے دیکھا ہے' دریائے جہلم کا مشاہدہ پیش ہے:

> ''اور پھر اس (جہلم کی روانی' اس کے شفاف' پاکیزہ پانی کو' جو صرف پگھلی برف تھا بزدلی کی عفونت بھر دی' جہلم کو اپنے معاشرتی نظام کی طرح متعفن کر دیا' اور جہلم بھی بھول گئی کہ وہ ہمالیہ کی بیٹی ہے' اور آزاد ہے' اور جس طرح عورت طوائف بن جاتی ہے اُسی طرح ان جھوٹے نگوں سے' ان ہاؤس بوٹوں شکاروں' کچن بوٹوں' ڈونگوں کی جھوٹی چمک سے وہ کشمیر کی

حسینہ تھی کشمیر کی قحبہ بن گئی''۔ ۱۰۸

کشمیر کے قدرتی حسن میں وہاں کے لوگوں کی طرف سے پھیلائی گئی گندگی کو تلاش کرنا اور اسے پیش کرنا عزیز احمد کا ہی کام تھا۔ اس طرح ہمیں کشمیر کے قدرتی حسن کے تحفظ کا خیال پیدا ہوتا ہے۔ ناول ''آگ'' میں عزیز احمد نے جہاں کشمیر کی زندگی میں پھیلی ان گندگیوں کو پیش کیا ہے وہیں زندگی کے بیان کے ساتھ انہوں نے وہاں کی تہذیبی و معاشرتی پہلوؤں کو بھی خوب اجاگر کیا ہے وہاں کے لوگوں کا رہن سہن' بات چیت' لباس' طرز معاشرت' شادی بیاہ کی تقاریب' مہمان داری وغیرہ کی تفصیلات اس انداز میں ملتی ہیں کہ ہم ناول کے ذریعہ کشمیری تہذیب سے واقفیت حاصل کرتے جاتے ہیں۔ سکندر جو کی شادی کے موقع پر کشمیری دعوت کی تفصیل یوں ملتی ہے:

> ''مہمانوں کے آگے بڑے بڑے سرخ دسترخوان بچھائے گئے' جن پر آداب طعام اور فارسی اشعار چھپے ہوئے تھے اور نوکروں نے مہمانوں کے ہاتھ دھلائے جو چاروں دیواروں کا سہارا لگائے چاروں طرف بیٹھے تھے پھر دسترخوان پر چاولوں کے بڑے بڑے طبق رکھے گئے کچھ مہمان دسترخوان کے دوسرے طرف بیٹھ گئے' ایک ایک طبق چار چار آدمیوں کیلئے تھا' چار جگہ کباب' شوربا اور بوٹیاں تھیں... مٹر کا شوربا' آلو کا خورما' گوشتابا' کوفتے' مرچوں کا سرخ خورما' ترکاری کی ساگ اور آب گوشت' ہر طبق میں چار چار ہاتھوں کی انگلیاں بے تکلفی سے چاولوں اور گوشت اور خورمے کو ایک کرتی جاتیں''۔ ۱۰۹

کشمیری معاشرت کے تذکرہ وہاں کے عوام کی مخصوص رسومات اور تہذیبی روایات کی پیشکشی کے ساتھ ساتھ عزیز احمد نے وطن عزیز کا تذکرہ بھی ناول میں جابجا کیا ہے اور حب الوطنی کے جذبہ کو فروغ دیا تو یہاں کے موسم و آب و ہوا کو وہ دنیا کے اور ممالک کے موسم سے بہتر جانتے ہیں اور ہندوستان میں مختلف خوبیوں کا ذکر کرتے ہیں:

> ''دنیا بھر میں جتنی چیزیں ہیں سب ہمارے وطن میں پائی

جاتی ہیں، اب اسی منظر کو دیکھئے سوئزرلینڈ اس کے مقابلہ میں
کیا ہوگا ریگستان دیکھنا ہو تو راجپوتانے جایئے، ہمالیہ کی ترائی
میں آفریقہ کے جنگل کی بہار دیکھئے ہمارے دکن کی سطح مرتفع
کی چٹانیں، نیلگری کے زمرد کے رنگ کے پہاڑ ہر طرح کا
منظر ہمارے اس غلام ملک میں ہے''۔ ۱۱۰

''آگ'' میں چونکہ کشمیر کو بنیادی حیثیت حاصل ہے اس لئے عزیز احمد نے کشمیر کے قدرتی مناظر چنار کے درختوں، جھیلوں، جھیلوں پر تیرتے شکاروں، زعفران کی خوشبو، سیب سے لدے درختوں کی منظر کشی ناول میں جابجا دلفریب انداز میں کی ہے، یہ مناظر کشمیری زندگی کو سمجھنے اور اجنبیت کے احساسات کو دور کرتے ہیں، عزیز احمد کی جزئیات نگاری بھی اہم ہے مناظر کے بیان میں ہو کہ کسی مسئلہ کسی بحث میں وہ موضوع سے متعلق جزیات کو باریکی سے پیش کرتے ہیں، جزیات نگاری کی اس گہرائی میں عزیز احمد نے مشاہدے اور تخیل سے کام لیا ہے۔

عزیز احمد کے محبوب موضوع جنسیات کی جھلک بھی ناول میں مل جاتی ہے، حالانکہ تہذیبی و معاشرتی ناول میں اس کی اہمیت نہیں رہ جاتی لیکن کسی طرح عزیز احمد اس موضوع سے متعلق مواد فراہم کر ہی لیتے ہیں۔ ناول میں فضلی اور زون کے کرداروں کی پیشکشی میں عزیز احمد نے اس موضوع کو برتا ہے ایک مزدور عورت کا مشاہدہ عزیز احمد کی نظروں سے دیکھئے:

''اور بارہ مولا میں ایک دیوانی عورت، جوان، بال تیل میں چپڑے ہوئے کپڑے تار تار اور بایاں سینہ کپڑوں کے شگاف سے جھانکتا ہوا، تیزی سے آنکھیں مٹکاتی گذر جاتی ہے''۔ ۱۱۱

فنی حیثیت سے عزیز احمد کا ناول ''آگ'' ایک کامیاب ناول ہے، تہذیبی و معاشرتی ناول ہونے کے سبب اس میں قصہ یا کہانی کو اہمیت حاصل نہیں ہے ناول کا پلاٹ پھیلا ہوا ہے عزیز احمد نے 1908ء سے 1945ء کا عہد مختص کرتے ہوئے ناول تحریر کیا ہے اور اس عرصے کی تاریخی واقعات کی مدد سے اپنے پلاٹ کو پھیلایا ہے، ناول میں پیش کئے گئے کردار حقیقی زندگی کے کردار ہیں۔ چنانچہ ان کے ارتقاء میں حقیقت کا عنصر شامل ہے، عزیز احمد نے ناول کے مواد کو پیش کرنے میں بیانیہ انداز اختیار کیا ہے۔ اس کے لئے انہوں نے اپنے آپ کو بطور واحد متکلم ناول

میں پیش کیا ہے۔ عزیز احمد کی ناول نگاری کی تیکنک کے بڑے بڑے نقاد قائل ہیں' ناول آگ میں ایک اہم بات وقت کے بہاؤ کے ساتھ حالات کی پیشکشی ہے' ناول کے تینوں کردار غضنفر جو' سکندر جو' انور جو کی زندگی اپنے عہد سے مطابقت رکھتی ہے۔ زندگی کی تبدیلیوں کے ساتھ ان کرداروں کا ڈھلنا عزیز احمد کی تیکنک کی بڑائی ہے' یوسف سرمست کے بموجب:

''آگ'' میں وقت کا یہ خاموش فطری بہاؤ اپنے حقیقی ترین رنگوں میں نمایاں کیا گیا ہے' جو اس ناول کو غیر معمولی اہمیت بخشتا ہے''۔۱۲؎

''آگ'' چونکہ ایک تہذیبی ناول ہے' اس لئے اس میں قصہ یا کہانی پن مفقود ہے اور قارئین کی دلچسپی و تجسس برقرار نہیں رہ پاتا جو کہ ناول کی خامی بن جاتا ہے۔ حالانکہ عزیز احمد نے ناول میں دلچسپی کا عنصر لانے اور ترتیب برقرار رکھنے کیلئے ایک خاندان کے تین افراد کے احوال بیان کئے ہیں لیکن ان میں بھی چند ایک باتوں کے علاوہ دلچسپی کا کوئی عنصر نہیں' لہذا یہ ناول دلچسپی سے عاری ہے' اور ایک تہذیبی و معاشرتی دستاویز بن کر رہ جاتا ہے ناول کی ایک اور خامی یہ بھی ہے کہ اس میں صرف ایک مخصوص عہد کے درمیان زندگی کے احوال ملتے ہیں' آغاز اور انجام تاریخی اعتبار سے مبہم ہے' عزیز احمد نے 1945ء میں ناول کے سلسلہ کو ختم کر دیا' حالانکہ ہندوستان کی تاریخ میں 1947ء ایک ایسا موڑ ہے جہاں ہر لحاظ سے زندگی میں تبدیلی آتی ہے اور ناول کو بھی ہندوستان کی آزادی پر اختتام دیا جا سکتا تھا' بہر حال عزیز احمد نے کشمیر کی زندگی پر سے پردہ اٹھانے کے جس مقصد سے ناول لکھا ہے' اس میں وہ کامیاب رہے ہیں' اور اس کے ساتھ ہمیں اس ناول سے اس وقت کی تاریخ کا بھی پتہ چلتا ہے' ناول میں جا بجا دنیا کے بیشتر ممالک کے بارے میں سیاسی نکتہ ہائے نظر عزیز احمد کی علمی قابلیت کے مظہر ہیں' اس طرح عزیز احمد نے ''آگ'' کو ایک وسیع کینوس پر پیش کیا اور ان کا یہ ناول ان کی پہچان بن گیا۔

☆☆

''ایسی بلندی ایسی پستی''

ناول ''گریز'' اور ''آگ'' کی مقبولیت کے بعد عزیز احمد کا جو ناول مشہور ہوا وہ ''ایسی بلندی ایسی پستی'' ہے۔ جو پہلی بار 1947ء میں چھپ کر شائع ہوا' اس کا شمار عزیز احمد کے اہم ناولوں میں کیا جاتا ہے۔ ''آگ'' کشمیری زندگی سے متعلق تھا' ''ایسی بلندی ایسی پستی'' میں عزیز احمد نے اپنے ہی وطن حیدرآباد کی تہذیب و معاشرت کو اپنے عہد کے آئینہ سے پیش کیا ہے۔ ہندوستان کی آزادی سے قبل ریاست حیدرآباد کے امراء اور نوابین کی زندگی ان کی معاشرت' ان کے رہن سہن' ان کی شان وشوکت' ان کی خاندانی زندگی کی کشمکش اور آپسی رسہ کشی اور نوابی زندگی کے زوال کو اس ناول میں پیش کیا گیا ہے اور یہ پیشکشی بڑی فنکاری اور حقیقت پر مبنی ہے۔ قصہ یہ ہے کہ عزیز احمد جامعہ عثمانیہ کی پروفیسری کے دوران کچھ عرصہ شاہی دربار سے بھی بسلسلہ ملازمت منسلک رہے تھے' 1941ء سے 1945ء کے دوران عرصہ میں وہ آصف سابع نواب میر عثمان علی خان بہادر کی بہو شہزادی درشہوار کے سکریٹری رہے تھے۔ اس عرصہ میں انہیں شاہی زندگی کے مختلف پہلوؤں کو قریب سے دیکھنے کا موقع ملا اور ایک لحاظ سے وہ شاہی گھرانے کے فرد ہو گئے تھے۔ چنانچہ اس ناول میں شاہی زندگی و نوابی زندگی کی گہما گہمی اور زمانہ کے اتار چڑھاؤ کی جو حقیقی تصویر کشی عزیز احمد نے کی ہے وہ ان کے گہرے مشاہدے اور تجربات کا نچوڑ ہے۔

''ایسی بلندی ایسی پستی'' میں عزیز احمد نے حیدرآباد کے شاہی خاندان کے افراد' نوابوں' امراء' روساء اور ان کی نوجوان اولاد کی مغرب زدہ زندگی اور ان کی عیش پرستی کی بھرپور عکاسی کی ہے' اس میں دولت کی فراوانی اور اس کا بے جا استعمال' آئے دن ہونے والی پارٹی نما محفلوں' مسوری کی سیر و سیاحت' شراب نوشی' تاش اور جوے بازی' سینما بینی' عورت بازی وغیرہ

سب ہی سے متعلق تفصیلات بھی اس میں شامل ہیں۔

ناول کا بیشتر حصہ کلبوں' پارٹیوں کی گہما گہمی اور ان کی رونقوں کو پیش کرتا ہے' اس پر رونق عکاسی کے ذریعہ عزیز احمد نے اس دور کی معاشرتی چمک دمک اور زندگی کی بہاروں کو دکھایا ہے' اس کے ساتھ ساتھ عزیز احمد وقت کا شعور بھی رکھتے ہیں اور اپنے عہد کے قومی و بین الاقوامی حالات' دنیا کی ترقی اور اس میں ہونے والی سیاسی وسماجی تبدیلیوں' سرمایہ دارانہ نظام اور دوسری جنگ عظیم کی تباہ کاریوں کا تذکرہ بھی مخصوص انداز میں اس طرح کرتے ہیں کہ وہ بھی ناول کا ایک حصہ معلوم ہوتے ہیں اور یہ ناول اپنے موضوع کے ساتھ اپنے عہد کی تاریخی دستاویز بن جاتا ہے' حیدرآباد ریاست کے آخری نواب کے دور میں دولت کی ریل پیل اور مغربی تہذیب کی یورش سے پیدا شدہ مشرقی ومغربی تہذیبوں کا ٹکراؤ اور اس کے اثرات ناول میں بھرپور طریقہ سے پیش ہوئے ہیں عزیز احمد اس معاشرہ میں مختلف ادوار میں آئی تبدیلیوں کا ذکر کرتے ہوئے لکھتے ہیں:

> ''تین مرتبہ امیر گھرانوں پر مغربی تمدن کی لہریں امنڈ چکی ہیں' پہلے تو غدر کے بعد سرسید کے زمانے میں قابول جنگ اور شہوار الملک نے اسی زمانہ میں اپنی معاشرت بدلی' یہ اس قسم کی مغربیت تھی جیسے ترکی اور مصر کی مغربیت' آج یعنی انگریزی رہائش' انگریزی کپڑے' رائیڈنگ' لڑکیوں کیلئے فراکین' اور گھر میں ہر ایک کیلئے ڈارلنگ کتے' انگریزی کھانا' شراب' بٹلر' کرسچین آیائیں' غرض صاحب لوگ بننے کی تحریک' دوسری مرتبہ مغربیت کی جو یورش ہوئی اس نے اندر ہی اندر سے بدلنا چاہا' اس کے ساتھ قوم پرستی' خودداری' وقار اور مغرب کے ادب' علوم وفنون' سائنس وغیرہ کی رغبت' اس دوسرے دور کا ہمارے ناول کے اہم کرداروں پر کم اثر ہوا کیونکہ اس دوسرے دور کی داخلی مغربیت کے ساتھ ہی ساتھ وہی انگریزی کپڑوں' بول چال' کلب' ناچ' وہسکی اور سوڈا کا ایک ریلا بھی آیا اور ہمارے کردار کو بھگا لے گیا' اور تیسری اور آخری مغربیت... اسے

مغربیت کہہ لیجئے یا مزدکیت یعنی اشترا کی آزادی خیالی' یہ تحریک پھیلی تو سہی
مگر کشن پلی تک ایک ذہنی فیشن بنکر آئی''۔۱۱۳

''ایسی بلندی ایسی پستی'' میں ریاست حیدرآباد کے زوال پذیر معاشرہ کی تصویر کشی کی گئی ہے' اس معاشرہ کے افراد میں سے مہدی حسن کار جنگ' راجہ راجایاں شجاعت' شمشیر سنگھ بہادر' قابل جنگ' شہود الملک' منفرد جنگ' سنجر بیگ وغیرہ نوابین' امراء اور روٴسا اپنے فرضی ناموں میں دراصل حقیقی کردار ہیں' جو اس معاشرہ کی آخری نشانی بن کر رہ گئے تھے۔ عزیز احمد نے ان کے قریب رہ کر ان کی زندگی کے نشیب و فراز کو محسوس کیا اس معاشرہ میں پھیلی جھوٹی شان شوکت' عارضی آن بان' ایک دوسرے کو نیچا دکھانے کی حرکات' خاندانوں کی آپسی رنجشیں' نوجوانوں کے مغربی طرز کے معاشقے' عشق کی ناکامیوں میں' ہوس پرستانہ جذبات' رئیس زادیوں کے چونچلے' ان کی گفتگو و مجلس آداب عادات و اطوار' مشرقی و مغربی تہذیبوں کا ٹکراؤ ان سب باتوں کی عزیز احمد کے مشاہدے کے بعد اپنے ناول میں اس انداز میں برتا کہ اعلیٰ دولت و ثروت والے خاندانوں کی بلندیاں و پستیاں الگ الگ ہوگئیں اور اس معاشرہ کے نشیب و فراز واضح ہوگئے۔

ناول کے آغاز میں قارئین کو اچانک بہت سے کرداروں سے سابقہ پڑتا ہے اور قاری کرداروں کے میلے میں گھومتا جاتا ہے' لیکن آگے چل کر عزیز احمد کرداروں کو سمیٹنے لگتے ہیں اور ناول اپنی مخصوص روش پر آجاتا ہے۔

عزیز احمد نے اپنے پچھلے ناول ''آگ'' میں کشمیری زندگی پیش کرنے کیلئے ایک خاندان کی تین نسلوں کی کہانی کو پس منظر کے طور پر استعمال کیا تھا کچھ اسی طرح کی ٹیکنک انہوں نے اس ناول میں بھی برتی ہے' چنانچہ انہوں نے مرکزی قصے کے طور پر اس معاشرہ کے دو کرداروں نور جہاں اور سلطان حسین کی ازدواجی زندگی کی کشمکش کو بڑی فنکاری سے پیش کرتے ہوئے پورے معاشرہ کی تصویر کشی کی ہے۔

نور جہاں ایک حیدرآبادی نواب سنجر بیگ کی چھوٹی بیٹی ہے' مشرقی ماحول میں پرورش پانے کے باوجود انگریزی کی اعلیٰ تعلیم یافتہ ہے' اپنی ماں خورشید زمانی بیگم کی آزاد خیالی کے باوجود معصومیت کی زندگی بسر کرتی ہے' کشن پلی میں وارد انجینئر سلطان حسین ایک تقریب میں اسے دیکھ کر فدا ہو جاتا ہے' سلطان حسین عیاش صنعت دولت مند رئیس ہے' انجینئر ہے' ہر سال چھٹیاں

گذارنے مسوری جاتا ہے' وہاں کے کلبوں اور تفریح گاہوں میں دادِ عیش دیتا ہے' دس بارہ سال عیش ونشاط کی محفلوں میں گذارنے کے بعد اپنی ڈھلتی عمر کے احساس سے مجبور ہو کر شادی کیلئے آمادہ ہو جاتا ہے اور نور جہاں کے والدین اس رائیس زادہ انجینئر سے اس کی شادی کرا دیتے ہیں' نور جہاں اور سلطان حسین کے مزاجوں میں زمین آسمان کا فرق ہوتا ہے' ازدواجی زندگی کے دو تین سال بے چینی' بے اعتباری' لڑائی' جھگڑے' مار پیٹ میں گذرتے ہیں ایک دو لڑائیوں کے بعد ایک بچی کی ماں نور جہاں تنگ آ کر سلطان حسین سے طلاق لے لیتی ہے اور اپنے ایک عزیز اطہر سے شادی کر کے خوشگوار زندگی بسر کرتی ہے' ادھر سلطان حسین بھی ایک خوبصورت بیوی سے ہاتھ دھو بیٹھنے کے بعد زندگی کے حقائق سے سمجھوتہ کر لیتا ہے اور خدیجہ نامی ایک غریب لڑکی سے شادی کر لیتا ہے' دونوں کی زندگی پرسکون گذرتی ہے' دو بچوں کی ماں خدیجہ اس وقت بے یار و مددگار ہو جاتی ہے جب سلطان حسین دفتر میں اچانک حرکت قلب بند ہو جانے سے انتقال کر جاتا ہے اور خدیجہ بیوگی کا روگ لئے اپنی اولاد کی خاطر زندگی کی کٹھن راہوں پر اکیلی چل پڑتی ہے' یہ ہے ناول ''ایسی بلندی ایسی پستی'' میں پیش کردہ قصہ کا مختصر خلاصہ۔

نور جہاں اس ناول میں مرکزی کردار کی حیثیت رکھتی ہے' ناول میں پیش ہوئے کرداروں کے جھرمٹ میں عزیز احمد نے نور جہاں کے کردار کو بڑے مصورانہ اور جذباتی انداز میں پیش کیا ہے' حالانکہ ناول کے تقریباً سبھی کردار مغربی تہذیب کے ملمع چڑھائے دکھائی دیتے ہیں' لیکن نور جہاں مشرقی عورت کے حقیقی روپ میں وفا کی دیوی کے طور پر پیش ہوتی ہے۔ مشرقی اقدار کی حامل اس لڑکی کی بدقسمتی دیکھئے کہ ایک درندہ صفت انسان سے اس کی شادی ہو جاتی ہے' نور جہاں اور سلطان حسین کے آپسی رویہ' ان کے درمیان آپسی بات چیت' لڑائی جھگڑے کو عزیز احمد نے اس جذبات انداز میں پیش کیا ہے کہ قاری نور جہاں سے ہمدردی سی محسوس کرنے لگتا ہے ہنی مون کیلئے مسوری گئے اس نئے شادی شدہ جوڑے میں ابتدا ہی سے کشیدگی کی فضاء قائم ہو جاتی ہے' دونوں کا ایک دوسرے پر شک کرنا اور سلطان حسین کا دوسری عورتوں سے تعلقات بڑھانا نور جہاں کیلئے قاتل بن جاتا ہے اور بات لڑائی جھگڑے سے بڑھتی ہوئی اس وقت انتہا کو پہنچ جاتی ہے جب سلطان حسین غصہ سے بے قابو ہو کر نور جہاں کے گال پر تھپڑ رسید کر دیتا ہے' اس موقع پر نور جہاں کے صبر کا پیمانہ لبریز ہو جاتا ہے اور وہ اپنے غصہ پر قابو نہ رکھتے

ہوئے جذباتی انداز میں کہتی ہے۔

''جب تم مجھے آوارہ، بدمعاش، رنڈی سمجھتے ہو تو پھر مجھے اپنے گھر لے جا کر کیا کرو گے اور جب تم سے کہہ چکی ہوں، تمہاری سزا یہی ہے کہ تم کو سچ مچ کوئی آوارہ بدمعاش بیوی ملتی میں کیا کروں مجبور ہوں، میں آوارگی اس لئے نہیں کرتی کہ مجھے تمہاری تو بالکل نہیں بلکہ اپنے ماں باپ کی عزت کا خیال ہے، لوگ یہ نہ کہیں کہ سنجر بیگ کی بیٹی ایسی ہے، نہیں تو میں تم کو مزا بتاتی''۔۱۱۴

عزیز احمد نے ایک اونچی سوسائٹی کے گھرانے میں ہوئی اس اخلاق سوز حرکت کا گہرا تاثر لیا اور نور جہاں پر ہوئے اس ظلم کو بڑی سماجی برائی جانا۔

''ہندوستان میں عورت کے جسم پر مرد کی حکومت تھی اب وہ مٹ رہی تھی یہ تھپڑ اُسی مٹتی حکومت کو پھر سے قائم کرنے کی کوشش تھی.... انسان پر انسان کی حکومت اور اس حکومت کی خواہش سے زیادہ مہلک کوئی اور نشہ نہیں، نور جہاں میں سلطان حسین نے عورت کو معمولی سامان خانہ داری کے برابر سمجھا تھا، اس لئے نہ صرف نسوانیت بلکہ انسانیت کے وقار کو صدمہ پہنچایا تھا، یہ سلطان حسین کی زندگی کی ٹریجیڈی تھی یہ اس کی خطا تھی''۔۱۱۵

عزیز احمد کے یہ فلسفیانہ خیالات نور جہاں پر ڈھائے جانے والے ظلم کے خلاف ایک آواز ہو سکتے ہیں نور جہاں جیسی مشرقی اقدار کی حامل اور اعلیٰ تعلیم یافتہ لڑکی نے کبھی یہ امید بھی نہ کی تھی کہ اس کا شوہر اس حد تک گر سکتا ہے، اپنی بدقسمتی پر وہ اپنے اندر ہی اندر گھٹتی رہتی ہے۔

''نور جہاں کے اندر کوئی چیز آگ کی طرح سلگ کر بجھ گئی، غصہ کے بجائے رنج ذلت اور بے بسی کا ایسا تلخ احساس جو اس نے پہلے کبھی محسوس کیا تھا اس نے سوچنا بند کر دیا، چند منٹ تک وہ بالکل خلا کے عالم میں تھی، ہر چیز مفقود تھی، وہ خود سلطان حسین، خورشید زمانی بیگم وہ بچہ جو ابھی اس کے پیٹ میں تھا ہر چیز مفقود تھی، ایسا خواب جو دیکھا جا چکا ہو اور جواب محو ہو چکا ہو ضرب لگاتا ہوا اس کی روح کو مفلوج کر چکا تھا، اب اس کی پوری روح

سسکیوں، میں منتقل ہو چکی تھی، اس کی حالت ایسی تھی جیسے کسی کو ابھی موت
آئی ہو''۔١١٦

نور جہاں کی ازدواجی زندگی کے ان نازک لمحات کو پیش کرتے ہوئے عزیز احمد نے عورت کی نفسیات سے گہری واقفیت کا ثبوت دیا ہے، نور جہاں کی زندگی کا نازک اور تغیر پذیر پہلو وہ ہے جب وہ حالات کے آگے ہتھیار ڈال دیتی ہے اور سلطان حسین سے اپنی مرضی سے خلع لے کر اپنی بیٹی کے ساتھ الگ رہتی ہے اور اپنی ماں کے گھر آ جاتی ہے، نور جہاں کے واقعات اس معاشرہ کی حقیقی زندگی کی عکاسی کرتے ہیں۔ جہاں فیشن پرستی اور آوارگی اتنی زیادہ ہو گئی ہے کہ حقیقی ازدواجی زندگی مغرب کے غیر فطری طرز زندگی میں ایک کچے دھاگے کی ڈور کی طرح ہو کر رہ گئی ہے۔ نور جہاں نے اس شادی میں اپنے ماں باپ کی خواہش کا پاس رکھا تھا اور شادی کے بعد ہر حالت میں سلطان حسین کو اپنا مجازی خدا بنایا تھا، لیکن اس زندگی کے تیز رفتار تقاضوں کو وہ پورا نہیں کر سکی اور پیچھے رہ گئی۔

مسوری کی سیر و تفریح میں سلطان حسین کے قدم سے قدم ملا کر نہ چلنا ہی اس کی زندگی کی بربادی کا سامان کر دیتا ہے، چنانچہ وہ زمانے کے بدلتے رنگوں کا احساس خلع لینے کے بعد کرتی ہے اور معاشرت کی رنگینیوں میں پارٹی، کلب، سینما وغیرہ میں اپنے عزیز اطہر کے ساتھ حصہ لینا شروع کرتی ہے اور آخر کار اطہر سے شادی کر لیتی ہے تب نور جہاں کو حاصل ہوتا ہے چین و سکون۔

نور جہاں کے کردار میں عزیز احمد نے ایک ایسی ہندوستانی عورت کو پیش کیا ہے جو ایک خوشگوار ازدواجی زندگی کی خواہشمند ہے، اپنے شوہر اور بچوں سے مطلب رکھنا ہی اس کا اہم فریضہ ہے زمانے کے بدلتے رنگوں کے ساتھ بدلنے کے بجائے وہ چین و سکون کی گھریلو زندگی چاہتی ہے لیکن عزیز احمد کے بموجب:

''ان کی طبعیتوں میں زمین و آسمان کا فرق تھا اس لئے مصلحتی ازدواجی
زندگی میں ہر ہر قدم پر اختلاف کا امکان تھا''۔١١٧

اور ہوا بھی یہی ان کی ازدواجی زندگی ایک ریت کے محل کی طرح بہہ گئی اور نور جہاں زندگی کی رنگین بہار میں لوٹنے کے بجائے طلاق کا تلخ جام پینے پر مجبور ہو گئی، اس عظیم سانحہ نے اُسے زندگی کے بہت سے حقائق سے روشناس کرایا اور جب اس کے ساتھی اطہر نے

اس کے جانب التفات کیا تو اس نے سابقہ تجربات کی روشنی میں مجلسی زندگی اختیار کرتے ہوئے اپنے آپ کو وقت کے دھارے میں شامل کرلیا اور اس کے ساتھ شادی کرتے ہوئے چین وسکون کی زندگی بسر کی۔

''ایسی بلندی ایسی پستی'' کا دوسرا اہم کردار سلطان حسین ہے' وہ کشن پلی کا انجینئر ہے امریکہ سے واپسی کے دس بارہ سال انفرادی زندگی میں عیش وعشرت سیر وتفریح میں بسر کردیتا ہے' مسوری اس کی پسندیدہ جگہ تھی' جہاں ہر سال وہ اپنا اچھا وقت شراب نوشی' تاش کی بازیوں اور عورت بازی میں گذارتا اور بقول عزیز احمد کے:

> ''وہ مسوری میں ہر سیزن میں کم سے کم ایک نئے معاشقہ کی کوشش کرتا رہا''۔۱۱۸

مسوری میں رہ کر سلطان حسین کے طرز فکر میں جو تبدیلی آئی ہوئی تھی اس کا جائزہ عزیز احمد یوں لیتے ہیں:

> ''ابھی سلطان حسین صاحب ناکتخدا تھے' مگر اس شخص میں ایک خاص بات تھی کہ وہ جن لڑکیوں سے عاشقی کرتا تھا ان میں سے کسی کو بیوی بنانے کیلئے تیار نہ تھا۔ اس کے نزدیک عورت کی محبت کے دو مدارج تھے' ایک تو پہلی نظر کے تیر سے لے کر ملاقات کی کوشش' ملاقات' رسم و رواہ' بات چیت خط و کتابت' چھیڑ چھاڑ اور اگر لڑکی حد سے زیادہ خوبصورت ہو تو شیو کرتے وقت داغ کا ایک آدھ پھڑکتا ہوا شعر پڑھ لینے' پھر باقاعدہ محاصرے' بوس و کنار' لمس' عریانی اور شاذ و نادر شب باشی تک تھا۔ دوسرا درجہ شب باشی سے شروع ہوتا تھا اور اس کو سلطان حسین برداشت نہیں کرسکتا تھا' اس کا تصور تک برداشت نہیں کرسکتا اس میں ذمہ داری ایام' زچگیاں' بچے اور روزمرہ زندگی کی بے رنگی شامل تھی''۔۱۱۹

عیش وعشرت کی اس رنگینی میں ایک طویل عرصہ گذرنے کے باوجود اسے اپنی ڈھلتی جوانی کا احساس ہی نہ رہا اور ایک دفعہ وہ لڑکی پھانسنے کی فکر میں ہی تھا کہ لڑکی کے جواب ''یہ سب ڈبلیوٹی (Waste of time) ہے'' نے سلطان حسین کی آنکھیں کھولدیں اور اُسے محسوس ہوا

کہ اب شادی کر کے گھر بسا ہی لینا چاہئے‘ چنانچہ ماں اور بہنوں کے اصرار پر اس کی نظر انتخاب نور جہاں پر پڑتی ہے اور شادی ہو جاتی ہے جو ہر لحاظ سے بے جوڑ تھی‘ سنجر بیگ اور خورشید زمانی بیگم کا اپنی بیٹی نور جہاں کیلئے سلطان حسین جیسے شخص کا انتخاب اس بات کا تاثر دیتا ہے کہ اس وقت کے معاشرہ میں مرد کو اتنی آزادی حاصل تھی کہ وہ کتنا بھی عمر رسیدہ‘ عیش وعشرت اور بدنام کیوں نہ ہو‘ تعلیم‘ دولت اور سماجی حیثیت کی بناء پر ایک معصوم لڑکی سے شادی کیلئے قابل قبول ہو جاتا ہے۔ عزیز احمد اس زوال پذیر معاشرہ کی داستان رقم کر رہے تھے‘ جہاں عورت کو مظلوم بنانے میں سلطان حسین جیسے مردوں کے ساتھ خود نور جہاں کے والدین بھی برابر کے شریک تھے جو سلطان حسین کی بربریت کو دیکھنے کے باوجود نور جہاں کو ہی صبر کی تلقین کرتے رہے مردوں کی اجارہ داری والے اس معاشرہ میں نور جہاں اپنا مقام کھو بیٹھی تھی‘ سلطان حسین کی شخصیت کا منفی پہلو اس وقت اور کھل کر سامنے آجاتا ہے جب وہ اپنی حیثیت سے نیچے گر کر گالی گلوج کی حد تک اُتر آتا ہے۔

’’چپ حرام زادی....تو ہوگا حرامزادہ....ذرا زبان سنبھال کر بات کر‘‘۔[120]

اس طرح کے ماحول کو پیش کرتے ہوئے عزیز احمد نے اس تہذیب کی بلندی و پستی کو پیش کیا ہے۔نور جہاں سے طلاق ہونے کے بعد سلطان حسین خدیجہ نامی غریب لڑکی سے شادی کر لیتا ہے‘ چند سال زندگی کے خاموشی سے گذر جاتے ہیں‘ خدیجہ کو اپنے شوہر سے محبت وہ اپنے بچوں کے ہمراہ سلطان حسین کی کفالت میں زندگی بسر کرتی ہے‘ سلطان حسین میں پہلے جیسی گرم جوشی نہ باقی رہی تھی‘ وہ اپنی بیوی کے ساتھ صرف گذارا کرتا تھا‘ خدیجہ اپنے شوہر کے رویہ سے پریشان ہو اٹھتی ہے:

> ’’کبھی کبھی خدیجہ کو بڑی سخت جلن ہوتی‘ عورت کی جبلت‘ بجلی کی چمک کی طرح اس پر یہ منکشف کر دیتی ہے کہ باوجود اس کے کہ سلطان حسین اس کے ساتھ اس قدر خوش ہے‘ اس کے آرام کا اتنا خیال رکھتا ہے‘ سلطان حسین کو اس کے ساتھ محبت نہیں کبھی کبھی وہ رو کر کہہ دیتی ہے ’’آپ کو صرف میرا خیال ہے‘ آپ کو کبھی مجھ سے محبت نہیں ہوئی.... باوجود اس کے نور جہاں‘ سلطان احمد کے منہ پر تھوک کر گئی تھی‘ اب بھی اس کے دل میں

نور جہاں ہی بسی ہوئی تھی''۔۱۲۱؎

کثرت شراب نوشی کے سبب سلطان حسین کی صحت جواب دینے لگتی ہے اور ایک دن دفتر میں بیٹھے بیٹھے سلطان حسین کا حرکت قلب بند ہو جاتی ہے اور انتقال ہو جاتا ہے۔ ناول میں سلطان حسین کا انتقال کر جانا فطری ہے، جس کیلئے وہ خود ذمہ دار ہے، عیش پرستی کی ترنگ زیادہ نہیں چل سکتی، اس کی موت کے بعد نور جہاں کا اسے دل سے معاف کر دینا اور خدیجہ کا اپنے بچوں کی خود پرورش کرنے کا عزم ہندوستانی عورت کے جذبات اور مضبوط کردار کی نشانی ہے۔

''ایسی بلندی ایسی پستی'' میں پیش کردہ سلطان حسین کا کردار عزیز احمد کے بیشتر ناولوں کے مرد کرداروں سے مشابہت رکھتا ہے۔ ''ہوس'' ''مرمر اور خون'' اور ''گریز'' کے مرد کردار خاص مرکزی کردار سلطان حسین کی ہی طرح ''ہوس'' پرست اور عیش پرست گذرے ہیں جو زندگی میں رنگینی دیکھنے کے بعد آیا تو راہ راست پر آ جاتے ہیں، یا یاس و امید میں کیفر کردار کو پہنچ جاتے ہیں۔

سلطان حسین اور نور جہاں کے مرکزی کرداروں کے علاوہ ناول میں کئی اہم کردار اور بھی ہیں جو ناول کی پیش کردہ معاشرت کے جزو ہیں، جن میں خورشید زمانی بیگم، بیگم مشہدی اطہر ابولہاشم انجینئر، مشہور النساء، سریندر وغیرہ۔ اس کے علاوہ امراء و رؤساء کے گھرانوں میں کرداروں کا جھرمٹ دکھائی دیتا ہے اور دوسری طرف مسوری کے کلبوں میں داد عیش دینے والوں کی طویل فہرست جو ناول کے نگار خانے میں اپنی اپنی موجودگی کا احساس دلاتے رہتے ہیں۔

خورشید زمانی بیگم نے اپنی زندگی کی بہار میں کافی شوخ طبعیت پائی تھی اور اپنے ساتھ اپنی دونوں بیٹیوں مشہور النساء اور نور جہاں کو بھی زندگی کی رنگا رنگی میں بڑھ چڑھ کر حصہ لینے کا موقع دیتی رہی تھیں اور ان کی پریشانی میں بھی ایک ہمدرد دوست کی طرح ساتھ دیتیں تھیں حالانکہ تغیرات نے ایک موقع پر انہیں جھنجھوڑ کر رکھ دیا، جب ان کی بڑی بیٹی بیوہ ہو جاتی ہے اور چھوٹی مطلقہ، اور وہ اپنے آپ کو تبدیل کر لیتی ہیں:۔

> ''اپنی دونوں بیٹیوں کے گھر اجڑے دیکھ کر انہوں نے قضاء و قدر سے مفاہمت کا ارادہ ضرور کیا، بجائے تنگ اور شوخ بلاؤزوں کے انہوں نے لمبے لمبے کرتے پہننے شروع کئے اور اوراد و وظائف میں شدت سے منہمک

ہوگئیں ۔۱۲۲؎

کچھ اس طرح کی حالت بیگم مشہدی کی بھی ہے جو اعلیٰ تعلیم یافتہ اور مغربی تہذیب کی دلدادہ ہونے کے باوجود اپنی بیٹیوں کے مستقبل سے پریشان ہیں، مسوری میں نور جہاں سے ملاقات کے بعد اپنے بیمار ہونے پر ان خیالات کا اظہار کرتی ہیں:

''یوں تو ہم لوگوں نے ولایت میں تعلیم پائی اور تم دیکھتی ہو کہ بڑی آزاد یورپی قسم کی زندگی بسر کرتے ہیں لیکن میری تمنا یہی ہے اور تمہاری انکل کی بھی آرزو یہی ہے کہ ہمارا لڑکا اور یہ دونوں لڑکیاں مسلمان سے شادی کریں'' ۔۱۲۳؎

بیگم خورشید زمانی اور بیگم مشہدی کا آخر کار اپنے مذہب کی طرف التفات اس بات کا ثبوت ہے کہ اس معاشرت میں مغربیت کی تخریب کاری کے باوجود مشرقی تہذیب اور مذہب سے لگاؤ فطری طور پر موجود تھا، جو اس معاشرہ کی اصل روح ہے۔

''ایسی بلندی ایسی پستی'' میں عزیز احمد کی کردار نگاری وسیع کینوس پر پھیلی اور اجتماعی نقطہ نظر کی حامل دکھائی دیتی ہے۔ کے کے کھلر کے بموجب:

> ''ایسی بلندی ایسی پستی' میں عزیز احمد کا فن بلندیوں کو چھوتا نظر آتا ہے غالباً یہ اردو کا پہلا ناول ہے جس میں کردار نگاری کے خصوص میں پامال راہوں سے گریز کر کے مصنف نے نیا راستہ بنانے کی سعی کی ہے۔ اسی لئے اس ناول کو اکثر ناقدین نے نہ صرف سراہا بلکہ اردو کے چند مشہور ناولوں میں شمار کیا ہے اس میں اجتماعی کردار نگاری کا کامیاب تجربہ ملتا ہے'' ۔۱۲۴؎

عزیز احمد نے اس طرح کی کردار نگاری میں حقیقت نگاری سے کام لیا ہے اور انہوں نے اپنے اطراف کی زندگی کے حقیقی کرداروں کو مخصوص انداز میں پیش کیا ہے اور ایسا لگتا ہے کہ وہ اپنے ماحول کی عکاسی کر رہے ہوں اس بات کا اعتراف وہ خود کرتے ہیں:

> ''میں نے حقیقت نگاری کو ہمیشہ فوٹو گرافی سمجھا ہے ممکن ہے کبھی شیشہ دھندلا ہو یا فلم خراب ہو یا فلم لیتے وقت روشنی ٹھیک نہ ہو تا میری اپنی بصارت یا بصیرت میں فرق ہو، لیکن میں نے زندگی کی تنقید ہمیشہ زندگی کی عکاسی کے انداز سے کی ہے، اور اس میں اصلی اور حقیقی کے فرق کا قائل

نہیں''۔۱۲۵

چنانچہ یہ سبھی کردار جو کہ زوال آمادہ معاشرہ کے فرد ہیں اپنے حقیقی روپ میں دکھائی دیتے ہیں اور بقول سلیمان اطہر جاوید کے:

> ''بظاہر سارے کردار آسودہ اور مطمئن محسوس ہوتے ہیں' آرام دہ اور پرسکون زندگی گذارتے ہیں لیکن ہر ایک کا اپنا غم ہے ہر ایک کا دل جلتا ہے ہر ایک کی روح بحران سے دوچار ہے سچ پوچھئے تو یہ معاشرہ ہی ایسا تھا''۔۱۲۶

''ایسی بلندی ایسی پستی'' میں کردار نگاری اور معاشرت نگاری کے اعلیٰ نمونوں کے ساتھ ہمیں اس عہد کے تاریخی شعور کا بھی احساس ہوتا ہے' اس کیلئے عزیز احمد نے ناول میں جگہ جگہ شعور کی رو کی تکنیک استعمال کی ہے ناول میں سلطان حسین کے ایک دوست سریندر کا کردار ہے جو کلب میں اس کا ساتھی ہے' سریندر کے روپ میں دراصل عزیز احمد خود ناول کی زندگی میں داخل ہوجاتے ہیں کیونکہ سریندر کی زبانی فلسفیانہ خیالات' سیاسی' سماجی و معاشرتی مسائل پر بحثیں دراصل عزیز احمد کی ذہنی فکر کا پتہ دیتی ہے سریندر کے کردار میں عزیز احمد کی چھاپ اسوقت صاف نظر آتی ہے جب وہ مزدوروں کی حمایت کرتا ہے اور متوسط طبقہ کی ترقی کا ذکر کرتے ہیں:

> ''تمام سیاسی فلسفے تو متوسط طبقہ کے دماغ ہی سے نکلے ہیں نا' میکیاولی سے مارکس تک' افلاطون کی جمہوریت سے ہٹلر کی جدوجہد تک یہ سارے نقشے کس نے کھینچے ہیں''۔۱۲۷

اور جب سلطان حسین کی موت واقع ہوجاتی ہے تو اپنے جگری دوست کی بے وقت موت پر سریندر جذباتی ہوجاتا ہے اور شعور کی رو میں بہہ جاتا ہے اور طرح طرح کے خیالات اس کے دل میں آنے لگتے ہیں' ان خیالات میں دراصل عزیز احمد کی ذہنیت کام کرتی دکھائی دیتی ہے' سریندر تخیل کی دنیا میں کھوکر زندگی کی بے ثباتی اور حیات وممات کے چکر پر غور کرتا ہے' وہ ٹی ایس ایلیٹ' اقبال' ٹیگور' آئن اسٹائن کو یاد کرتا ہے' ہندوستان چھوڑ دو تحریک گاندھی جی اور جناح کی سیاسی سرگرمیوں' تحریک آزادی اور قیام پاکستان کی جدوجہد کو یاد کرنے لگتا ہے' دوسری جنگ عظیم

میں ایٹم بم کی تباہی اور وقت کے گذرنے کے احساس میں وہ کھوسا جاتا ہے۔

اس طرح کے خیالات سے اور شعور کی رو کی تکنیک استعمال کرتے ہوئے عزیز احمد نے اپنے ناول کے مواد کو بڑی نئی مہارت سے پیش کرتے ہیں' ناول نگاری کی تکنیک پر انہیں عبور حاصل تھا۔ عزیز احمد نے ناول میں جہاں جہاں اشتراکیت کا خیال پیش کیا ہے' اور دولت مند معاشرہ کی تصویر کشی کی ہے وہیں وہ مزدور طبقہ کو نہیں بھولتے اور کسی طرح ان کی بڑائی کا اظہار کر ہی دیتے ہیں۔ مزدوروں کی اس طرح حمایت ان کی اشتراکی ذہنیت کا پتہ دیتی ہے' ایک جگہ کام کرتے مزدوروں کا عزیز احمد یوں منظر پیش کرتے ہیں:

''اور وڈروں کے علاوہ اور کئی طرح کے مزدور تھے' دھیڑ' پاردہی' لمباڑے لمباڑنیاں' تبّتی اور کشمیری قسم کا لباس' بے شمار چوڑیاں' لمبے لمبے لہنگوں پر بیشمار کانچ کے ٹکڑے یا پتھرے ٹکنے' اپنے خدوخال میں بھی جا بجا منگول آثار دکھاتی ہوئی اپنے اپنے کام میں مصروف تھیں اور مستریوں اور داروغوں کے کام آ رہی تھیں''۔ ۱۲۸

''ایسی بلندی ایسی پستی'' میں زندگی کے ان اتار چڑھاؤ اور معاشرت کی اس اونچ نیچ کو عزیز احمد نے فنکاری کے ساتھ پیش کیا ہے' اس میں اپنے عہد کی تاریخ اور معاشرت کے ساتھ زندگی بھرپور طریقہ سے پیش ہوئی ہے' فنی حیثیت سے یہ ایک کامیاب ناول ہے جس میں عزیز احمد نے ماحول کو ایک پھیلے ہوئے پلاٹ اور حقیقی زندگی کے واقعات کے ذریعہ پیش کیا ہے۔ جس میں پیش کئے گئے مناظر لوگوں کا رہن سہن' بات چیت اور طرز زندگی پیش کرنے میں عزیز احمد نے اپنے ذاتی مشاہدہ سے کام لیا ہے' ڈاکٹر یوسف سرمست عزیز احمد کے فن کی خوبی بیان کرتے ہوئے کہتے ہیں:

''عزیز احمد اپنے ناولوں میں کسی مخصوص ہیئت یا فارم کی پیروی نہیں کرتے بلکہ اپنے مواد کے لئے خود اپنی انفرادی تکنیک استعمال کرتے ہیں' یہی وجہہ ہے کہ ''ایسی بلندی ایسی پستی'' میں شعور کی رو کی تکننیک سے لے کر ہمہ داں مصنف تک یا پرسی مہک نے کہا بیان کرنے کے جتنے طریقے بیان کئے ہیں وہ سب کے سب یہاں ملتے ہیں وہ زندگی کا ہر ممکن طریقہ سے

بھرپور اظہار کرتے ہیں....عزیز احمد کی عظمت کا راز یہی ہے کہ ان کے ناول ایک روشن ہالہ کی طرح ہوتے ہیں وہ اسی بناء پر موجودہ ناول نگاروں میں سب سے بڑے ناول نگار نظر آتے ہیں''۔۱۲۹

عزیز احمد کے مخصوص بیانیہ اسلوب میں پیش کیا گیا یہ ناول چند ایک خامیوں کے باوجود اردو کے منتخبہ ناولوں کی فہرست میں شامل ہو جاتا ہے۔

☆☆

''شبنم''

عزیز احمد نے ''ایسی بلندی ایسی پستی'' میں حیدرآباد کے طبقہ امراء کی زوال آمادہ زندگی کی تصویر کشی کی تھی۔ اسی سلسلہ کو جاری رکھتے ہوئے انہوں نے ایک ناول ''شبنم'' لکھا۔ یہ ناول 1950ء میں شائع ہوا۔ 1943ء تا 1950ء کے ایک قلیل عرصہ میں عزیز احمد نے چار اہم ناول ''گریز''، ''آگ''، ''ایسی بلندی ایسی پستی'' اور ''شبنم'' لکھ کر ناول نگاری کی دنیا میں اپنا مقام بنا لیا۔ یہ چاروں ناول اردو دنیا کی تاریخ میں عزیز احمد کے نام کو زندہ رکھنے کیلئے کافی ہیں' عزیز احمد کے پچھلے ناولوں میں عموماً مرد کرداروں کے معاشقے اور ان کی جنسی بے راہ روی کو پیش کیا گیا تھا'' ''شبنم'' میں انہوں نے ایک نسوانی کردار کی عشقیہ داستان اور اس کی بیباک زندگی کے مختلف پہلوؤں کو اجاگر کرتے ہوئے اُسے مرکزی حیثیت دی ہے۔ ''شبنم'' نامی اس لڑکی کی داستان عشق کے پس منظر میں عزیز احمد نے متوسط طبقہ کی زندگی کی کشمکش اور زندگی کے نشیب و فراز کو فنکاری سے پیش کیا ہے اور اس متوسط طبقہ کا تعلق حیدرآبادی معاشرہ سے ہے اور اس معاشرہ کی پستیوں کا تذکرہ کرتے ہوئے عزیز احمد نے بتایا کہ کس طرح اعلیٰ تعلیم یافتہ نوجوان لڑکیاں اپنے گھر والوں کی غیر ذمہ داریوں کی بناء عشق و عاشقی کے چکروں میں پڑ کر اپنی زندگی کے چین وسکون کو کھو بیٹھی ہیں۔ اپنے سنہرے مستقبل کے خواب لئے وہ بازار حسن میں لٹ جاتی ہیں لیکن ان کے خوابوں کی تکمیل نہیں ہو پاتی۔

ناول ''شبنم'' کے تعلق سے عام طور پر یہ بات مشہور ہے کہ اس میں عزیز احمد نے یونیورسٹی کے پروفیسروں کی عشقیہ داستان رقم کی ہے' خلیل الرحمٰن اعظمی کے بموجب:

''اس ناول میں یونیورسٹی کے پروفیسروں کی زندگی اور ان کی اخلاقی

کمزرویوں کو موضوع بنایا گیا ہے''۔۱۳۰؎

اس بات کو تقویت اس لئے بھی پہنچتی ہے کہ عزیز احمد تقریباً دس بارہ برس تک یونیورسٹی سے وابستہ تھے اور درس وتدریس کے فرائض انجام دیئے تھے۔

''شبنم'' میں پیش کردہ پروفیسر اعجاز کے روپ میں خود ان کے حقیقی کردار کی مشابہت دکھائی دیتی ہے۔ جس میں وہ اپنے ناولوں اور اس کے موضوعات پر تنقید کرتے دکھائی دیتے ہیں۔ پروفیسر اعجاز کی شخصیت کے بارے میں لکھتے ہیں:

> ''آدمی کچھ عجیب طرح کے تھے' ان کا ذہنی تکبر بہت مشہور تھا اور نوجوان اُن کی اس اکڑ کو کچھ زیادہ پسند نہیں کرتے تھے' ان کی قابلیت وغیرہ پر تو خیر اکثر لوگ غور ہی نہیں کرتے تھے' ہاں اس پر اختلاف رائے ضرور تھا کہ انگریزی کی پروفیسری کے ساتھ ہر سال بے تحاشہ ایک ناول لکھنا کیا ضروری ہے....اور کیا نام رکھے ہیں' ''آتش کشمیر'' ''فرار'' وغیرہ جن میں رسوائے جنس اور عریانی کے کچھ نہیں''۔۱۳۱؎

''آتش کشمیر'' ''فرار'' سے مراد عزیز احمد کے ناول ''آگ'' اور ''گریز'' ہیں۔ ''شبنم'' میں پروفیسر اعجاز کے روپ میں عزیز احمد کی شخصیت کی جھلک اور دوسرے کرداروں کی زندگی کے مطالعہ سے پتہ چلتا ہے کہ عزیز احمد نے اپنے ماحول کے حقیقی واقعات اور حقیقی کرداروں کو اس ناول میں پیش کیا ہے۔

''شبنم'' ایک کرداری ناول ہے' اس طرح کے ناولوں میں کرداروں کی شخصیت اور ان کی زندگی کا مطالعہ ہی اہمیت کا حامل ہوتا ہے' اور ناول کے دوسرے فنی اجزاء پر کردار نگاری حاوی ہو جاتی ہے' اس ناول میں عزیز احمد نے ''شبنم'' اور ارشد علی خان کی عشقیہ داستان کو نفسیاتی مطالعہ کے رنگ میں پیش کیا ہے' ارشد علی خان جو ایک اخبار کا ایڈیٹر ہے شبنم نامی کسی لڑکی کی جانب سے مضمون میں اپنی تعریف وتوصیف پڑھ کر اُسے شکریہ کا خط لکھتا ہے اور خطوط کا سلسلہ جاری ہو جاتا ہے۔ جو آگے چل کر دونوں کے درمیان محبت بھری ملاقاتوں اور شادی کے دعوؤں پر ختم ہوتا ہے۔ ارشد ابتداء میں شبنم سے جنون کی حد تک عشق کرتا ہے لیکن ساتھ ہی ساتھ وہ شبنم کے سابقہ معاشقوں کی خبروں سے متعلق چھان بین کرتے ہوئے اپنی محبت کو شادی میں بدلنے پر پس و

پیش کرتا ہے اور وہ محسوس کرتا ہے کہ جس شبنم کی اسے تلاش تھی وہ یہ نہیں، شبنم کو اپنی جانب سے لاکھ صفائی کے باوجود وہ شادی پر آمادہ نہیں ہوتا اور ناول کا انجام دونوں کی جدائی پر ہوتا ہے۔

ناول کا اس طرح انجام ایک طرح سے فطری ہے اگر کسی طرح عزیز احمد ناول کا انجام بخیر کرتے اور دونوں کی شادی پر ناول کا اختتام کرتے تو ارشد علی خان جیسے شکی مزاج انسان کے خوابوں کی تکمیل نہیں ہو پاتی اور دونوں کی ازدواجی زندگی ابتداء ہی سے شکوک وشبہات کی بناء ناکام رہتی، ناول کا یہ انجام عزیز احمد کے دوسرے ناولوں ''ہوس'' ''مرمر اور خون'' اور ''گریز'' کی طرح ہے جن میں مرد کردار اپنی زندگی میں محبت اور ہوس پرستی کے بعد انجام ناکام اور نامراد زندگی کے حقیقی چین وسکون سے محروم دکھائی دیتے ہیں۔

''ناول کا مرکزی کردار ''شبنم'' ہے، عزیز احمد کے ناولوں میں ''شبنم'' وہ واحد نسوانی کردار ہے جسے مرکزی حیثیت حاصل ہے اور تمام ناول اسی کردار کے گرد گھومتا ہے، ''شبنم'' حیدرآباد کے ایک متوسط گھرانے کی تعلیم یافتہ لڑکی ہے کانونٹ میں معلّمہ ہے، شبنم کا کردار ایک ایسے معاشرہ کی نمائندگی کرتا ہے جہاں لڑکیوں کو یونیورسٹی سطح تک اعلیٰ تعلیم کے حصول کے ساتھ ملازمت کرنے اور ادبی محفلوں، دعوتوں، پارٹیوں میں کھلے عام شریک ہونے اور ان کے عشق کے چرچے مشہور ہونے تک آزادی حاصل ہے۔ چنانچہ شبنم بھی کچھ اسی طرح کے شوق کی بناء ارشد علی خان نامی اخباری ایڈیٹر کی تعریف میں مضمون لکھ کر اور اس کی جانب اس التفات پر خود بھی آگے آتی ہے، ابتدائی خط وکتابت اور ملاقاتوں میں ارشد سے عقیدت کا اظہار کرتی ہے لیکن بار بار ارشد اُسے محبت پر اصرار کرتا رہتا ہے، شبنم کے عقیدت مندانہ رویہ کا تجزیہ کرتے ہوئے عزیز احمد لکھتے ہیں:

''یہ کشش کو شرافت کا رنگ دینے کی کوشش تھی ایک طرح کا فرق مراتبت پیدا کر کے ایک طرح کا حفظ مراتب کا سلسلہ قائم کرنے کی کوشش جس سے ارشد کو سخت الجھن اور سخت کوفت ہوتی تھی''۔ ۱۳۲

شبنم اپنے اس رویہ کے بارے میں جواب دیتی ہے:۔

''دیکھئے ناعوت کی محبت میں ہمیشہ عقیدت کا پہلو غالب ہوتا ہے، وہ اگر پرستش نہیں کر سکتی تو محبت بھی نہیں کر سکتی''۔ ۱۳۳

شبنم کا نام نوازش علی اور منظور حسین کے اتھ جڑ چکا تھا اور بدنامیوں کا ایک ہالہ اس کے گرد گھرا ہوا تھا' ارشد کے اصرار محبت پر وہ اثبات میں جواب اس لئے دیتی ہے کہ آخر کار اُسے اپنا گھر بسانا تھا اور زندگی کے طویل سفر پر ایک ہم سفر کا ساتھ حاصل کرنا تھا چنانچہ ارشد کے اصرار پر وہ دنیا کی نظروں سے چھپتی چھپاتی بدنامی کا ڈر لئے سینما گھر کے باکس میں ملنے جاتی ہے اور ارشد سے محبت بھری ملاقات کرتی ہے' شبنم کی اس طرح کی بیباکی ایک طرف تو اس کے کردار کی آزاد روی کا اظہار کرتی ہے اور دوسری طرف اس کے گھر سے ملنے والی چھوٹ اور معاشرہ کی آزادی اور ایک زوال آمادہ معاشرہ کی زندگی پیش آتی ہے' جہاں اخلاقی قدروں کی کوئی اہمیت نہیں اور ماں باپ اپنی آنکھوں پر پٹی باندھے بے خبر اپنی اولاد کی کرشمہ سازیوں پر دم سادھے دکھائی دیتے ہیں۔

ارشد پہلی ملاقات میں شبنم کی بیباکی دیکھتے ہوئے اس کی پاک دامنی پر شک کرتا ہے اور اس شک کی تحقیق میں بعض خطوط اور دوسرے لوگوں کے ذریعہ اسے پتہ چلتا ہے کہ شبنم کے نوازش اور منظور سے معاشقہ چل چکے ہیں۔ ارشد' شبنم کے کردار کے بارے میں استفسار کرتا ہے تو وہ جواب دیتی ہے:

> ''دیکھئے ہم امیر نہیں' ابا جان منصف تھے' اب وظیفہ ہو گیا' عالمگیر نگر میں پچیس تیس ہزار کے مکانات ہیں' یہاں ایک چالیس ہزار کا مکان ہے' لیکن ہماری رگوں میں شریفانہ خون ہے' عالیشان حویلیاں نہیں لاکھوں روپیہ نہیں' لیکن ہم اپنی گڈری میں مست ہیں' دوسری چیز یہ کہ میری پرورش خالص مشرقی ماحول میں ہوئی ہے' میرے خاص عقیدے اور روایات ہیں میران عقیدوں کو کوئی شکست نہیں دے سکتا مذہب کا مجھے سب سے زیادہ خیال ہے''۔ ۱۳۴؎

لیکن ارشد علی خان شبنم کے بارے میں برابر تفتیش میں لگا رہتا ہے اور شبنم کو لکھے گئے خطوط میں دلآزاری کے انداز میں سوالات کرتا ہے اور شبنم سے ملاقات پر بھی یہی رویہ اختیار کرتا ہے۔ شبنم' ارشد کے اس رویہ کو محبت نہیں کھیل سمجھتی ہے' شنبم اس معاملہ میں بہت جذباتی ہو جاتی ہے اور ایک خط میں ارشد سے یوں مخاطب ہوتی ہے:

''جس طرح کوئی آسمان سے تارے نہیں توڑ سکتا' جالی کی تھیلی میں پانی نہیں رہ سکتا' سانپ کے سر سے شہید نہیں نکالا جا سکتا' اُس کے ساتھ ہی میں جس راہ پر چل رہی ہوں' اب واپس نہیں لوٹ سکتی قسمت میں ہوگا تو منزل مل جائے گی ورنہ صحراء نوردی تو گئی نہیں کون جانے صحراؤں کی خاک چھانتے چھانتے ختم ہو جاؤں''۔۱۳۵؎

اس طرح کے جذبات کا اظہار کرتے ہوئے عزیز احمد ''شبنم'' سے ہمدردی کا اظہار کرتے دکھائی دیتے ہیں' شبنم کی زندگی کا یہ انجام شبنم کے ساتھ اس جیسی تمام لڑکیوں اور اس معاشرہ کا المیہ ہے جہاں مرد ذات کی برتری قائم ہے اور اس معاشہر کے مرد بازار حسن میں شبنم جیسی بدنام لڑکیوں کے دام گرا دیتے ہیں' ناول میں شبنم کے کردار کی بیبا کی اس طرح بھی ظاہر ہوتی ہے کہ وہ ارشد کے لکھے گے تقریباً ہر خط کا جواب دیتی ہے اور ان خطوں میں محبت بھری باتیں لکھ بھیجتی ہے اسے اپنی بدنامی کا ڈر نہیں رہتا' اپنے بہن بھائی کی نظروں میں آ جانے کے باوجود وہ کسی نہ کسی طرح ارشد سے ملاقات کا بہانہ نکال ہی لیتی ہے' اور اس کی تمام کوششیں اپنے شریک زندگی کو پانے کیلئے ہوتی ہے۔ ڈاکٹر سلیمان اطہر جاوید شبنم کے کردار کا جائزہ لیتے ہوئے لکھتے ہیں:۔

''یہ بھی محسوس ہوتا ہے کہ یہ کردار اپنے آپ کو جس طرح ظاہر کر رہا ہے وہ ہے نہیں' ہر کام پر ایک کشمکش' ہر لحظہ اس کا اپنے آپ سے الجھاؤ' لیکن اپنے پر قابو پائے ہوئے' اپنے وجود پر جو بھی گزر رہی ہو بظاہر لئے دیئے اور رکھ رکھاؤ سے کہ کوئی یہ بھی نہ جانے کے پرسکون سطح آب کے نیچے کتنے طوفان پوشیدہ ہیں''۔۱۳۶؎

بہر حال عزیز احمد نے شبنم کے کردار کو ناول میں بڑی عرق ریزی کے ساتھ سلیقہ سے پیش کیا ہے اور اس کی محبت' اس کی زندگی کے نشیب و فراز کو پیش کرتے ہوئے عزیز احمد جذباتی ہو جاتے ہیں۔

ناول کا دوسرا اہم کردار ارشد علی خان ہے۔ عزیز احمد کے ناولوں کے بیشتر کرداروں کی طرح یہ بھی طوفانی انداز کی محبت' معشوق سے وصل بوس و کنار اور پھر کسی وجہہ سے اس سے دوری یا علیحدگی کے مطمع نظر پر کاربند رہتا ہے۔ ارشد علی خان اپنے پیسہ سے ایک اخبار کا مدیر ہے لیکن

ناول میں شروع سے آخر تک اس کا کردار ایک عام نوعیت کے عاشق جیسا ہے جو شبنم کو ایک کالج کے طالب علم کی طرح محبت بھرے خطوط لکھتا ہے۔ جس میں عاشقانہ جذبات کے ساتھ غزل، نظم کے اشعار اور شعراء کے منتخب شعر بھی ہوتے ہیں۔ ارشد علی خان کی شخصیت ایک ایسے عاشق مزاج کی سی ہے جس کا کام خوبصورت لڑکیوں کو اپنی شخصیت اور اپنے عہدہ سے مرعوب کرنا اور ان سے جھوٹی محبت کے دعوے کرتے ہوئے ان کی عفت و عصمت سے کھلواڑ کرنا ہے۔ شبنم سے اظہار محبت سے قبل اس کے نام کے ساتھ زیبا، امجدی، رعنا وغیرہ لڑکیوں کے نام جڑے ہوئے تھے اور جو ارشد کے فریب محبت میں گرفتار ہو کر تباہ ہو چکی تھیں، ارشد، شبنم کو بھی اپنے پر فریب جال میں پھانس لیتا ہے وہ کھلے عام اپنی محبت کا اظہار نہیں کرتا ہے، وہ شبنم سے ملاقات کیلئے سینما گھر کے باکس کا انتخاب کرتا ہے، اس سلسلہ میں اس کے خیالات ملاحظہ ہوں:

> ''دیکھئے نا اس شہر میں ایک شریف مرد اور ایک شریف لڑکی کے ملنے اور باتیں کرنے کا کوئی اور مقام بھی تو نہیں کوئی ایسا مکسڈ کلب نہیں، کوئی اور جگہ نہیں اور اس طرح ملنے جلنے کو پسند نہیں کیا جاتا اب لے دے کے یہی صورت ہے کہ کسی سینما کے باکس میں بیٹھ کر باتیں کی جائیں''۔ ۱۳۷

ارشد، شبنم سے محبت تو کرتا ہے لیکن وہ اس کے ماضی سے پریشان ہے، وہ شبنم کی پاکدامنی پر شک کرتا ہے، نوازش کے نام اور خود اس کے نام شبنم کے لکھے گئے خطوط کا تجزیہ کرتا ہے، شبنم کے لکھے گئے افسانوں کے پس پردہ مفہوم کو سمجھنے کی کوشش کرتا ہے، اپنے حلقہ احباب میں پروفیسر اعجاز حسین، نوازش، رشید، زیبا، امیر، پرویز جیسے لوگوں سے کرید کرید کر شبنم کے متعلق تفتیش کرتا ہے۔ عزیز احمد نے ارشد کی اس حرکت کے پیچھے مردوں کی نفسیات کا جائزہ لیا ہے کہ مرد کتنے بھی معاشقے کرے اسے کوئی روک، ٹوک نہیں لیکن یہ وہ کبھی برداشت نہیں کرتا کہ اس کی محبت، اس کی ہونے والی شریک سفر کا تعلق اس کے علاوہ کسی اور سے ہو، شبنم کے لاکھ قسمیں کھانے اور دلائل پیش کرنے کے باوجود ارشد صرف شک وشبہ کی بناء شبنم کو اپنانے سے انکار کر دیتا ہے۔

''شبنم اور ارشد کے علاوہ ناول میں نوازش اور منظور کے کردار ہیں، ان دونوں کے یکے بعد دیگرے شبنم سے معاشقہ کی خبریں سن کر ارشد پریشان رہتا ہے، نوازش کے خطوط پڑھنے کے بعد کسی حد تک وہ مطمئن ہو جاتا ہے کہ نوازش اور شبنم میں تعلقات عقیدت کی حد سے آگے نہیں

بڑھے لیکن ایک دفعہ منظور کی کار میں شبنم کو دیکھ کر ارشد کے شبہات کو تقویت پہنچتی ہے۔ عزیز احمد نے شبنم کی زندگی کے کینوس کو وسیع کرنے ان دونوں کرداروں کو ناول میں پیش کیا ہے' اس کے علاوہ شبنم کی سہیلی امیر ارشد کی سابقہ معشوقہ زیبا' دفتر میں کام کرنے والے رشیدی صاحب' پرویز اور پروفیسر اعجاز کے کردار اپنے معاشرہ کے جز اور ناول میں پیش کردہ زندگی کی کڑیاں ہیں جن کے بغیر ناول کی تکمیل ممکن نہیں۔

شبنم میں ارشد علی خان کے ذریعہ عزیز احمد نے محبت کے اس پہلو کو پیش کیا ہے جس میں ہوس پرستی اور خواہشات کی تکمیل کے ساتھ فطرت سے دوری اور سماج و معاشرہ کے قوانین سے بیزارگی دکھائی دیتی ہے' ارشد علی خان اس زوال آمادہ معاشرہ کا ایک ایسا فرد ہے جو اپنی نفسانی خواہشات کی تکمیل کیلئے غیر فطری راستے تلاش کرنا چاہتا ہے' اس کے خیالات ملاحظہ ہوں:۔

''اعجاز صاحب کیا اچھا ہوتا کہ جب کسی مرد اور عورت میں محبت ہو جائے تو چپ چپاتے دونوں چھپ کر اس طرح شادی کر لیا کریں کہ کسی کو اطلاع نہ ہونے پائے دونوں الگ الگ رہیں اسی طرح چوری چھپے ایک دوسرے سے ملیں جیسے ناجائز محبت میں ملتے ہیں' ایسی کوشش کریں کہ اولاد نہ ہونے پائے اور جب دونوں میں سے ایک محسوس کرے کہ محبت ختم ہو رہی ہے تو جس طرح چپکے سے شادی ہوئی تھی اسی طرح چپکے سے طلاق ہو جائے۔ اگر یہ صورت ممکن ہو تو محبوبہ بیوی بننے پر بھی مجبور ہی رہ سکتی ہے''۔١٣٨

عزیز احمد کے یہ خیالات ان کی ذہنی اپچ کی بناء ظاہر ہوئے ہیں' اس طرح کے کئی غیر فطری خیالات عزیز احمد نے اپنے ناولوں میں پیش کئے ہیں جن میں سطحیت زیادہ پائی گئی ہے۔ عزیز احمد کے اسی طرح کے ناپختہ خیالات دیکھتے ہوئے کے کے کھلر لکھتے ہیں۔

''ناول (شبنم)' میں جو فلسفہ عشق پیش کیا گیا ہے وہ بھی اپنے خام پن کی وجہہ سے نوجوان طلبہ کیلئے تو قابل توجہ ہوسکتا ہے لیکن ادب کا بالغ قاری اسے سراہنے کے بجائے ناپسند ہی کرے گا''۔١٣٩

عزیز احمد کے اس طرح کے خیالات پیش کرنے کی ایک وجہہ یہ بھی ہوسکتی ہے کہ انہوں نے اپنی ناول نگاری میں محبت' جنس اور معاشرت میں بعض نئے تجربے کرنے کی کوشش کی

تھی جس کیلئے انہوں نے اس طرح کے خیالات وضع کئے تھے۔ عزیز احمد ایک ایسے دور کی نمائندگی کررہے تھے جہاں جاگیرداری ونوابی نظام کا خاتمہ ہورہا تھا نئے سیاسی حالات اور مادی ترقی کے ساتھ عیش وعشرت میں ڈوبے نوجوانوں کا ساتھ مشکل تھا اور اس طرح کے نوجوان اپنے ذہن میں زندگی اور اس کی حقیقتوں کے متعلق جو خیالات لاسکتا تھا وہ اسی طرح کے ہوسکتے تھے۔ عزیز احمد کے بیشتر نقادوں نے ان کے کرداروں کی جنسی بے راہ روی پر سخت نکتہ چینی کی ہے احتشام حسین کے بموجب:۔

"ان کے ناول جنس کے دیوتا سے آنکھ مچولی سے بھرے ہیں ان کے قریب تمام کردار خواہشات سے مسرت ہوتے ہیں...ان کی سب سے بڑی بھول یہ ہے کہ وہ جنسی زندگی کا تجزیہ کرتے ہوئے زندگی کے دوسرے بڑے بڑے مسئلوں کی طرف سے آنکھ بند کرلیتے ہیں۔ ۱۴۰

عزیز احمد کی ناول نگاری پر تنقید کرتے ہوئے شبنم کے حوالہ سے وقار عظیم بھی کچھ اس طرح کی بات کرتے ہیں:۔

"شبنم کا مطالعہ قاری کو دو متضاد نتیجے نکالنے پر مجبور کرتا ہے ایک بات جو شبنم کے جستہ جستہ حصوں میں واضح طور پر نمایاں یہ ہے کہ ناول نگاری کے حسن سے پوری طرح واقفیت بھی ہے اور وہ اسے بڑے حسن کے ساتھ برتنے پر قادر بھی ہے لیکن ساتھ ہی یہ کہ اپنے علم اور قدرت سے اُس نے سوائے سستی قسم کی پسندیدگی حاصل کرنے کے اور کوئی کام نہیں لیا"۔ ۱۴۱

عزیز احمد کے موضوعات پر نکتہ چینی کے باوجود کئی نقادوں نے ان کی ناول نگاری کی اعلیٰ ٹیکنک کی ستائش کی ہے۔ "شبنم" میں بھی عزیز احمد نے مواد کی پیشکشی کیلئے نئے طریقے اپنائے ہیں اس کیلئے انہوں نے خطوط نگاری، غزل و نظم کے اشعار اور کرداروں کے مکالمے استعمال کئے ہیں۔ "شبنم اور ارشد کے درمیان خطوط میں محبت بھرے الفاظ، اشعار بھی ہیں، دلوں کی دھڑکنیں بھی، ان میں شکوک وشبہات کا اظہار بھی ہے اور شبنم جیسی ادبی ذوق رکھنے والی کہنہ مشق ادیبہ کی جھلک بھی دکھائی دیتی ہے اور ارشد کو مختلف خطوط میں طرح طرح کے القاب سے نوازتی ہے۔ عزیز احمد نے ان خطوط کے لکھنے میں اپنی انشاء پردازی کو کمال تک پہنچادیا اور قارئین کو پتہ

ہی نہیں چلتا کہ یہ خطوط نہیں بلکہ ناول کے مواد کا ایک حصہ ہیں۔لیکن ان دونوں کے خطوط کے علاوہ نوازش کے خطوط کی ایک طویل فہرست ناول کی طوالت کا سبب بن جاتی ہے اور قارئین پر گراں گزرتی ہے اور یہی خطوط کی ٹیکنک ان کی خامی بن جاتی ہے' محبت بھرے خطوط میں عزیز احمد کا اسلوب رومانی ہو جاتا ہے اور آخر میں شبنم کے جذباتی جوابات کے ساتھ عزیز احمد اپنے اسلوب میں تبدیلی لا لیتے ہیں' ناول میں مکالمے کم ہیں' ارشد اور پروفیسر اعجاز کے مابین' محبت' عشق، جنس اور وصال کے متعلق فلسفیانہ مباحث دراصل عزیز احمد کے اپنے خیالات ہیں' جن کی تشریح و ترویج وہ جگہ جگہ کرتے دکھائی دیتے ہیں ان تمام باتوں سے قطع نظر ناول ''شبنم'' کرداروں کے نفسیاتی تجزیہ کے سلسلہ میں اہمیت کا حامل ہے۔عزیز احمد کا یہ ناول اردو ناول کے اس تشکیلی دور میں اپنی ٹیکنک اور موضوعات کی جدت اور کرداروں کی نفسیاتی تحلیل و تجزیہ کی راہوں میں سنگ میل بن جاتا ہے اور اردو ناول کی تاریخ میں اہم مقام پالیتا ہے۔

☆☆

پانچواں باب

عزیز احمد کے دیگر ناول اور ناولٹ

''برے لوگ''

اردو ناول کی تاریخ میں جہاں بھی عزیز احمد کا تذکرہ آیا ہے وہاں ان کے کم وبیش چھ ناولوں ''ہوس۔ مرمر اور خون' گریز' آگ' ایسی بلندی ایسی پستی اور شبنم کا ذکر کیا گیا اور شبنم کو ان کا آخری ناول قرار دیا گیا۔ ڈاکٹر سلیمان اطہر جاوید بھی کچھ اس طرح کی بات کہتے ہیں:۔

''عزیز احمد نے شبنم' کے بعد کوئی ناول نہیں لکھا من بعد انہوں نے چار ناولٹ لکھے''۔ ۱۴۲

لیکن انہوں نے ان چار ناولٹ کے نام نہیں لکھے۔ ڈاکٹر مرزا حامد بیگ نے اکادمی ادبیات پاکستان اسلام آباد (دسمبر 1991ء) سے شائع کردہ اپنی کتاب ''اردو افسانے کے روایت'' 1903ء تا 1990' ص 376۔375 میں عزیز احمد کے حالات زندگی اور ان کی تصنیفات کا ذکر کرتے ہوئے ان کے تین ناولٹ کے نام بھی گنائے ہیں نمبر ایک مثلث' نمبر دو خدنگ جستہ' نمبر تین ''جب آنکھیں آہن پوش ہوئیں'' ان میں سے آخر الذکر ناولٹ ہی دستیاب ہے اول الذکر دو ناولٹ نایاب ہیں۔

عزیز احمد کے ناولوں میں شبنم آخری ناول نہیں بلکہ اس کے بعد بھی عزیز احمد نے دو ناول اور لکھے تھے' ایک ناول ''تری دلبری کا بھرم'' ہے جس کا ذکر مرزا حامد بیگ نے بھی کیا ہے اور دوسرا ناول ''برے لوگ'' ہے۔ عزیز احمد کے ناول بہت کم دستیاب ہیں' اس لئے گمنامی میں پڑے ہوئے ہیں۔ ''برے لوگ'' ''تری دلبری کا بھرم'' او چند ناولٹ خدنگ جستہ' جب آنکھیں آہن

پوش ہوئیں اور مثلث کے بعد عزیز احمد نے ناول نگاری ترک کردی تھی اور اپنے آپ کو اسلامی و انگریزی ادب سے منسلک کر دیا تھا' زیر نظر کتاب میں ناول ''برے لوگ'' پر پہلی مرتبہ تبصرہ پیش کیا جارہا ہے۔ ناول پر سنہ اشاعت درج نہیں ہے لیکن قیاس کیا جاسکتا ہے کہ یہ ناول 60-1955ء کے درمیان لکھا گیا ہوگا۔ پہلی مرتبہ اسے ناشر سلطان احمد تاجر کتب اردو بازار دہلی نے خواجہ پریس دہلی سے شائع کرایا ہے۔ عزیز احمد کے ابتدائی دو ناولوں ''ہوس'' اور ''مرمر اور خون'' کی طرح یہ بھی ایک مختصر ناول ہے جس کے صفحات کی کل تعداد 128 ہے۔ ناول کے موضوعات اسلوب' کردار نگاری' مخصوص طرز بیان اور دوسرے عناصر کے تجزیہ کے بعد بخوبی اندازہ ہوجاتا ہے کہ یہ عزیز احمد کا ہی ناول ہے۔ عزیز احمد کے حالات زندگی سے پتہ چلتا ہے کہ تقسیم ہند و ریاست حیدرآباد کے انضمام کے بعد 1949ء میں وہ پاکستان ہجرت کر گئے تھے' اور وہاں تقریباً 12 سال قیام کے بعد برطانیہ چلے گئے تھے' ''برے لوگ'' کا بنیادی موضوع تقسیم ہند کے بعد وقوع پذیر ہونے والے حالات و اثرات ہیں جو اس وقت برصغیر کے لوگوں پر خاص طور سے سرحد کے اطراف رہنے والوں کی زندگی پر پڑے تھے۔

زندگی شکست و ریخت' نشیب و فراز سے شائد ہی کسی وقت دوچار ہوئی ہوگی جتنی اس وقت دوچار تھی' بڑے پیمانے پر لوگوں کی ہجرت' ہندو مسلم فسادات' معصوم' عورتوں کا اغوا' عصمت ریزی اور مظالم' انسان کا انسان سے ڈر جانا بڑے پیمانے پر معاشی بدحالی یہ ایک بڑی سماجی تبدیلی تھی جس کے انمٹ نقوش آج بھی لوگوں کو یاد ہیں اور اس یاد کو پراثر بنا کر محفوظ رکھنے میں اردو شعر و ادب' ناول و افسانوں نے بھی اہم رول ادا کیا ہے۔ اسی سلسلہ کی ایک کڑی عزیز احمد کا یہ ناول ''برے لوگ' ہے اس میں انہوں نے تقسیم ہند کی تباہ کاریوں سے متاثرہ چند نوجوانوں کی زندگی کا تجزیہ نفسیاتی طور پر پیش کیا ہے۔

اس ناول میں شمع اور نسرین دو ایسی لڑکیوں کی داستان الم رقم ہے جو تقسیم کے وقت چند درندہ صفت لوگوں کا شکار ہوجاتی ہیں۔ اس کے ساتھ سکندر نامی ایک نوجوانوں کی زندگی کے احوال بھی پیش ہوئے ہیں جو آزاد وطن کی نوید سن کر ہندوستان سے سرحد پار چلا جاتا ہے' جہاں طرح طرح کی مشکلات اور معاشی بدحالی کے سبب وہ زندگی کی فطری خوشیوں سے محروم ہوجاتا ہے اور غلط راہ پر چل پڑتا ہے بالآخر شمع سے ملاقات کے بعد نسرین سے متعارف ہوتا

ہے۔عزیز احمد نے ناول میں شعور کی رو کی ٹیکنک استعمال کرتے ہوئے سکندر، شمع اورنسرین کی زندگی کے ماضی کو پیش کرتے ہوئے ناول کو آگے بڑھاتے ہیں، شمع جسم فروشی کے ذلیل پیشہ میں طویل عرصہ گذارنے کے بعد ایک ہمدرد شاعر کی محبت میں گرفتار ہو جاتی ہے اور دونوں شادی کیلئے رضا مند ہو جاتے ہیں۔ سکندر اور نسرین کی موجودہ حالت کی ذمہ داری وہ خود نہیں بلکہ ظالم سماج ہے اور نسرین کے رونگھٹے کھڑا دینے والے حالات سننے کے بعد اسے معلوم ہوتا ہے کہ وہ ایک تعلیم یافتہ گھرانے کی مظلوم لڑکی ہے اور مجبوراً جسم فروشی پر آمادہ ہے۔ اس کے اندر بھی ایک مشرقی عورت کا دل ہے اور اس کے جذبات پاکیزہ ہیں تو وہ (شمع اور شاعر کی شادی پر رضامندی کے ساتھ) نسرین کا ہاتھ شادی کیلئے تھام لیتا ہے اس طرح یہ ناول انجام کو پہنچتا ہے۔

''برے لوگ'' میں عزیز احمد نے زیادہ تر نفسیاتی کشمکشوں کو پیش کیا ہے، اس طرح یہ ایک نفسیاتی ناول بن کر رہ گیا ہے، اس کیلئے انہوں نے تحلیل نفسی کے اصول کو اپناتے ہوئے کرداروں کی نفسیات کی گرہ کشی کی ہے۔ ناول کے نظریہ حیات کے سلسلہ میں انہوں نے زندگی جنس معاشرہ کے بارے میں تقریباً وہی خیالات دہرائے ہیں جو انہوں نے اپنے ابتدائی ناولوں ''ہوس'' ''مرمر اور خون'' اور ''گریز'' میں پیش کئے تھے۔ ناول میں سب سے تعجب خیز بات اس کا خاتمہ بالخیر ہے۔ عزیز احمد کے بیشتر ناولوں میں کردار محبت کے غیر فطری نظریہ کو پیش کرتے ہوئے جنسی گھٹن میں مبتلا یا جنسی بے راہ روی میں ڈوبے دکھائی دیتے ہیں یا نا آسودگی کے سبب اپنی زندگی سے غیر مطمئن دکھائی دیتے ہیں، ان کرداروں میں جیسے ہوس کا نسیم اور گریز کا نعیم حسن میں معاشرہ کی فطری قوانین سے بیزارگی دکھائی دیتی ہے اور وہ اپنی خواہشات کی تکمیل کو ہی فوقیت دیتے ہیں ان پر سماج یا معاشرہ کی کسی ذمہ داری کا کوئی احساس ہی نہیں دکھائی دیتا لیکن ''برے لوگ'' میں سکندر اور نسرین کا شادی کیلئے راضی ہو جانا ایک غیر معمولی واقعہ ہے اور سکندر عزیز احمد کے ناولوں میں پہلا کردار بن جاتا ہے جو اپنی ہوس پوری ہونے کے بعد بھی کسی لڑکی کو ٹھکراتا نہیں دیتا بلکہ اس کی غم زدہ زندگی کے غم بانٹتے ہوئے اسے اپنا شریک غم بناتا ہے اس سے شادی پر رضا مند ہو جاتا ہے اور زندگی کے مثبت، صحت مند اور فطری نقطہ نظر کی عکاسی کی ہے۔

ناول کے پیش کردہ ماحول سے پتہ چلتا ہے کہ عزیز احمد نے پاکستان جانے کے بعد وہاں پر پہنچنے والے ہندوستانیوں کی پریشان حال زندگی دیکھ کر یہ ناول تحریر کیا ہے۔ ناول میں

متذکرہ مقامات جیسے صدر بازار، لالوکھیت، کلفٹن کی بندرگاہ کے نام پڑھنے کے بعد یہ بخوبی اندازہ ہوتا ہے کہ تقسیم کے بعد بڑے پیمانے پر ہندوستان سے مسلمان مہاجرین جب پاکستان پہنچے تو ان کی بازآبادکاری کراچی سندھ کے علاقہ میں ہی عمل میں آئی تھی۔

عزیز احمد کے ناولوں میں کردار نگاری بلند پائے کی ہوتی ہے۔ ''برے لوگ'' میں بھی عزیز احمد نے سکندر، شمع اور نسرین کے کرداروں کو فنکاری سے پیش کیا ہے اور ان کرداروں کو پیش کرنے اور ان کی زندگی کی جزئیات کو حقیقی رنگ دیئے میں انہوں نے تحلیل نفسی کے اصول کو اپنایا ہے.... اس ناول کا مرکزی کردار سکندر ہے، یہ ایک ایسا نوجوان ہے جو آزاد وطن میں سانس لینے کا خواب لئے اپنے آبائی مقام الہ آباد سے ماں باپ کو اور اپنی بی اے فائنل کی تعلیم ادھوری چھوڑ کر سرحد کی طرف چل پڑتا ہے۔ والدین کاروبار کی وجہ سے نقل مقام نہیں کر پاتے، سکندر بڑی مشکلات اور راستہ کی صعوبتیں برداشت کرتے ہوئے کسی طرح سرحد کے اس پار پہنچنے میں کامیاب ہو جاتا ہے۔ مہاجر کیمپ میں چند دن رضا کارانہ طور پر خدمت انجام دینے کے بعد نوکری کی تلاش شروع کر دیتا ہے اور لوگوں کی طرح وہ بھی ایک غیر مسلم کے فلیٹ کو اپنے نام کروانے میں کامیاب ہو جاتا ہے۔ سکندر کے یہاں تک حالات اس وقت تقریباً سبھی مہاجرین کو پیش آئے تھے۔ چنانچہ سکندر کردار بھی اس نوعیت سے اپنے عہد کا عکاس بن جاتا ہے۔ مختلف دفترں و میں چھوٹی چھوٹی نوکریاں کرتے کرتے اور ہوٹل کا کھانا کھا کر سکندر اکتا جاتا ہے، اور اپنی عمر کے فطری تقاضے کے تحت وہ شادی کرنے اور گھر بسانے کیلئے فکرمند رہتا ہے لیکن اکیلا ہونے اور معاشی تنگی کے سبب وہ اپنے ارادہ پر عمل نہیں کر پاتا، صدر بازار میں ایک دفعہ شمع نامی بازاری عورت سے مڈبھیڑ کے بعد وہ غلط راہوں پر چل پڑتا ہے، سکندر جیسے نوجوانوں کے جذبات کو بھڑکانے میں اس طرح کی لڑکیاں اہم رول ادا کرتی ہیں۔ شمع بے باکی سے سکندر کو ہوٹل کی کیبن میں لیجاتی اور کچھ وقت گذارتی ہے، پہلی مرتبہ عورت سے اس طرح کی قربت سکندر کی اکیلی زندگی میں انقلاب برپا کر دیتی ہے، اور وہ اپنی اس حرکت کو فطری تقاضہ سمجھ کو اس کے موافق دلیلیں سوچنے لگتا ہے یہاں پر سکندر کی ذہنی کشمکش کو ملاحظہ فرمائیے:۔

> ''اگر بھوکے کو روٹی نہ ملے تو وہ بالآخر چوری کو جائز قرار دیتا ہے کیونکہ انسان ذہن کو ہر چیز کے حق میں اور خلف دلیلیں مل جاتی ہیں انسان کے

کردار کو بچانے کیلئے انتہائی ضروری ہے کہ اس کی جائز ضرورتوں کو پورا کر دیا جائے ورنہ افراد اور جماعت دونوں گناہوں اور بدیوں کے شکار ہوئے بغیر نہیں رہ سکتے' صرف یہ کہہ دینے سے کہ چوری نہ کرو چوری ختم نہیں ہوسکتی صرف یہ فتوی صادر کر دینے سے کہ کسبیوں کے پاس مت جاؤ اس علت کا ازالہ نہیں ہوسکتا' اس کیلئے ان بنیادی وجوہات کا دور کر دینا ضروری ہے جو انسان کے ہاتھ پکڑ کر انہیں کشاں کشاں تاریکیوں میں لے جاتی ہیں''۔۱۴۳

اس طرح کے خیالات پیش کرتے ہوئے عزیز احمد نے سکندر کے کردار میں زندگی کے حقیقت سے فراریت کو پیش کیا ہے۔ جب کسی قوم کے افراد میں بے عملی اور معاشرہ میں برائیاں حد سے بڑھ جاتی ہیں تو اکثر نوجوانوں کے ذہن میں اس طرح کے خیالات پیدا ہوتے ہیں۔

سکندر' شمع کے بہکاوے میں آکر شراب نوشی وسگریٹ نوشی شروع کر دیتا ہے اور ہر ماہ جب کہ اس کی جیب گرم ہوتی ہے وہ شمع جیسی دوسری لڑکیوں کے ہاں جا کر سکون قلب تلاش کرتا ہے۔

ایسے ہی ایک موقع پر شمع کے ذریعہ اس کی ملاقات نسرین نامی ایک لڑکی سے ہوتی ہے جو شمع کی سہیلی ہے اور نا مساعد حالات کے سبب طوائف بن بیٹھتی ہے۔ ابتداء میں سکندر اور نسرین کی ملاقاتیں تسکین جذبات کی حد تک ہوتی ہیں اور سکندر بھی مطلب پرست کی طرح نسرین سے محبت کے جھوٹے دعوے کرتا ہے اور دام چکا کر جانے لگتا ہے' لیکن بہت جلد اسے پتہ چل جاتا ہے کہ وہ عام جسم فروش لڑکی نہیں بلکہ مصیبت کی ماری مظلوم ہے اور اسے سچے پیار کی تلاش ہے۔ نسرین' سکندر کی دیکھ بھال کرتی ہے اور اسے نوکری سے متعلق مفید مشورے دیتی ہے' سکندر بھی محسوس کرنے لگتا ہے کہ اسے جس معیار کی لڑکی کی تلاش تھی وہ نسرین ہی ہے۔ سکندر' نسرین سے ملاقات کے بہانے اس کے گھر آنے لگتا ہے اور دونوں میں دوستانہ تعلقات قائم ہو جاتے ہیں۔ نسرین کے ماضی کے حالات سننے کے باوجود اس کے دل کی پاکیزگی کو اہمیت دیتا ہے:۔

''کئی مرتبہ اس کا جی چاہا کہ نسرین کے ساتھ لپٹ کر سو جائے اور اس سے پہلے کی اور اس سے بعد کی تمام باتیں ذہن سے نوچ کر پرے پھینک دے'

اس کے اندر سے کوئی سفلی جذبہ بار بار کہہ رہا تھا' پگلے نسرین جانتی ہے کہ تم کیوں یہاں ٹھہرتے ہو وہ آخر کار ایک.... سکندر تڑپ کر اٹھ بیٹھا نہیں یہ سب واہیات ہے وہ اب بھی کنواریوں کی طرح مقدس ہے اس نے آج تک میرے ساتھ کبھی اس قسم کی بات چیت نہیں کی جس سے ثابت ہو سکے کہ وہ مجھے گاہک سمجھتی ہے اور خود مجھے کبھی کسی بھی لمحہ دکاندار معلوم نہیں ہوئی''۔۱۴۴؎

نسرین کے برتاؤ کے سبب سکندر کے دل میں اس طرح کے خیالات آتے ہیں اور سکندر نسرین سے واقعی محبت کرنے لگتا ہے' ایک دفعہ سکندر اور نسرین سیر و تفریح کیلئے نکلتے ہیں۔ سکندر نسرین سے کہتا ہے:۔

''میں تمہارے بغیر تنہائی محسوس کرتا ہوں' مجھے تم سے محبت ہے' جو کچھ گذر گیا اسے بھول جاؤ' اب اس کی کوئی اہمیت نہیں ہے حالات اگر بدی کی طرف لے جاتے ہیں تو نیکی کی طرف بھی لے جا سکتے ہیں' جب تک ضمیر زندہ رہے کسی انسان پر برا ہونے کا عصمت یافتہ ہونے کا فتویٰ صادر نہیں کیا جا سکتا' یہ آنسو پونچھلو اور یہ یاد رکھو کہ میں بھی تم سے بہتر ہستی نہیں ہوں' میں نے کبھی کوٹھے کی خاک چھانی ہے اگر ہم گنہگار ہیں تو دونوں گنہگار ہیں''۔۱۴۵؎

سکندر اپنے خیالات پیش کرنے کے بعد ناول کے آخر میں شمع و شاعر کی طرح نسرین کا ہاتھ شادی کیلئے تھام لیتا ہے' اس طرح ناول میں سکندر کا کردار منفی رجحانات سے مثبت رجحانات کی جانب ترقی کرتا ہے۔ اس کی زندگی میں مایوسی اور بے عملی کو دور کرنے میں شمع اور نسرین دونوں کا اہم رول ہے۔ سکندر کا نسرین کے ساتھ بدلتا ہوا رویہ عزیز احمد کی کردار نگاری میں اہم موڑ ہے اور سکندر عزیز احمد کے کرداروں میں ایک مثبت کردار بن کر ابھرتا ہے۔

سکندر کے علاوہ ''برے لوگ'' میں دوسرا اہم کردار نسرین کا ہے ناول کی حقیقی زندگی میں نسرین ایک پیشہ کرنے والی عورت کی طرح پیش ہوتی ہے اور سکندر سے ابتدائی ملاقاتوں میں عام گاہکوں کی طرح پیش آتی ہے لیکن سکندر کی ہمدردانہ اور جذباتی گفتگو اور اس کی جانب التفات

سے وہ اپنی پچھلی زندگی سے پردہ اٹھاتی ہے' نسرین کے ماضی کے حالات سنانے میں عزیز احمد شعور کی رو کی ٹیکنک استعمال کرتے ہیں' نسرین کے احوال بھی تقریباً ان سبھی مظلوم لڑکیوں جیسے ہی جنہیں تقسیم کے موقع پر ہوئے فسادات میں ظلم و بربریت کا سامنا کرنا پڑا تھا' فسادات میں نسرین کی آنکھوں کے سامنے اس کے والدین اور بہن کا قتل ہوجاتا ہے اور وہ اغوا کرلی جاتی ہے' ایک سال تک ظالموں کے مظالم سہتی ہے' اور آخر کار برآمد کرلی جاتی ہے اور پاکستان پہنچ جاتی ہے جہاں پر مظالم کا سلسلہ جاری رہتا ہے اور وہ مجبوراً پھر سے جسم فروشی پر مجبور ہوجاتی ہے ایک ہمدرد آدمی کے ذریعہ ایک نواب صاحب کے ہاں ملازمت مل جاتی ہے لیکن بہت جلد نواب صاحب بھی مرد کی فطرت کے اصل رنگ دکھاتے ہیں۔ نسرین اپنے ہونے والے بچہ کا خاتمہ کردیتی ہے جس کے عوض نواب صاحب رہنے کیلئے اسے مکان دیتے ہیں' اُسی مکان میں سکندر سے اس کی ملاقات ہوتی ہے' نسرین اپنی داستان الم سناتے ہوئے بار بار جذباتی ہوجاتی ہے وہ کہتی ہے کہ:۔

''وہی نوچا کھسوٹی وہی جذبات اور جسم کی توہین وہی روح کا قتل میری داستان میں بار بار یہی ایک دور آتا ہے''۔[۱۴۶]

ناول میں نسرین کا سکندر کے ساتھ برتاؤ جذباتی نوعیت کا سا ہے سکندر جب نسرین سے سچی محبت کی تلاش کا تذکرہ کرتا ہے تو نسرین جو کہ زندگی کے تلخ حقائق سے دوچار ہونے کے تجربات کی بھٹی میں کندن بن جاتی ہے کہتی ہے:

''محبت'' وہ ہنس پڑی اور اس ہنسی میں بڑا طعن تھا' محبت صرف شاعری میں پائی جاتی ہے یہاں محبت نام کی کوئی چیز نہیں بکتی' یہاں صرف جسم بکتا ہے' میرے جسم کی قیمت روپے ہے''۔[۱۴۷]

لیکن بہت جلد سکندر کا اس جانب محبت بھرا ہمدردانہ التفات اور دونوں کا ایک دوسرے کے ساتھ سیر و تفریح کرنا' نسرین کے خیالات میں بہت بڑی تبدیلی لاتا ہے' ناول میں نسرین ایک مضبوط کردار کی حامل لڑکی کے طور پر پیش ہوتی ہے' زمانہ کے سخت ترین حوادث کا شکار ہونے کے باوجود زندگی کے بارے میں اس کا نظریہ مثبت رہتا ہے اور وہ مرد ذات سے مرعوب ہونے کے بجائے اپنے تجربہ کی بناء پر اسے راہ راست پر لانے کی کوشش کرتی ہے۔

ناول میں نسرین کی ساتھی شمع کا بھی کردار اہم ہے۔ ابتداء میں شمع کے کردار کو ایک بے

باک طوائف کے طور پر پیش کیا گیا ہے۔ سکندر سے پہلی مدبھیڑ میں وہ کہتی ہے:

''بس ڈر گئے؟ اس نے آنکھیں گھما کر اس کے چہرے پر گاڑتے ہوئے کہا' پھر وہ بولی ''سالہ وہ کل والا آدمی بھی بہت ڈرتا تھا پر رات بھر میری ہڈی پسلی ایک کر کے رکھدی اس نے' یہ مرد لوگ بہت حرامی ہوتے ہیں... تم یوں میری طرف ٹکر ٹکر کیا دیکھ رہے کہیں چلنا ہے تو چلو نہیں تو اپنا راستہ ناپو''۔

لیکن شمع جب سکندر کو اپنے احوال سناتی ہے اور کہتی ہے کہ کس طرح ایک شاعر کی محبت میں گرفتار ہوتی ہے تو اس کے کردار میں تبدیلی واقع ہو جاتی ہے' شاعر کے جیل سے چھوٹنے کی خوشی میں وہ خریداری کرتی ہے اور اس کا استقبال کرتی ہے آخر میں شمع و شاعر اپنی شادی کی خوشخبری سنانے نسرین کے گھر آتے ہیں...

برے لوگ میں عزیز احمد کرداروں کے درمیان گفتگو کے ساتھ بعض دفعہ اپنے مخصوص نقطہ نظر کا اظہار بھی کر جاتے ہیں' ایک جگہ ترقی پسندی کا ذکر یوں کرتے ہیں:

> ''یہ ترقی پسند کیا ہوتے ہیں؟ شمع نے آ کر اس کے پاس بیٹھتے ہوئے پوچھا ''ہوتے ہیں تو آدمی ہی'' سکندر نے جواب دیا' مگر یہ عموماً عورتوں کی زلفوں کی تعریف کرنے کے بجائے مزدوروں اور کسانوں کے پھاوڑے کے گیت گایا کرتے ہیں۔ یہ لوگ جاگیرداروں اور سرمایہ داروں کے سخت خلاف ہوتے ہیں اور یہ بھی سنا ہے کہ حکومت کے خلاف لکھتے ہیں' بعض لوگ کہتے ہیں یہ لوگ اصل میں کمیونسٹ ہوتے ہیں.... یہ لوگ مذہب کو نہیں مانتے اور مادہ پرست ہوتے ہیں سنا ہے یہ روس کی طرح حکومت ہر جگہ قائم کرنا چاہتے ہیں''۔ [۱۴۸]

عزیز احمد نے اپنے دوسرے ناولوں جیسے گریز' آگ وغیرہ میں بھی ترقی پسندی کے خیالات پیش کیا ہے جس سے یہ بات کھل کر واضح ہو جاتی ہے کہ وہ کمیونسٹ خیالات کی بھرپور تائید و تبلیغ کرتے ہیں' عزیز احمد تقسیم ہند کے موقع پر ہونے والے فسادات کو وقت کا المیہ قرار دیتے ہیں:

> ''جو لوگ حالات کو سمجھنے کی اہلیت نہیں رکھتے وقت اُن کے ساتھ کسی قسم کی

رعایت نہیں برتتا۔ وقت ایک ظالمانہ فعل ہے اور زندگی اور احساس سے مطلقاً عاری ہے''۔ ۱۴۹

''برے لوگ'' چونکہ تقسیم ہند کے فسادات کے پس منظر میں لکھا گیا ہے اس لئے اس میں جذبات نگاری کے پر اثر نمونے ملتے ہیں۔ شمع اور نسرین کے ماضی کے احوال پیش کرتے ہوئے عزیز احمد جذباتی اسلوب اختیار کرتے ہیں نسرین اپنی داستان سناتے ہوئے اپنے جذبات کا اظہار یوں کرتی ہے:

''کیمپ کی زندگی کے دوران میرے ساتھ جو سلوک ہوا یہ ایک الگ داستان ہے لیکن خود میری اپنی نفسیات بڑی تکلیف دہ تھی لوگ میری طرف رحم اور ہمدردی کے ساتھ بھی پیش آئے ہونگے' اُن کی نگاہ میں خلوص بھی ہوگا مگر خود مجھے ہر ہر نگاہ جسم کے آر پار ہوتی ہوئی معلوم ہوتی تھی' ہر چہرہ ایک گھونسہ کے طرح میرے سامنے بنا ہوا تھا' مجھے یوں لگتا جیسے ہر آدمی مجھے دیکھ کر دل ہی دل میں کہہ رہا ہے یہ لڑکی بہت سے مردوں کے تصرف میں رہ چکی ہے''۔ ۱۵۰

نفسیاتی ناول میں منظر نگاری اہم نہیں ہوتی لیکن عزیز احمد زندگی کے مختلف رنگوں کو پیش کرتے ہوئے منظر نگاری اور جزئیات نگاری سے بھی کام لیتے ہیں ایک منظر ملاحظہ ہو:۔

''شام کی رنگت سیاہ پڑ چکی تھی اور باغ کی گہما گہمی کم ہو رہی تھی' باغ کی روشوں پر پڑی بنچوں پر لوگ سوئے ہوئے تھے اور بیٹھے گپیں ہانک رہے تھے گاہے گاہے کہیں سے ''تیل مالش'' کی آواز گونج اٹھتی چاند چودھویں کا نہیں تھا' مگر خوب روشن تھا اور آسمان کے ایک سرے سے آہستہ آہستہ بلند ہو رہا تھا۔ اس کی دودھیا اور خشک روشنی میں درختوں کے سائے پھیل رہے تھے اور ماحول اپنی تمام تر غلاظتوں کے باوجود مقدس ہو گیا تھا''۔ ۱۵۱

ٹیکنک کے اعتبار سے بھی ''برے لوگ'' اہم ناول ہے' اس میں عزیز احمد نے تخیل نفسی کے ذریعہ کرداروں کی زندگی کے پیچ و خم پیش کئے ہیں اور ان کی زندگی میں جھانکنے کی کوشش کی ہے۔

اس کے ساتھ ساتھ شعور کی رو کی ٹیکنک کے ذریعہ کرداروں کے ماضی سے پردہ اٹھایا ہے اس انداز میں واقعات پیش کرنے سے قاری کا تجسس بھی قائم رہتا ہے۔ ''برے لوگ'' کی ایک اور اہم خصوصیت یہ رہی ہے کہ اس میں عزیز احمد نے تاریخ کے اہم واقعہ ''تقسیم'' کو پس منظر کے طور پر استعمال کرتے ہوئے اپنے مواد کو پیش کیا ہے۔ عزیز احمد کی ناول نگاری کی یہ خصوصیت رہی ہے کہ اس میں تاریخی شعور پایا جاتا ہے اور ان کے ناول حقیقی زندگی کا ایک حصہ ہوتے ہیں۔

''برے لوگ'' کی ایک اور خصوصیت اس کا تعجب خیز اختتام ہے۔ جب شمع اور شاعر اپنی شادی کی دعوت دینے نسرین کے گھر آتے ہیں اور سکندر کہتا ہے۔ ''ذرا ٹھہریئے اس نے بھاری اور جذباتی انداز میں کہا کہ'' وہ لوگ رک گئے اور اس کی طرف دیکھنے لگے' سکندر نے آگے بڑھ کر نسرین کا ہاتھ پکڑ لیا'' ہم بھی تمہاری ساتھ چل رہے ہیں''۔

ناول کے اس خوشگوار انجام کو دیکھ کر ناول کا عنوان کچھ عجیب سا لگتا ہے کیونکہ اس میں پیش کردہ کردار حالات کی وجہہ سے برے ہوئے ہیں' جس کیلئے سماج اور معاشرہ زیادہ ذمہ دار ہے۔ ناول کے ابتدائی حصہ میں جب کہ شمع و نسرین کی جسم فروشی کے تذکرے ہیں اور سکندر کی بے راہ روی کا ذکر ہے عزیز احمد جنسیات کے موضوع پر اپنے مخصوص رنگ میں دکھائی دیتے ہیں۔ اس سے قطع نظر ''برے لوگ'' کردار نگاری اور جذبات نگاری کا ایک اعلیٰ نمونہ بن جاتا ہے اور تقسیم ہند کے اثرات پر لکھے گئے ناولوں کی فہرست میں ایک کامیاب ناول کے طور پر شامل ہو جاتا ہے۔

☆☆

’’تری دلبری کا بھرم‘‘

’’برے لوگ‘‘ کے علاوہ عزیز احمد کا جو ناول دستیاب ہوا ہے اس کا نام ’’تری دلبری کا بھرم‘‘ ہے عزیز احمد کے ناولوں میں یہ آخری ناول ہے۔اس کے بعد عزیز احمد نے کوئی ناول نہیں لکھا‘ چند ایک ناولٹ لکھنے کے بعد عزیز احمد نے اپنے آپ کو اسلامیات اور انگریزی ادب کیلئے وقف کردیا تھا۔

’’تری دلبری کا بھرم‘‘ پہلی بار 1964ء میں شائع ہوا۔اس کے ناشر میر اینڈ کمپنی اردو بازار دہلی ہیں اس ناول کی ضخامت ایک سو ساٹھ 160 صفحات ہے۔

عزیز احمد کی ناول نگاری کے جائزے میں یہ بات خصوصیت سے واضح ہوتی ہے کہ ان کے ناولوں میں ان کا مطالعہ‘ مشاہدہ وسیع تجربہ اور علمیت ضرور شامل ہوتے ہیں۔عزیز احمد کسی مقام یا افراد کے بارے میں اس وقت تک نہیں لکھتے جب تک ان کا عمیق مشاہدہ نہ کرلیں‘ 1957ء تا 1962ء میں وہ انگلستان میں مقیم تھے‘ چنانچہ ان کا ناول ’’تری دلبری کا بھرم‘‘ برطانوی زندگی سے متعلق ہے۔اس ناول کا بنیادی موضوع مشرق و مغرب کے لوگوں کی زندگی کا فرق پیش کرنا ہے اس ناول میں عزیز احمد نے نسل پرستی اور رنگ و نسل‘ مذہب و تہذیب کی بنا لوگوں میں تفریق‘ پاکستانی نوجوانوں کی انگلستان میں آزادی‘ ایشیائی تارکین وطن کے مسائل‘ طرح طرح کے لوگوں کے جذبات و خیالات غرض مختلف موضوعات پر فلسفیانہ مباحث کے ذریعہ وہاں کی زندگی کے مختلف رنگوں کو پیش کیا ہے اس کے علاوہ مشرق کے اعلیٰ تہذیبی و اخلاقی اقدار کے ساتھ وہاں کے لوگوں کی اخلاقی گراوٹ اور مغرب میں نسلی امتیاز برتنے والوں کے باوجود لوگوں میں مشرق و مشرقی اقدار سے دلچسپی کے تضاد کو مخصوص انداز میں پیش کیا ہے۔اس ناول میں کوئی

بنیادی قصہ نہیں بلکہ عزیز احمد نے اپنے اطراف کے ماحول سے چند کردار منتخب کیے ہیں اور ان سے بات چیت کے ذریعہ ان کے احوال پیش کرتے ہوئے مختلف موضوعات کے تحت ناول کے مواد کو پیش کیا ہے۔

ناول کے پلاٹ کو قائم رکھنے اور اُسے کمزوری سے بچانے کیلئے عزیز احمد نے اس میں دو کرداروں کو مرکزی حیثیت دی ہے ان میں سے ایک ڈاکٹر جمشید علی خان ہیں جو ڈاکٹر ''جم'' سے مشہور ہیں۔ دوسرے ان کی انگریز نژاد اور ہم پیشہ بیوی ڈاکٹر کرسٹل ہیں جو ڈاکٹر ''کرس'' کے نام سے مشہور ہے۔ اس ناول میں ڈرامے کے اسٹیج کی طرح عزیز احمد نے ڈاکٹر جمشید اور ڈاکٹر کرس کے کلینک کو استعمال کیا ہے' جہاں مختلف بیماریوں کے مریض آتے ہیں اور اپنی بیماری جو کہ جسمانی بھی ہوتی ہے نفسیاتی بھی ہوتی ہے اور روحانی بھی کے احوال سناتے ہوئے مختلف طرز ہائے فکر کو پیش کرتے ہیں اور اپنا کردار ادا کرتے چلے جاتے ہیں۔

ناول کے مرکزی کرداروں میں سے ایک ڈاکٹر جمشید علی خان ہے جو انگریزی حلقوں میں ڈاکٹر جم کے نام سے مقبول ہیں' انہوں نے یونیورسٹی کالج اسپتال سے 1929ء میں ڈگری لی تھی لندن میں ان کی مقبولیت ایشیائی حلقوں میں زیادہ تھی' اپنی انگریز نژاد بیوی ڈاکٹر کرسٹل کے ساتھ بیس سالہ خوشگوار ازدواجی زندگی گذارتے ہوئے انگلستان میں پیشہ طب سے وابستہ ہیں۔ اور روزانہ مختلف مریضوں کے علاج کرتے ہوئے ان کی دوائیں تجویز کرتے ہیں اور اس کے ساتھ ساتھ ان سے باتیں کرتے ہوئے اور انہیں ماہرانہ مشورے دیتے ہیں۔

ناول کا دوسرا مرکزی کردار ڈاکٹر کی بیوی ڈاکٹر کرسٹل براؤن ہیں' جو مسز خان کی حیثیت سے مشہور ہیں۔ دونوں آپس میں ایک دوسرے کو جم اور کرس کے نام سے پکارتے تھے۔ کرسٹل براؤن کو بچپن ہی سے مشرق اور مشرقی لوگ بہت پسند تھے' ان کے بال کالے تھے اور اسی طرح کے لڑکے انہیں پسند تھے برطانیہ کے سرد موسم کے مقابلہ میں انہیں گرم ممالک کی آب و ہوا پسند تھی' چنانچہ ڈاکٹر جمشید سے شادی کے بعد انہوں نے طویل عرصہ لاہور میں گذارا' عزیز احمد دونوں کی شادی شدہ زندگی کا تجزیہ کرتے ہوئے لکھتے ہیں:

> ''یہ دونوں میاں بیوی جمشید اور کرسٹل جو دنیا کے دو کناروں کے رہنے
> والے تھے اور جنہوں نے بیس سال ایک ساتھ گذارے تھے صرف دو

چیزیں ان کے درمیان مشترکہ تھیں ایک تو انسان کی جنسی کشش جو انہیں
ایک دوسرے کے قریب کھینچ لاتی ہے اور دوسرے ان کا پیشہ ڈاکٹری، جس
نے انہیں ایک دوسرے سے الگ نہ ہونے دیا تھا"۔ ۱۵۲؎

جدا جدا رنگ و نسل اور مختلف مذاہب کے ہونے کے باوجود دونوں میں گہری محبت تھی جس کا اظہار وہ آپسی گفتگو اور چھیڑ چھاڑ کے ذریعہ کرتے ہیں دونوں کے معمولات کے بارے میں عزیز احمد لکھتے ہیں:

"روز ٹھیک نو بجے صبح کو جے اے خان اور ڈاکٹر کرسٹل خان کے انفرادی
وجود ختم ہو جاتے تھے، اتوار کے سوا ہر روز ان دونوں کی جگہ کوئی اور دو مشینیں
لے لیتی جو اپنے آپ اور اپنے مسائل میں نہیں دوسروں میں محو ہو جاتیں،
مریضوں میں دو آئینے تھے جن میں جراثیم کی ستم ظریفیں جھلکتیں، دو عکس گیر
کیمرے تھے، دو حساس آلے تھے، جو دل کی دھڑکنیں ناپتے اور یہ سلسلہ
شام تک رہتا"۔ ۱۵۳؎

"تری دلبری کا بھرم" میں ڈاکٹر جمشید اور کرسٹل مرکزی کردار نبھاتے ہوئے اپنے کلینک میں آئے مریضوں سے احوال سنتے ہیں، اس طرح عزیز احمد نے اپنے ناول کو آگے بڑھایا ہے، سب سے پہلے ماسٹر اقتدار الاولیاء آتے ہیں، یہ بنگلہ دیشی ہیں جو اُس وقت مشرقی پاکستان کہلاتا تھا ان کی عمر 26 برس ہے اور جاٹگام کے ایک مدرسہ میں ہیڈ ماسٹر ہوتے ہوئے لندن یونیورسٹی کے انسٹی ٹیوٹ آف ایجوکیشن میں ایم اے کے طالب علم ہیں، مذہبی آدمی ہیں اور اعصابی کمزوری کے علاج کیلئے ڈاکٹر صاحب کے یہاں آتے ہیں ڈاکٹر صاحب سے نسخہ لے کر جب وہ لندن کی تیز رفتار زندگی میں ایک مرتبہ پھر داخل ہوتے ہیں تو اپنے آپ کو اجنبی محسوس کرنے لگتے ہیں، یہاں کے لوگوں کے بارے میں ان کے خیالات ملاحظہ ہوں:

"یہ سب کون ہیں جو پریتوں اور پریوں کی طرح اپنے اپنے کام
سے چلے جا رہے ہیں۔ کوئی کسی سے بات نہیں کرتا، راستہ میں کوئی کسی کو
ٹھہرا کر خیریت نہیں پوچھتا کسی کو کسی سے غرض نہیں"۔ ۱۵۴؎

ماسٹر اقتدار الاولیاء مشرق کے ایک غیر ترقی یافتہ ملک سے آئے تھے، جہاں زندگی اور

ممالک کے مقابلہ میں سست روی سے چل رہی تھی اور لوگوں کے پاس اتنا وقت تھا کہ ایک دوسرے کی خیریت پوچھ لیتے، لیکن لندن جیسے شہر میں جہاں صنعتی انقلاب کے بعد زندگی مشینی ہوگئی تھی اور لوگ مادہ پرست ہوتے جارہے تھے لوگوں کے پاس اتنا وقت نہیں رہا تھا کہ وہ سماجی اخلاقیات نبھانے کیلئے اپنا کچھ وقت دے سکیں لیکن مغرب کی یہ ترقی بعض معاملات میں ماسٹر صاحب کو اچھی لگتی ہے ان کا خیال ہے کہ:

''ہر چیز قسطوں پر ملتی ہے، یہاں ہر ایک کو دوسرے پر کتنا اعتبار ہے، یہاں ہر معاملہ کی ابتداء اعتبار سے ہوتی ہے اور ہمارے ملک میں بے اعتباری سے ہمارے ملک میں ہر شخص اس وقت تک مجرم ہے جب تک وہ اپنے آپ کو بے گناہ نہ ثابت کرے''۔۱۵۵

اس طرح عزیز احمد نے مشرق ومغرب کے تضاد کو پیش کرتے ہوئے یہ بات بتائی کہ مغرب میں علم کی ترقی اور نظم وضبط کی بدولت ترقی ہوئی ہے اور مشرق اس لئے پیچھے ہے کہ وہاں ظلمت کا اندھیرا دور نہیں ہوا ہے اور قدیم فرسودہ روایات کے پس پردہ قوم جہالت میں ڈوبی ہوئی ہے۔

ڈاکٹر جمشید کے پاس ایک مزدور ''گوکر'' نامی آتا ہے وہ باتوں باتوں میں لندن کی زندگی سے متعلق خبریں سناتا ہے وہ نسلی تفریق کے بارے میں کہتا ہے:

''گورے لوگ کالے لوگوں کو پسند نہیں کرتے' میں کہتا ہوں یہ بات ٹھیک نہیں ہے اپنا اپنا رنگ ہے' سب رنگ خدا کا بنایا ہوا ہے کوئی گورا ہے کوئی کالا ہے مگر حبشی لوگ سفید آدمی کی لڑکی کیوں لے جاتا ہے' کالے کالے کا میل ہے گورے گورے کا میل ہے''۔۱۵۶

مزدور کے ذریعہ اس طرح کے خیالات کو پیش کرتے ہوئے عزیز احمد نے دنیا میں اس وقت پھیلی نسل پرستی کی وبا کو پیش کیا ہے' یہ اپارتھائیڈ کا نظریہ ہے۔جنوبی افریقہ کے سفید فام لوگوں نے یہ کہہ کر کہ وہ ہی سفید چمڑی کے ہیں' اور ساری دنیا کے لوگ سیاہ فام ہیں دنیا کے لوگوں سے مقاطعہ کرنا شروع کیا' اس طرح یہ وباء انگلستان اور دوسرے یوروپی ممالک کے ساتھ امریکہ میں بھی پھیلی اور سیاہ فام لوگوں پر مظالم ڈھائے جانے لگے تھے جس کی وجہ سیاہ فام اور سفید فام لوگوں میں رنگ ونسل کی تفریق پر بڑے پیمانے پر جھگڑے فسادات ہوئے' یہ اس وقت کا سنگین

مسئلہ تھا جس کی طرف عزیز احمد نے اپنے ناول میں اشارہ کیا' اور مزدور کے خیالات کے ذریعہ نسلی تفریق کو ختم کرنے کی کوشش کی۔ اسی طرح ایک اور ہندوستانی مریض فساد کے بارے میں پوچھنے پر ڈاکٹر کے سامنے جذباتی انداز میں کہتا ہے:۔

''ہونے دو جی اللہ مالک ہے ہم بھی کوئی بزدل کا تخم نہیں ہے دس پانچ کو مار کے مرے گا' انگریز لوگ ہمارے ملک پر دیڑھ سو سال حکومت کیا اب ہم غریب آدمی نوکری کرنے پیٹ پالنے آتا ہے تو کیوں چڑ جاتا ہے وہ کیا ہمارے ملک میں ہمارا چھوکری نہیں لیجاتا تھا' نہیں لیجاتا تھا تو پھر یہ سب اینگلوانڈین کیا پیدا ہوا ہم بھی برابر اُس کا چھوکری لیجائے گا''۔ ۱۵۷

انگریز قوم کے خلاف اس طرح کے جذبات صدیوں غلامی کی صعوبتیں برداشت کرنے کے بعد اور حصول آزادی کے بعد بدلہ کی نیت لے کر اٹھے ہیں' چنانچہ ایک عام مزدور بھی انگریزوں کو نیچا دکھانے کی سوچ رہا ہے۔

ڈاکٹر کے پاس مریضوں کی آمد کا سلسلہ جاری ہے' سلامت اللہ نامی ایک پاکستانی شخص جو اپنے وطن میں اچھی خاصی نوکری چھوڑ کر کم عرصہ میں امیر بننے کا خواب لئے برطانیہ آتا ہے لیکن حقیقت کے انکشاف اور مسلسل بے روزگاری کے سبب وہ پریشان ہوا اٹھتا ہے اور ڈاکٹر سے علاج کے بہانے کچھ روپیہ بھوک مٹانے اور سگریٹ کی طلب پوری کرنے کیلئے لیتا ہے' بھوک کے عالم میں وہ پریشان ہوا اٹھتا ہے:

''بھوک کے دوسرے دن اس کے قدم خود بخود ریستوران کے سامنے رک جاتے وہ کئی کئی منٹ تک شیشوں کے اندر رکھے ہوئے کیک' مٹھائیاں' سینڈوچ' گوشت کے ٹکڑے' بھنے ہوئے مرغ دیکھتا اور پھر آگے بڑھ جاتا اور پھر کبھی کبھی پلٹ کے دیکھتا' اور سڑکیں پھر اسے لندن کی ایک رگ سے دوسری رگ میں بہالے جاتیں''۔ ۱۵۸

ایک دفعہ اسے ایک بوڑھی خاتون ہوٹل میں کھانا کھلاتی ہے۔ سگریٹ نوشی کے سبب اُسے کھانسی ہو جاتی ہے' ڈاکٹر صاحب اسے معائنہ کرانے کا مشورہ دیتے ہیں کسی طرح اُسے ہوٹل میں صفائی کی نوکری مل جاتی ہے لیکن وہ اپنی بیماری اور مسلسل بیکاری کے سبب پریشان رہتا ہے اور

ایک دن ڈاکٹر کو پولیس کے ذریعہ اطلاع ملتی ہے کہ سلامت اللہ نامی شخص نے ریل کے آگے آ کر خودکشی کر لی ہے۔ پولیس کی تفتیش کا جواب دیتے ہوئے خودکشی کی وجہ ڈاکٹر یوں بیان کرتا ہے:

''جس انسان کا مستقبل غیر محفوظ ہو تو ذہنی توازن کھو بیٹھتا ہے عام بات ہے۔ اس خودکشی کی کوئی اور وجہ آپ کی سمجھ میں آتی ہے؟ بیکاری کا ڈر۔ اس کے سوا تو شائد کچھ بھی نہیں''۔ ۱۵۹

سلامت اللہ کے روپ میں عزیز احمد نے بیشتر تارکین وطن کی معاشی پریشانیوں کو بڑی خوبی سے پیش کیا ہے اور بتایا ہے کہ کس طرح لوگ زیادہ دولت کے لالچ میں اپنے خاندان، اپنے وطن کو چھوڑ کر امید کے سہارے چلے آتے ہیں اور طرح طرح کی مشکلات میں گرفتار ہوتے ہیں۔ ڈاکٹر کرسٹل کے پاس ایک لڑکی حمیرہ آتی ہے جو اعلیٰ تعلیم کے حصول کی غرض سے انگلستان میں مقیم ہے، وہ اپنے مستقبل کے بارے میں پریشان اور غیر یقینی کیفیت میں مبتلا ہے۔

''کوئی گھر، کہیں سہی کراچی، راولپنڈی، ڈھاکہ کہیں سہی مگر گھر میں دروازے ہوتے ہیں جو بند ہو جاتے ہیں اور بلاؤں کو داخل ہونے نہیں دیتے، گھر پر چھت ہوتی ہے چولہا ہوتا ہے، گھر میں مفر نہیں، مگر گھر کہاں ہے''۔ ۱۶۰

ایک اچھے محفوظ گھر کا خواب دیکھنا ہر لڑکی کا حق ہے مگر کچھ ہی لڑکیوں کے یہ خواب حقیقت میں بدلتے ہیں، کیونکہ ایک ایسا معاشرہ پرورش پانے لگا تھا جہاں زندگی کے بازار میں دلہے بکنے لگے تھے اور کم حیثیت لوگوں کے حصہ میں صرف یاس وامید ہی رہ گئی تھی۔

ڈاکٹر جمشید کے ہاں ایک لڑکی میبل ایشمول آتی ہے جسے نیند نہ آنے کی شکایت ہے کیونکہ اسے افضل نامی ایک پاکستانی لڑکے نے دام محبت میں گرفتار کر لیا تھا اور جھوٹی محبت کا ڈھونگ رچاتے ہوئے اس سے بے وفائی کی تھی بھولی بھالی سترہ سالہ لڑکی میبل نے اس سے یہ مشورہ لیا تھا کہ وہ یونیورسٹی میں کونسا مضمون پڑھے، افضل نے اسے اسلامی تاریخ کا انتخاب کرنے کا مشورہ دیا اور اس مضمون کو سمجھانے کا وعدہ بھی کیا، افضل کی باتوں میں آ کر وہ اسلامی تاریخ پڑھنے کا تہیہ کر لیتی ہے اور اس سے دوستی کرتے ہوئے ہوٹلوں، سینما گھروں میں اس کے ساتھ اچھا وقت گذارتی ہے۔ لیکن افضل کا مشغلہ صرف نئی نئی لڑکیوں کے ساتھ میل بڑھانا اور سیر و تفریح میں وقت گذارنا تھا چنانچہ میبل جب دیکھتی ہے کہ افضل کسی اور لڑکی کے ساتھ محبت کے ڈھونگ

رچا رہا ہے تو وہ خفا ہو جاتی ہے، افضل کے معافی مانگنے پر کہتی ہے:

''تمہاری طرح میں نے کبھی محبت اور بستر کو ہم معنی نہیں سمجھا ہے میرے خیال میں محبت کا تعلق ذہن اور ہمدردی، انسانیت اور دکھ درد میں شریک ہونے سے بھی ہے، اور تمہیں محض ایک چیز سے محبت ہے محض ایک چیز سے اپنے نفسیاتی نفس سے''۔ ۱۶۱

اور ڈاکٹر کو پاکستانی لڑکوں کا مزاج بتاتے ہوئے میبل کہتی ہے:۔

''ڈاکٹر صاحب معاف کیجئے گا میں جتنے پاکستانی لڑکوں کے ساتھ ادھر ادھر گئی ہوں، میں نے ان سب کو ضرورت سے زیادہ چالاک پایا ہے سب ایک ہی چیز چاہتے تھے جنس اور جنس کے پیچھے جو عورت ہوتی ہے اس کی انسان ہونے کا انہیں احساس ہی نہیں''۔ ۱۶۲

ایک مغرب زدہ لڑکی کے ان خیالات کے ذریعہ عزیز احمد نے یہ بات پیش کرنے کی کوشش کی ہے کہ پاکستانی نوجوان کس حد تک اخلاقی گراوٹ میں مبتلا ہیں۔ یہ نوجوان پڑھائی کے لئے یہاں آئے ہیں لیکن آزادانہ ماحول کے سبب بگڑ گئے ہیں، افضل کی اپنے دوستوں سے گفتگو اس طرح کے خیال کو پیش کرتی ہے۔

''دیکھ چائے کے وقت عشق لڑاتا ہوں، اگر پیچ گئی تو اچھا ہے، ورنہ میری جان تم نہیں اور سہی اور نہیں اور سہی وہاں کوئی نہ کوئی گٹھ ہی جائے گی، میٹو ہو، نوکرانی ہو، دھوبن ہو، ہمیں کیا، کیا شادی کرنا ہے، بری سہی برے کام کیلئے بری نہیں''۔ ۱۶۳

اس طرح ظاہر ہوتا ہے کہ مغربی ماحول میں پاکستانی نوجوان کس حد تک گر گئے تھے، لیکن وقت پر باخبر ہونے پر میبل اپنے آپ کو خوش قسمت کہتی ہے اور اپنی تجربہ کار ماں سے کہتی ہے:۔

''اماں تم جو کہتی تھیں سب ٹھیک تھا، میں سترہ سال کی ہوں اور بے وقوف ہوں مجھے دنیا کا کوئی تجربہ نہیں، اور میں نے محض اس کیلئے اسلامی تاریخ پڑھنا شروع کی، فارسی شروع کی، میں نے جو شروع کیا اس کو جاری رکھوں گی''۔ ۱۶۴

اور ڈاکٹر جمشید میبل کے حالات سننے کے بعد اُسے مشورہ دیتے ہیں کہ وہ خود اپنے حالات پر وقت کے گذرنے کے ساتھ قابو پا سکتی ہے۔

اس طرح عزیز احمد ان مختلف کرداروں کو مریضوں کے روپ میں پیش کرتے ہوئے زندگی کے جدا جدا رنگ پیش کئے ہیں اور ناول کے آخر میں ڈاکٹر جمشید اور کرسٹل کے درمیان مشرق و مغرب کی تہذیب کے بارے میں فلسفیانہ بحث ہوتی ہے' جس میں تہذیب و تمدن کا تضاد قدیم مذاہب' عورت اور مرد کے درمیان فرق اور زندگی کے مختلف رجحانات پر بحث شامل ہے اور دونوں مشرق اور مغرب کے نمائندے کی حیثیت سے اپنے لئے ایک ایسا یادگار بچے کی خواہش کرتے ہیں جو دونوں تہذیبوں کا سنگم ہو' اس کی خوبیوں کا ذکر یوں کرتے ہیں:

''ہم دونوں کو اپنا ایک بچہ چاہئے جو ہنر اور اعتقاد اور تخیل ہو جو ہنر اور اعتماد اور پرواز ہو۔ اور جو قدیم ہو' جدید ہو' پھر دونوں نے کہا ''اس کیلئے ہم استنبول میں باسفورس کے کنارے ایک چھوٹا گھر بنائیں گے''۔۱۶۵

اس طرح ناول ''تری دلبری کا بھرم'' اختتام کو پہنچتا ہے' عزیز احمد نے یہ ناول' ناول نگاری کی عام روایتوں سے ہٹ کر لکھا ہے' اس میں پلاٹ' قصہ یا کردار نگاری کو اہمیت حاصل نہیں ہے بلکہ زندگی کی چند ٹھوس حقیقتوں کو پیش کرنے کیلئے ایک مخصوص ماحول سے چند کرداروں کو پیش کیا ہے۔ جن کی زندگی میں آنے والی مختلف طرح کی کشمکشوں کے ذریعہ عزیز احمد نے اشارے کئے ہیں۔ یہ اشارے اپنی زندگی سے مشاہدہ کے بعد لئے ہیں لندن کی تیز رفتار زندگی کو پیش کرنے کیلئے انہوں نے وہاں کے انڈر گراونڈ ریلوئے' ریسٹوران' بار' ناچ گانے کی محفلوں کا ذکر کیا ہے' ایشیائی باشندوں کی اعلیٰ تعلیم کے بعد مغرب میں سکونت پذیری کے اظہار کیلئے پاکستانی ڈاکٹر جمشید اور انگریز خاتون کرسٹل کی کامیاب ازدواجی زندگی کو پیش کیا ہے اور وہیں مزدور طبقے اور کم پڑھے لکھے لوگوں کی پریشانیوں کا ذکر کرتے ہوئے سلامت اللہ جیسے کرداروں سے متعارف کروایا ہے۔ سلامت اللہ کے انجام کے ذریعہ عزیز احمد نے یہ ثابت کیا ہے کہ لوگوں کا یہ سوچنا غلط ہے کہ انگلستان میں روزگار کے مواقع یا دولت مند بننے کے مواقع زیادہ ہیں' گورے اور کالے لوگوں کے تذکرہ کے ذریعہ سے عزیز احمد نے نسل پرستی و تعصب جو وباء کی شکل اختیار کرتا جارہا ہے اشارہ کیا ہے' اور اس کے خلاف آواز اٹھائی ہے۔ ''تری دلبری کا

بھرم'' کا فنی حیثیت سے جائزہ لیا جائے تو یہ ناول فنی لوازم پر پورا نہیں اترتا' اس میں کسی کردار یا کرداروں سے متعلق کوئی ایسا واقعہ نہیں جو پورے ناول پر محیط ہو' مختلف کرداروں کی زندگی کے مسائل سے متعلق چند بیانات ملتے ہیں' اس ناول میں کردار نگاری بھی اعلیٰ پیمانے کی نہیں ہے۔ ڈاکٹر جمشید کے علاوہ سلامت اللہ' ماسٹر اقتدار الاولیاء افضل جیسے کردار ہیں جو مشرقی تہذیب کے حامل ہیں اور لندن کی زندگی میں اپنے آپ کو ڈھالنے کی کوشش کر رہے ہیں جو مشرقی اقدار کو پسند کرتے ہیں' ناول کا پلاٹ گتھا ہوا نہیں ہے' مختلف کرداروں کے حالات و واقعات کو ایک تار میں پرونے کیلئے عزیز احمد نے ڈاکٹر جمشید کے کلینک کا سہارا لیا ہے' جو ڈرامہ کے اسٹیج کے طور پر کام کرتا ہے جہاں مختلف کردار اپنا پارٹ ادا کرتے جاتے ہیں ناول کی سب سے اہم خوبی زندگی کے مختلف مسائل چھوٹے چھوٹے جملوں اور لفظوں یں پیش کرنا ہے' یہ الفاظ زندگی کے استعارہ بن جاتے ہیں اور ناول کے اسلوب میں انوکھا پن پیدا کرتے ہیں اور اسلوب میں چونکا دینے والی کیفیت پیدا ہو جاتی ہے۔ افضل کی بے وفائی آشکار ہونے کے بعد میبل کہتی ہے ''محبت' محبت' اس نے ہسٹریائی لہجہ میں عاجز آ کے کہا' جب تمہاری زبان سے یہ لفظ نکلتا ہے میرا جی متلانے لگتا ہے' تمہاری محبت کو اچھی طرح جانتی ہوں' مساس بستر' آج ایک کل دوسری' تم اپنا اور میرا وقت ضائع کر رہے ہو''۔

اس ناول میں عزیز احمد نے ''نظر'' ٹیلیفون کے ریسیورز' لوح محفوظ وغیرہ کو تمثیلی انداز میں اور سائنس' خلائی سفر' قدیم اسلامی تاریخ' عربی علوم' شعر و شاعری' حب الوطنی سے متعلق خیالات فلسفیانہ انداز میں پیش کیا گیا ہے' ان خیالات کی پیشکشی کے دوران عزیز احمد اپنے مخصوص نظریات کا کھل کر پرچار کرتے ہیں۔ عزیز احمد کا یہ ناول ان کے مقابلہ میں یعنی دوسرے ناولوں کے مقابلہ میں کمزور اور ناکام ہیں:.......

☆☆

عزیز احمد کے ناولٹس ۔ خدنگ جستہ

عزیز احمد نے اپنے ادبی سفر میں ناولوں کے علاوہ کچھ ناولٹ بھی لکھے تھے جسے عام طور پر مختصر ناول بھی کہا جاتا ہے۔انہوں نے زیادہ تر تاریخی ناولٹ لکھے۔ان کے حالات زندگی سے پتہ چلتا ہے کہ انہیں تاریخ کے مطالعے اور تاریخ نگاری سے دلچسپی تھی۔اوران کے مطالعے میں انگریزی ادب اور تاریخ کی اہم کتابیں رہیں تھیں۔عزیز احمد کے نزدیک تاریخ ماضی کے واقعات کا کوئی ایسا مجموعہ نہیں کہ جس کا مقصدِ مطالعہ عبرت حاصل کرنا یا صرف عروج وفتوحات کی کہانیاں سن کر یا سنا کر اپنے احساس تفاخر کو تسکین دینا تھا۔وہ تاریخ کے بارے میں ایک مخصوص فلسفیانہ نقطہ نظر رکھتے تھے۔عزیز احمد کا خیال تھا کہ ماضی حال میں بھی زندہ رہتا ہے۔صرف افراد کا ماضی نہیں بلکہ تہذیبوں اور نسلوں کا بھی۔تاریخ کا یہ ایک ایسا گہرا تناظر ہے کہ جس کی موجودگی کی شہادت صرف ان کے تاریخی افسانوں سے ہی نہیں بلکہ ان کے پورے افسانوی ادب سے ملتی ہے۔بعض اوقات تو یوں محسوس ہوتا ہے کہ ماضی اور وقت کے بارے میں ان کا مخصوص فکری احساس ان کے لئے ایک obsession کا درجہ اختیار کر گیا ہے۔بعض اوقات وہ ایک سے زیادہ افسانوں میں ایک ہی نوع کے واقعات اور کرداروں کی تکرار کے ساتھ مختلف زاویہ ہائے نظر پیدا کرتے نظر آتے ہیں۔چنانچہ ہماری تاریخ کے اہم کردار تیمور کی شخصیت پر عزیز احمد نے دو ناولٹ ''خدنگ جستہ'' اور''جب آنکھیں آہن پوش ہوئیں'' لکھے۔ان ناولوں پر وی یان اور ہیرالڈلیم کے اثرات واضح طور پر نظر آتے ہیں۔یہ ناول تہذیبی اور روایتی سرمائے کو جدید زمانے سے ہم آہنگ کرنے کا بہترین اظہار ہیں۔تاریخی شخصیتیں ایک نئے رنگ میں زندہ ہو کر ہمارے شعور کا حصہ بن جاتی ہیں۔یہ دونوں ناولٹ عزیز احمد کے انتقال سے سات سال بعد مکتبہ میری

لائبریری سے 1985ء میں شائع ہوئے۔اور یہ ناولٹ تاریخی ناول نویسی میں اپنا ایک منفرد مقام رکھتے ہیں۔

خدنگِ جستہ تا تاریوں کی تہذیبی اور سماجی زندگی کا ایک حقیقت پسندانہ عکس ہے۔ لباس، غذا، رسوم ورواج اور طرز بود و باش کو خوبصورتی سے ناولٹ میں سمویا گیا ہے۔اس غیر ترقی یافتہ معاشرے کے روز وشب زندگی اور موت کی کشمکش کے درمیان گذرتے ہیں۔طاقت کے سامنے جھکنے والے اس معاشرے کے افراد اطاعت گذاری میں پیش پیش رہتے ہیں۔ وہاں غداری کی سزا موت تھی۔ جب کہ وفاداری کے بدلے لذیذ خوراک، عمدہ شراب اور دنیا کی نعمتیں فراہم کی جاتی تھیں۔ان کے درمیان خون آشام جنگوں میں صرف مال و دولت اور مویشی نہیں لوٹے جاتے تھے بلکہ عورتوں کو مال غنیمت کے طور پر اٹھایا جاتا تھا۔

ناولٹ خدنگِ جستہ اس عہد کی کہانی ہے جب تیمور اپنے بیگانوں کی بے مہریوں اور بے وفائیوں کا شکار ہوکر دربدر پھرتا ہے۔ چند جانثاروں اور اپنی وفادار بیوی اولجائی کے علاوہ اس کا ساتھ دینے والا کوئی نہیں ہوتا۔ یہ وہ زمانہ ہے جب وہ کبھی تو ایک شہر میں فاتح کی طرح داخل ہورہا ہے اور اس کے کان استقبالی نعرے سن رہے ہیں تو کبھی وہ پورے وسط ایشیاء میں اپنے خون کے پیاسوں سے بچنے کے لئے چھپتے پھرتا ہے۔لیکن اسے کوئی جائے پناہ نہیں ملتی۔یہی تگ ودو کا دور ہے۔ جب اس کی پنڈلی میں وہ تیر پیوست ہوا جس نے ٹوٹ کر زخم کو تکلیف دہ ناسور بنادیا اسے جسمانی طور پر لنگڑا ضرور کر دیا لیکن اس کی امنگوں اور ولولوں کو اور ذہنی ارادوں کو بدل دیا۔ اس ناولٹ میں قبائیلی زندگی کے تہذیبی اور تاریخی شعور کو نمایاں انداز میں اجاگر کیا گیا ہے۔ یہ ایک تہذیب سادہ تھی جس میں سخت کوشی اور جفاکشی کے عنصر واضح تھا۔قبائلی ضرورتیں ایک حد کے اندر رہتی تھیں۔لیکن قبائلی سردار ہر وقت ایک دوسرے سے لڑتے رہتے تھے۔سرحدوں میں توسیع پسندی ایک عام رجحان تھا۔ جس کے نتیجے میں قبائلی نہ خود آرام سے رہتے تھے اور نہ دوسروں کو آرام سے رہنے دیتے تھے۔ وفاداریاں بے حد ذاتی تھیں۔لیکن حالات کی تبدیلی کے ساتھ ساتھ وفاداریاں بھی تبدیل ہوتی رہتی تھیں۔انسانی درندگی کا چلن عام تھا۔جنگیں صرف عورتوں کے لئے نہیں بلکہ پانی، زمین، تعلقات، مال ومویشی اور دیگر اشیاء کے لئے بھی ہوا کرتی تھیں۔ جنگ میں فتح پر مردوں کے سروں پر مینار بنائے جاتے اور جشن طرب منایا جاتا۔اس تہذیبی اور

تاریخی تناظر کو عزیز احمد نے اپنے ناولٹ خدنگِ جستہ میں بھرپور انداز میں پیش کیا ہے۔

ڈاکٹر خالد اشرف عزیز احمد کے اس ناولٹ پر تبصرہ کرتے ہوئے لکھتے ہیں:

''مردانہ بالادستی، جنگجوئی انداز، ہوس اور اقتدار پر مبنی اس نیم وحشی عسکری نظام میں عورت کی حیثیت نہایت کمتر تھی۔ اور اس کا رول بچوں کی پرورش کرنے، مردوں کی خدمت کرنے اور شوہر اور بھائیوں کی خدمت اور زخمی ہونے پر تیمارداری کرنے اور اپنے قبیلے کی سلامتی کی دعائیں کرنے تک ہی محدود تھا۔ ہر لمحہ عدم تحفظ کا احساس، مغویہ بنائے جانے کا خوف اور شوہر اور بھائیوں کی شکست و رسوائی اور خاندانوں کا قتل عام ایسے خدشات تھے جو عورتوں کو کسی لمحہ چین لینے نہیں دیتے تھے۔ ایک شکست کے بعد دوسری جنگ، ایک فتح کے بعد اگلی مہم اور غنیم کے ذریعے مارے جانے والے شبخون ایسے روزمرہ کے خونیں حالات تھے جن سے ان عورتوں کا ہر لمحہ ایک مستقل بے چینی اور خوف و ہراس کی اس کیفیت کے سائے میں گذرتا تھا۔ خود تیمور جیسے بہادر اور مدبر سالار کی بیوی اولجائی اپنے شوہر اور اپنے بیٹے جہانگیر کی زندگی کے بارے میں ہر وقت خوفزدہ رہتی تھی۔ وہ جنگلوں اور ریگستانوں سے دور آبادی میں چین سے رہنا چاہتی تھی۔ اور ان شہروں کو حسرت کی نگاہ سے دیکھتی تھی جو ابھی لوٹے نہیں گئے اور نہ ہی جلائے گئے تھے۔ لیکن اولجائی کے یہ خواب کبھی شرمندۂ تعبیر نہ ہو سکے کیونکہ وہ تیمور کے فیصلوں اور حکمت عملی کی تابع تھی۔ اور تیمور کسی شہر میں پُر امن طریقے سے گھر بار بسانے کے بارے میں سوچ ہی نہیں سکتا تھا۔ کیوں کہ دشمن اسے ایک لمحے کے لئے بھی چین سے بیٹھنے نہیں دیتے تھے۔'' ۱۶۶

عزیز احمد کا تاریخی شعور کافی پختہ تھا۔ اس ضمن میں ڈاکٹر حمیرا اشفاق لکھتی ہیں:

''عزیز احمد کا تاریخی اور تہذیبی شعور ان کا افسانوی اور غیر افسانوی تحریروں میں جا بجا منعکس ہوتا ہے۔ بالخصوص ہند مسلم ثقافت پر ان کی توجہ مرکوز رہتی ہے۔ ان کی علمی اور ذہنی وسعت انہیں ہندوستان کے ساتھ ساتھ اپنے عہد

کی بین الاقوامی صورتحال کو بھی احاطہ تحریر میں لانے پر اکساتی ہے۔اس کے علاوہ ان کی تاریخ پر گہری نظر ہے اور مطالعہ اس قدر وسیع ہے کہ انہیں صدیوں کے تاریخی اور تہذیبی تناظرات ک بھی گرفت میں لا کر انہیں کبھی تاریخی ناول نگار اور کبھی اسلامی اسکالر کی صورت میں سامنے لاتی ہے۔" ١٦٧

مجموعی طور پر عزیز احمد کے اس ناول میں تیموری جاہ وجلال کے تاریخی نقشے عزیز احمد نے تہذیب وتمدن کے آئینے میں اس انداز میں پیش کئے کہ قاری کتاب کے مطالعے کے دوران اپنے آپ کو تاریخ کے اس دور میں موجود پاتا ہے۔

☆☆

''جب آنکھیں آہن پوش ہوئیں'' (ناولٹ)

عزیز احمد نے تیموری تاریخ پر جو دوسرا ناولٹ لکھا اس کا نام ''جب آنکھیں آہن پوش ہوئیں'' ہے۔ یہ 125 صفحات پر مشتمل ہے یہ ناولٹ رام پور یوپی سے فروری 1966ء میں شائع ہوا۔ یہ ایک تاریخی ناول ہے۔اور تاریخی ناول کی مختلف اقسام میں سے ایک ہے۔ عام طور پر ناول نگار کسی تاریخی شخصیت، تاریخی واقعہ یا تاریخی عہد کو بنیاد بناتے ہوئے تاریخی شعور کے ساتھ ناول لکھتا ہے۔ڈاکٹر علی احمد فاطمی تاریخی ناول کے بارے میں لکھتے ہیں:۔

> ''اس میں ذرا بھی شک نہیں کہ تاریخی ناول وہی سب سے اچھا و کامیاب سمجھا جائے گا جو خوبصورتی کے ساتھ تاریخی ماحول کو پیش کرے، وہ جس دور کی منظر کشی کرے وہ آنکھوں میں اُتر آئے، اس کیلئے ضروری نہیں کہ وہ پورے تاریخی واقعات کو پوری سچائی کے ساتھ پیش کرے، پھر وہ تاریخ ہو جائے گا، تاریخی ماحول پیش کرنے کیلئے اکثر و بیشتر تخیل سے ہی کام لینا پڑتا ہے، تاریخ صرف پلاٹ اور دلچسپ واقعات دیتی ہے، اور ناول اس میں دلکشی اور لچک پیدا کرتا ہے، جہاں تاریخ کے اوراق دھندلے پڑ جاتے ہیں، ناول نگار اپنے تخیل کی روشنی سے اسے روشن اور تابناک کر دیتا ہے، تاریخی ناول، تاریخ اور ناول دونوں کی کمیوں کو اپنے اندر جذب کر کے آگے بڑھتا ہے.... سچی اور سیدھی بات کہہ دینا تو تاریخ کا کام ہے، ناول نگار اسے اپنے ڈھنگ سے سوچتا ہے اور ناول کے سانچہ میں ڈھالنے کے بعد حقیقت کو کہانی بناتا ہے''۔ ۱۶۸

عزیز احمد کے تاریخی ناولٹ میں مندرجہ بالا سبھی صفات مل جاتی ہیں۔اس ناولٹ میں انہوں نے چنگیز خان کی اولاد اور چغتائی خاندان کے ایک سردار کی زندگی کو پیش کیا ہے اس ناولٹ میں سلطان حسین اور امیر تیمور دو تاریخی کردار ہیں اور ان کی زندگی کی آپسی رقابت و کشمکش کو تاریخ کے جھروکے سے عزیز احمد نے پیش کیا ہے۔

سلطان حسین جس کا تعلق چنگیز خان کی نسل سے ہے جنگ ہار کر ریگستان میں بے یار و مددگار ایک کھنڈر میں پناہ گزیں ہے۔امیر تیمور کا ایک سپاہی جو الماٹیک سے سمرقند جا رہا تھا راستہ میں اپنے گم شدہ گھوڑے کو ڈھونڈتے ہوئے سلطان حسین تک جا پہنچتا ہے اور سلطان حسین سے جھوٹی وفاداری نبھاتے ہوئے اس کی مدد کے بہانے امیر تیمور کے سپاہی لے آتا ہے اور سلطان حسین کو قید کر لیا جاتا ہے۔سلطان حسین نے دغاباز سپاہی ساری بوغا کو منہ بند رکھنے کیلئے ایک قیمتی ہار بھی دیا تھا لیکن ڈوبتے چاند کے مقابل چڑھتے سورج کے ساتھ دینے کی غرض سے وہ سپاہی امیر تیمور کا حق نمک ادا کر دیتا ہے اور سلطان حسین کو قید کرانے میں اہم رول ادا کرتا ہے۔امیر تیمور اور سلطان حسین میں رقابت اتنی شدید ہو چکی تھی کہ بات جنگ تک آ پہنچی اور سلطان حسین جنگ ہار کر فرار ہو گیا تھا اور اب امیر تیمور کے رحم و کرم پر تھا۔سلطان حسین اور امیر تیمور کا برادر نسبتی تھا۔لیکن اپنے اچھے وقت میں سلطان حسین نے امیر تیمور پر کافی سختی کی تھی اور یہ بھی کبھی نہیں سوچا تھا کہ یہ اس کی بہن کا شوہر ہے' سلطان حسین کو زندگی کی بساط پر جب ہر طرف سے ہار کا منہ دیکھنا پڑتا ہے تو اس نے آخری چال چلی اس نے کہا۔

> ''مجھے اب سلطنت کی ہوس باقی نہیں رہی میں اب صرف ایک استدعا کر رہا ہوں اور وہ یہ کہ مجھے اجازت ہو کہ میں حج بیت اللہ کا ارادہ کروں میں اس سرزمین سے جہاں جہاں میں نے کچھ دن پہلے حکومت کی تھی اپنا منہ کالا کروں اور باقی ایام خانہ کعبہ کے طواف اور توبہ و استغفار میں صبر کروں''۔[۱۶۹]

سلطان حسین کی معافی کیلئے قاضی زین زین الدین امیر تیمور سے نرم رویہ اختیار کرنے کیلئے کہتا ہے' امیر تیمور کو یہ خدشہ تھا کہ اگر سلطان حسین کو بخش بھی دیا جائے تو مستقبل میں اس سے ہمیشہ خطرہ رہے گا' چنانچہ وہ ایک گہری چال چلتا ہے اور حاضرین میں ایک ایسے شخص کو

شامل رکھتا ہے جس کے بھائی کا قتل سلطان حسین نے کروایا تھا' امیر تیمور حاضرین سے کہتا ہے' میں سلطان حسین کے معاملہ میں انصاف کرنا چاہتا ہوں' یہ تو بیت اللہ کی زیارت کو جانا چاہتے ہیں اگر کسی کو سلطان حسین سے تکلیف پہنچی ہو تو وہ انصاف مانگ سکتا ہے۔ قاضی زین الدین ایک مرتبہ پھر امیر تیموار سے کہتا ہے کہ وہ مصنف بنے نہ کہ مدعی وہ کہتا ہے:

''یہ پہلا مقدمہ آپ کا پہلا امتحان ہے' بظاہر سلطان حسین کا حریف اور مدعی کیخسر و ہے' لیکن کیخسر و کو مدعی بننے کی جراءت اس لئے ہوئی کہ اصل مدعی آپ ہیں' اے امیر اگر اس بوڑھے کی زبان کٹوانی ہو تو کٹوا دیں لیکن جب تک اس زبان میں طاقت گویائی ہے مجھے یہ کہنے کی اجازت دیں کہ عدل میں سازش کا کوئی مقام نہیں' عدل ایک مقصود بالذات ہے' اور یہی میری ساری زندگی کے تجربہ کا نچوڑ ہے''۔ ۱۷۰

امیر تیمور' زین الدین کی باتیں سن کر مقدمہ کا فیصلہ دوسرے دن تک ملتوی کر دیتا ہے' تجربہ کار قاضی ایک مرتبہ پھر امیر تیمور سے مخاطب ہو کر کہتا ہے:۔

> ''جب جسم کو فولاد کا زرہ بکتر پہنایا جاتا ہے اور سر پر آہنی خول اوڑھا جاتا ہے تب بھی آنکھیں کھلی رہتی ہیں حالانکہ آنکھیں جسم کا سب سے نازک حصہ ہیں' لیکن جب آنکھیں آہن پوش ہو جائیں تو زرہ بکتر بیکار ہے' فولادی خول بیکار ہے' تیر' ڈھال' تلوار بے کار ہے عدل میں اتنا ہی خطرہ ہے جتنا آنکھیں کھلی رکھنے میں لیکن آنکھیں آہن پوش ہونے میں اور زیادہ خطرہ ہے''۔ ۱۷۱

اور رات میں امیر تیمور اپنے خیمہ میں لیٹے لیٹے ماضی کے جھروکے میں چلا جاتا ہے اور اپنی زندگی کے اوراق پلٹتا جاتا ہے۔ عزیز احمد نے شعور کی رو کی ٹیکنک استعمال کرتے ہوئے امیر تیمور کی یادوں کے سہارے ماضی کے حالات کو پیش کیا ہے۔ ان حالات میں امیر تیمور کے بچپن' جوانی کے حالات' اس کی اور سلطان حسین کی دوستی' رشتہ دار اور رقابت' رزم و بزم کے نقشے' دھوکہ دہی' مکر و فریب' سلطنتوں کے عروج و زوال اور شاہی زندگی کی زرق برق وغیرہ ماضی کے سارے نقوش اس کے ذہن میں اجاگر ہونے لگتے ہیں' عزیز احمد نے ان حالات کو پیش کرنے میں تاریخی ناول نگاری کے اصولوں کو روا رکھا۔ امیر تیمور ماضی کی یادوں سے اس وقت چونک پڑتا ہے' جب

کتوں کے بھونکنے اور جانوروں کے ہنہنانے کی آوازیں تیز ہو جاتی ہیں' رات کا آخری پہر ہے اور امیر تیمور کا ذہن تیزی سے کام کر رہا ہے وہ کیخسرو کو بلا کر کہتا ہے سلطان حسین کے معاملہ میں وہ اتنا ہی انصاف کر سکتا ہے تو' خود قصاص کا بدلہ لے لے' چنانچہ امیر تیمور کے ذہن کی چالاکی کے مطابق کیخسرو سلطان حسین کا سر قلم کر لاتا ہے اور امیر تیمور کے راہ کے پتھر کو ہٹا پھینکتا ہے' ادھر تہجد کی نماز میں مصروف قاضی زین الدین دعا کے وقت سلطان حسین کا کٹا سر دیکھتا ہے تو دنیا کی عافیت کی دعا کرتے ہوئے خیال کرتا ہے کہ یہ سب بیکار ہے کیونکہ وہ دونوں آنکھیں آہن پوش ہو چکی ہیں' اس طرح عزیز احمد نے اس مختصر سے ناولٹ میں تاریخ کے گوشہ سے ایک واقعہ کو پیش کیا ہے جس میں تخت و تاج کے جھگڑے کو بڑی خوبی سے پیش کیا گیا ہے۔ ڈاکٹر قمر رئیس اس ناولٹ پر تبصرہ کرتے ہوئے لکھتے ہیں:۔

''عزیز احمد نے اپنے ناول ''جب آنکھیں آہن پوش ہوئیں'' میں امیر تیمور کی زندگی کا مطالعہ ایک فاتح یا حکمراں کے بجائے ایک انسان کی حیثیت سے کیا ہے' اور دکھایا ہے کہ بچپن اور جوانیوں کی محرومیوں نے اس کی سیرت اور مزاج کو کتنا مسخ کر دیا تھا''۔ ۱۷۲

فاروق عثمان اس ناولٹ پر تبصرہ کرتے ہوئے لکھتے ہیں:

> ''امیر تیمور اس ناولٹ میں صرف انسان ہی نہیں بلکہ ایک چالاک انسان کی حیثیت سے پیش ہوا ہے اور اپنے دشمن کو راستہ سے ہٹانے میں جنگی فراست کا ثبوت دیا ہے۔ عزیز احمد کے اس ناولٹ میں وہ تمام عناصر شامل ہیں جو ایک تاریخی ناول کا جزو ہوتے ہیں جیسے تاریخی کردار' واقعات' رزم و بزم' حسن و عشق' سیاسی چالیں' پل پل بدلنے والی وفاداریاں' تخت و تاج کے جھگڑے' خوشی و غم کے جذبات وغیرہ اور یہ تمام باتیں قاری کو صدیوں قبل کی دنیا میں لے جاتی ہیں۔ ''جب آنکھیں آہن پوش ہوئیں'' تیمور کے تصورات کا ایسا گرداب ہے کہ جس میں اس کی شخصیت لحظہ بہ لحظہ ڈوبتی اور ابھرتی ہوئی نظر آتی ہے۔ دربدری اور صحرا نوردی کا عذاب ختم ہو چکا ہے۔ اب وہ عظمتوں کی دہلیز پر کھڑا ہے۔ اس کا سب سے بڑا دشمن اور دوست

بھی شکست کھا کر ایک مجرم کی طرح اس کے سامنے آچکا ہے۔اب تو وقت ہے انصاف کا کہ جس کے لئے اپنی شخصیت' ذات اور سماجی مراتب سے ماورا ہوکر طرز عمل اختیار کرنا ہے۔کس طرح عدل ایک مقصود بالذات صفت ہے۔اس میں کسی ڈر' خوف یا سازش کا دخل نہیں ہوسکتا۔ جہاں گیری اور جہاں سوزی تو ایک آسان اور سیدھا سادہ عمل ہے۔اس کے لئے تو صرف دوسروں کو قتل کرنا پڑتا ہے۔لیکن جہاں بانی و جہاں آرائی مطلق قدروں کی حکمرانی کا نام ہے۔'' ۱۷۳

عزیز احمد نے ان تاریخی ناولٹس میں تہذیبوں کے مثبت اور منفی رخ کو پیش کیا۔تہذیبی تناظر اس طرح دیکھا جاسکتا ہے کہ جنگیں' لوٹ مار' عورتوں کی عصمت دری اور دوسروں کے ذخائر پر قبضہ کرنا ابھی تک قبائلی تہذیب کی بنیاد تھی۔اور اسلامی تہذیب ان میں اپنی جڑیں نہیں بنا سکی تھیں۔طاقت کے آگے سر جھکانا اس تہذیب کا خاصہ تھا۔یہ تہذیب بہ یک وقت اپنی مثبت اور منفی قدروں کے ساتھ موجود تھی جسے عزیز احمد نے اپنے دونوں ناولٹس میں ہمیشہ کے لئے محفوظ کر دیا۔عزیز احمد کی تاریخ سے دلچسپی اور گہرا تاریخی شعور ان دوناولٹس سے جھلکتا ہے۔

مثلث (ناولٹ)

عزیز احمد کا ایک طویل افسانہ نما ناولٹ ''مثلث'' بھی ہے۔اس ناول میں بھی ان کا تاریخی شعور جھلکتا ہے۔ یہ تاریخی شعور عالمی تہذیب کی طرف ہے۔اوراس ناول سے تہذیبی رنگا رنگی کا اندازہ لگایا جاسکتا ہے۔

مثلث کے تین اضلاع کی طرح عزیز احمد نے تین کرداروں کی کہانیوں کو ایک کہانی میں سمویا ہے۔ مثلث کی ہر داستان ایک الگ تاریخی تناظر رکھتی ہے۔اس ناولٹ کا بنیادی موضوع ایک لحاظ سے یورپی تمدن اور ثقافت کے پس منظر میں مشرقی انسان کی نفسیات کا مطالعہ ہے۔ناولٹ کو پڑھتے ہوئی تو پہلے ایک خطرے کی گھنٹی بجنے کا احساس ہوتا ہے۔کہ کہیں عزیز احمد ایک دفعہ پھر ہوس اور مرمر اور خون کی طرف تو مراجعت نہیں کررہے ہیں۔کیوں کہ ناول میں جنس کا حوالہ ایک قوی صورت میں سامنے آتا ہے۔لیکن جوں جوں واقعات آگے بڑھتے جاتے ہیں موضوع سنجیدگی اور فکر کی گہرائی کی طرف مڑتا جاتا ہے۔عزیز احمد زندگی کے آخری دور میں اپنے جس علمی اور تہذیبی فکر کی بلندی پر تھے اس کا تخلیقی اظہار اس ناولٹ کی شکل میں سامنے آتا ہے۔

پروفیسر عتیق احمد مثلث پر تبصرہ کرتے ہوئے لکھتے ہیں:

''مثلث کے یہ تینوں اضلاع اپنی فلرٹ زندگیوں کے باجود قابل ہمدردی ہیں۔ تینوں خواتین اچھی طرح جانتی ہیں کہ ایک جوان،حسین،صاحب مرتبہ مرد محض ان کی خواہش کے بدلے کہ وہ اس کے ساتھ چند گھنٹے کسی ہوٹل یا ریستوراں میں گزار کر اپنی تنہائیوں اور بے بسی کے زہر کا وقتی تریاق تلاش کرسکیں۔ انہیں کس کس طرح سے ایکسپلائٹ کرکے اپنے جنسی

جذبے کی تسکین کرنا چاہتا ہے یہ سب جاننے کے باجود وہ بار بار ایک ہی قسم کا دھوکہ جان بوجھ کر کھاتی ہیں اور اس ایک ہی جال کی طرف جان بوجھ کر لپکتی ہیں۔ کہ جس سے متعلق انہیں یقین ہوتا ہے کہ ان کی خوبصورت اور سنہری ڈوریاں ان کو جکڑنے کی خاطر استعمال کی جا رہی ہیں۔ مگر انسانی فطرت کی کمزوری، گھبراہٹ، سہارا او دوسری ہم جنسوں کی نظر میں اپنی اہمیت تسلیم کرانے کا جذبہ مسابقت بار بار انہیں یہ دھوکہ کھانے کی دعوت دیتا ہے۔[۱۷۴]

اس طرح عزیز احمد نے اس ناولٹ میں تین کرداروں کی نفسیات کو پیش کیا ہے۔

☆☆

چھٹا باب

عزیز احمد کی ناول نگاری کا اجمالی جائزہ

ناول کا فن زندگی کی پیشکشی کا فن ہے۔ ناول ادب کی ایک ایسی صنف سخن ہے جس میں زندگی کی بے کراں وسعتوں کو ناول نگار اس انداز میں سمیٹتا ہے کہ اس کے مختلف پہلو سامنے آ جاتے ہیں، وارث علوی ناول کے فن اور ناول نگار کے منصب کے بارے میں لکھتے ہیں:۔

> ''ناول کا آرٹ شاعری سے کہیں زیادہ جمہوری آرٹ ہے ناول میں پورا انسانی سماج اپنی تمام Grosness کے ساتھ موجود ہوتا ہے۔ ناول نگار کیلئے ضروری ہے کہ وہ بدصورت اور خوبصورت، نیک اور بد، خوش اخلاق اور بداخلاق، مخلص اور کینہ پرور، بے رحم اور رحم دل، صاف ستھرے اور گندے، غریب اور امیر سب لوگوں کی زندگی اور ان کے رہن سہن اور طور طریقوں سے واقف ہو، ناول نگار تو گھر کا بھیدی ہوتا ہے۔ جو لنکا ڈھاتا ہے کن سوئیاں لیتا ہے اسے آرٹ میں Trasform کر دیتا ہے۔ ناول نگار بنیادی طور پر Humanist ہوتا ہے''۔ ۱۷۵

اردو میں پریم چند کے ساتھ ناول نگاری عروج پر دکھائی دیتی ہے۔ پریم چند نے اردو ناولوں کو اس موڑ پر لا کھڑا کر دیا تھا جہاں سے اس کی ترقی کی راہیں دور دور تک جاسکتی تھیں، پریم چند کے بعد ترقی پسند تحریک کے زیر اثر اردو ناول نگاری کے میدان میں کئی انقلابی تبدیلیاں آئیں، انسانی زندگی کے گوناگوں مسائل حقیقت نگاری کے ساتھ پیش ہونے لگے، ناول کے موضوعات میں جدت کے ساتھ مغربی ناول کے اثرات کو بھی قبول کیا گیا۔ پریم چند، کرشن چندر، منٹو اور عصمت کے ساتھ ساتھ اردو کے مشہور ناول نگاروں کی فہرست میں ایک اہم نام عزیز احمد

بھی ہے۔

عزیز احمد کی ناول نگاری کا دور 1931ء سے 1966ء تک ہے۔ اس درمیان انہوں نے آٹھ ناول اور چند ناولٹ لکھے۔ پچھلے صفحات میں انفرادی طور پر عزیز احمد کے ناولوں کا تنقیدی جائزہ پیش کیا گیا تھا۔ اس باب میں اُن کے ناولوں کی فنی خوبیوں اور خامیوں کا جائزہ ناول کے فن کے پس منظر میں پیش کیا جا رہا ہے۔

موضوعات:۔ عزیز احمد نے ایک ایسے وقت ناول نگاری شروع کی تھی جب سماج میں پرانی قدروں کی شکست و ریخت جاری تھی اور ان کی جگہ نئی قدریں مقبول ہو رہی تھیں ترقی پسندی اور مغرب پرستی کا رواج عام ہو رہا تھا۔ عزیز احمد نے اپنے زمانہ طالب علمی میں انگریزی کے مشہور ادیبوں ڈی ایچ لارنس، اور فارسٹر کا گہرائی سے مطالبہ کیا تھا اور اسی مطالعہ کے تاثر کے طور پر انہوں نے اپنے ابتدائی دو ناول ''ہوس اور مرمر اور خون'' تحریر کیے جن میں سستی جذباتیت کے ساتھ سطحیت پائی گئی ہے۔ عریانیت اور مشرقی اقدار سے بیزارگی دکھائی گئی ہے، ان ناولوں میں پایا گیا، جنسی پہلو آگے چل کر عزیز احمد کے محبوب پہلو بن جاتا ہے ''گریز'' ''آگ'' ''ایسی بلندی ایسی پستی'' ''شبنم'' اور ''برے لوگ'' سبھی ناولوں میں عزیز احمد کسی نہ کسی طرح اس موضوع کو پیش کر ہی دیتے ہیں۔ ناول ''گریز'' میں عزیز احمد نے عریانیت کو آرٹ کے طور پر پیش کیا ہے۔ نعیم حسن کا مغربی لڑکیوں سے تعلق قائم کرنا اردو ناولوں کیلئے ایک نیا تجربہ ہے۔ عزیز احمد کے عہد میں جنس کا بیباکی سے اظہار معیوب سمجھا جاتا تھا، چنانچہ اس عہد کے نقادوں نے ان کی جنس نگاری پر کھل کر نکتہ چینی کی لیکن جدید اردو تنقید میں عزیز احمد کی عریانیت اور جنس نگاری کو ایک آرٹ کے طور پر قبول کیا جا رہا ہے۔ اسلم آزاد کے بموجب:۔

> ''عزیز احمد چونکہ جنسی اور ذہنی طور پر مریض نہیں، اس لئے ان کے یہاں عریانی تو ہے لیکن فحش نگاری نہیں، ان پر فحش بیانی کا الزام لگا کر ان کے ناولوں کی اہمیت سے انکار کرنا اپنی تنگ نظری اور رجعت پسندی کا ثبوت پیش کرنا ہے''۔ ۱۷۶

عزیز احمد کے دیگر موضوعات میں معاشرہ کے متوسط اور طبقہ اعلیٰ کے افراد کی زندگی کی کشمکش کا بیان شامل ہیں۔ ''آگ'' میں کشمیری عوام کی زندگی کو پیش کیا ہے۔ ''ایسی بلندی ایسی

پستی'' اور ''شبنم'' میں حیدر آبادی معاشرہ کے طبقہ امراء اور متوسط طبقہ کی زندگی کی کشمکش جن میں ازدواجی زندگی کے مسائل، نوجوان لڑکیوں کے غیر یقینی مستقبل محبت میں ناکامی وغیرہ کو پیش کیا ہے۔ ''برے لوگ'' میں تقسیم ہند کے اثرات کو فنکاری سے پیش کیا ہے۔ ''تری دلبری کا بھرم'' میں عزیز احمد نے برطانیہ میں مقیم تارکین وطن کے مسائل کو پیش کیا ہے۔ اس طرح معلوم ہوتا ہے کہ عزیز احمد نے اپنے ناولوں کے موضوعات اپنے اطراف کے سماج و معاشرہ سے لئے ہیں اس لئے ان میں حقیقی زندگی کی جھلک دکھائی دیتی ہے۔ عزیز احمد پر یہ اعتراض رہا ہے کہ انہوں نے زندگی کے بعض اہم مسائل سے پردہ پوشی کی ہے۔ احتشام حسین لکھتے ہیں:۔

''اُن کی سب سے بڑی بھول یہ ہے کہ وہ جنسی زندگی کا تجزیہ کرتے ہوئے زندگی کے دوسرے بڑے بڑے مسئلوں کی طرف سے آنکھ بند کر لیتے ہیں''۔

یہ اعتراض کچھ حد تک واجبی سہی لیکن عزیز احمد نے اپنے لئے ایک مخصوص موضوع کا انتخاب کیا تھا اور اس موضوع پر انہوں نے اپنی مہارت اور فنکاری کا ثبوت پیش کیا ہے۔

پلاٹ :۔ ناول میں واقعات کو ایک مربوط کڑی میں جوڑنے کا نام پلاٹ ہے۔ گتھا ہوا مربوط پلاٹ کسی ناول کی کامیابی کا ضامن ہوتا ہے۔ عزیز احمد کے بیشتر ناولوں میں پلاٹ مربوط پایا گیا ہے۔ اور ان میں واقعات ربط و تسلسل کے ساتھ بیان کئے گئے ہیں۔ عزیز احمد کرداروں کی نفسیاتی تحلیل، تجزیہ اور جذبات کے اظہار کے وقت بھی ناول کے مرکزی خیال سے بھٹکتے نہیں، ناولوں میں پیش کردہ ضمنی کردار پلاٹ کو پھیلانے میں مدد دیتے ہیں، چنانچہ ''گریز'' اور ''ایسی بلندی ایسی پستی'' میں کرداروں کی ایک طویل فہرست کے باوجود ناول کی مرکزی اہمیت اپنی جگہ قائم رہتی ہے۔ ''شبنم'' میں شبنم اور ارشد کے خطوط کی ایک طویل فہرست کے علاوہ دانش کے خطوط ناول کے پلاٹ میں جھول کا سبب بنتے ہیں۔ جس سے ناول کمزور پڑ جاتا ہے۔ ڈاکٹر سلیمان اطہر جاوید کو عزیز احمد کے ناولوں میں پلاٹ بہت کم دکھائی دیتے ہیں وہ کہتے ہیں:

''اُن کے ناولوں کو (Deplot) ناول کہا جا سکتا ہے وہ پلاٹ پر بنیادی توجہ نہیں دیتے، وہ اپنے طور پر ناول کے تانے بانے بنتے، واقعات کو ترتیب دیتے ہیں اور ابواب کو تحریر کرتے جاتے ہیں''۔ 177

یہ بات کچھ حد تک صحیح نہیں ہے۔ عزیز احمد کے ناول چونکہ نفسیاتی ہوتے ہیں۔ اس

لئے ان میں واقعات کی کمی ہوتی ہے۔ اور نفسیاتی کشمکش زیادہ' بعض دفعہ محسوس ہوتا ہے کہ عزیز احمد سوچے سمجھے بغیر لکھنے بیٹھ جاتے ہیں لیکن بنیادی طور پر عزیز احمد کے ناولوں میں پلاٹ پایا جاتا ہے جو کسی ناول میں واضح نہیں ہوتا۔

کردار نگاری:۔عزیز احمد کی ناول نگاری کا سب سے اہم وصف ان کی اعلی پائے کی کردار نگاری ہے۔عزیز احمد نے اپنے ناولوں کیلئے حقیقی زندگی کے کردار لئے ہیں' اور ان کی زندگی کی حقیقت کو بے نقاب کیا ہے۔انیس قیوم فیاض لکھتی ہیں:۔

> ''عزیز احمد اپنی بے پناہ حقیقت نگاری کی وجہ سے اپنے فن میں آفاقیت یا عمدیت پیدا کرتے ہیں' وہ اپنے کرداروں کو زندہ اور متحرک پیش کرنے میں بہت زیادہ قدرت رکھتے ہیں وہ افراد ہی کو نہیں بلکہ ان کے احساسات اور جذبات کو بھی اس درجہ یقین آفرینی اور حقیقی انداز میں پیش کرتے ہیں کہ ہر انسان کو اس آئینہ میں اپنی صورت نظر آتی ہے''۔178

عزیز احمد کے ناولوں میں زیادہ تر مرد کرداروں کو مرکزی حیثیت حاصل ہے ''ہوس'' میں نسیم'''گریز'' میں نعیم اور ''ایسی بلندی ایسی پستی'' میں سلطان حسین سبھی کو عزیز احمد نے مرکزی کردار کے طور پر پیش کیا ہے۔ان کے یہ کردار بعض مخصوص صفات کے حامل ہوتے ہیں یہ تمام کردار نوجوان تعلیم یافتہ اور شہری زندگی والے ہیں لیکن یہ سب یا تو جنسی طور پر مریضانہ ذہنیت کے حامل ہیں یا محبت کے غیر فطری رجحان کی نمائندگی کرتے ہیں' ایک سے زیادہ لڑکیوں سے تعلقات رکھنا' انہیں اپنے فریب محبت میں گرفتار کرنا پھر انہیں بے یار و مددگار چھوڑ دینا ان کا مشغل ہے' یہ سبھی کردار شادی کو گراں سمجھتے ہیں اور اپنی جنسی خواہشات کی تسکین کیلئے غلط راہوں پر چل پڑتے ہیں اور انجام کار عبرتناک سزا پاتے ہیں یا یاس و امید کی کیفیت میں زندگی بسر کرتے ہیں۔گریز میں نعیم ہندوستان اور یورپ کے کئی شہروں میں محبت رچانے کے بعد جب پھر ہندوستان واپس آتا ہے تو اس کی پہلی محبت بلقیس کسی اور کی ہو جاتی ہے اور وہ شادی کی آس لئے دربدر کی ٹھوکریں کھاتا پھرتا ہے۔

عزیز احمد کے ناولوں میں نسوانی کرداروں کا تعلق بھی نوجوان طبقہ سے ہے ان میں سے ''شبنم'' کو مرکزی حیثیت حاصل ہے اس کے علاوہ ''ہوس'' کی زلیخا' مرمر اور خون میں عذرا'

''گریز'' کی بلقیس، برے لوگ کی شمع اور نسرین ایسی نوجوان لڑکیاں ہیں جو فریب محبت میں گرفتار ہو کر اپنی عصمت و عفت گنوا بیٹھتی ہیں، یہ تمام نسوانی کردار مرد کے استحصال کا نشانہ بنتے ہیں.... ''ایسی بلندی ایسی پستی'' میں نور جہاں اپنے شوہر کی بے وفائی کا شکار ہوتی ہے ان تمام کرداروں کا تعلق معاشرہ کے ایسے متوسط طبقہ سے ہے جس کے پاس تعلیم تو ہے لیکن اخلاقی اقدار کی کمی سے ''آگ'' میں زون اور فضلی کے کردار نچلے طبقہ سے تعلق رکھتے ہیں جو طبقہ بالا کے افراد کے استحصال کا شکار ہیں....عزیز احمد کے ناولوں میں کردار یا تو طبقہ امراء سے تعلق رکھتے ہیں یا متوسط طبقہ سے یہ تمام کردار شہری زندگی کی گہما گہمی میں کھوئے نظر آتے ہیں۔عزیز احمد نے جن موضوعات پر قلم اٹھایا تھا ان میں نچلے طبقہ کے یا مزدور طبقہ کے کرداروں کو اہمیت حاصل نہیں پھر بھی انہوں نے ''آگ'' اور ''ایسی بلندی ایسی پستی'' میں مزدوروں کی محنت کش زندگی کو پیش کیا ہے۔''ایسی بلندی ایسی پستی'' کا ایک منظر پیش ہے۔

> ''اور وڈروں کے علاوہ اور کئی طرح کے مزدور تھے۔ دھیڑ، پاردہی، لمباڑے لمباڑنیاں، تبّتی اور کشمیری قسم کا لباس، بیشمار چوڑیاں لمبے لمبے لہنگوں پر بے شمار کانچ کے تکڑے یا پتھر ٹانکے اپنے خدوخال میں ادب بھی جا بجا منگول آثار دکھاتی ہوئی، اپنے کام میں مصروف تھیں، اور مستریوں اور داروغوں کے کام آرہی تھیں''۔ ۱۷۹

عزیز احمد کے ناولوں میں معمر کردار یا تو والدین کی شکل میں ہیں یا اساتذہ یا دوست احباب کی شکل میں جو ناول کے پیش کردہ ماحول کا صرف ایک حصہ ہو کر رہ جاتے ہیں۔عزیز احمد نے موضوعات کی طرح اپنے ناولوں کے کردار بھی حقیقی زندگی سے لئے ہیں اور یہ کردار ناول نگار کی قید سے آزاد ہو کر فطری طور پر ارتقاء پاتے ہوئے انجام کو پہنچتے ہیں، اسلم آزاد کے بموجب:۔

> ''ان کے کردار عورت اور شراب کے رسیا تو ہوتے ہیں لیکن اپنے کرداروں کی نفسیات سے کماحقہٗ واقف ہونے کے باعث ان کی داخلی زندگی کے مدوجزر کی تصویر کشی میں بھی ورک کرتے ہیں''۔ ۱۸۰

جذبات نگاری :۔عزیز احمد کے ناولوں میں جذبات نگاری کے اعلیٰ نمونے پائے جاتے ہیں۔کوئی ناول نگار سچے اور حقیقی جذبات کا اظہار اس وقت تک نہیں کرسکتا جب تک

وہ خود کرداروں کے خوشی یا غم میں ڈوب نہ جائے۔ عزیز احمد نے خوشی اور غم' دونوں طرح کے جذبات کی پیشکشی میں فنکاری کا اظہار کیا ہے۔ انہوں نے خاص طور سے مظلوم عورتوں کے دکھ بھرے جذبات کو اس خوبی سے پیش کیا ہے کہ قاری متاثر ہوئے بغیر نہیں رہ سکتا۔

''ایسی بلندی ایسی پستی'' میں سلطان حسین اپنی بیوی نور جہاں کو تھپڑ مارتا ہے تو وہ جذبات سے مغلوب ہو جاتی ہے۔ اسکے جذبات ملاحظہ ہوں۔

> ''جب تم مجھے آوارہ' بدمعاش' رنڈی سمجھتے ہو تو پھر مجھے اپنے گھر لے جا کر کیا کرو گے اور جب تم سے کہہ چکی ہوں' تمہاری سزا یہی ہے کہ تم کو سچ مچ کوئی آوارہ بدمعاش بیوی ملتی میں کیا کروں مجبور ہوں' میں آوارگی اس لئے نہیں کرتی کہ مجھے تمہاری تو بالکل نہیں بلکہ اپنے ماں باپ کی عزت کا خیال ہے' لوگ یہ نہ کہیں کہ سنجر بیگ کی بیٹی ایسی ہے' نہیں تو میں تم کو سزا دیتی''۔۱۸۱

اسی طرح ''برے لوگ'' میں تقسیم ہند کے فسادات سے متاثرہ نسرین کے غمزدہ جذبات کی پیشکشی میں بھی عزیز احمد نے حزنیہ انداز اختیار کیا ہے۔ ''شبنم'' میں ارشد علی خان اور شبنم کے مابین خطوط میں عزیز احمد نے دو عاشقوں کے دلی جذبات کی داستان پیش کی ہے۔ انہیں کرداروں کی نفسیات کا پورا اندازہ ہوتا ہے اور کرداروں کی نفسیات کی مناسبت سے جذبات پیش کرتے ہیں۔

واقعہ نگاری :۔ عزیز احمد کے بیشتر ناول نفسیاتی یا معاشرتی پہلوؤں کی نمائندگی کرتے ہیں اس لئے ان ناولوں میں واقعات یا قصہ اہم نہیں ہوتا' ''ہوس'' ''مرمر اور خون'' ''گریز'' ''شبنم'' ''تری دلبری کا بھرم'' ان تمام ناولوں میں عزیز احمد نے اپنے معاشرہ کے نوجوانوں کے کرداروں کی ذہنی کشمکش اور نفسیاتی الجھنوں کو پیش کیا ہے۔ ''آگ'' میں بظاہر تین نسلوں کی کہانی ہے لیکن اس کے پس منظر میں کشمیر کی زندگی وہاں کی تہذیب و معاشرت کی پیشکشی اہمیت کی حامل ہے۔ ''ایسی بلندی ایسی پستی'' میں طبقہ امراء کے دو کرداروں سلطان حسین اور نور جہاں کی ازدواجی زندگی واقعہ کے انداز میں پیش ہے لیکن اس ناول میں بھی قصہ سے زیادہ حیدرآبادی معاشرہ کی زوال پذیری دکھانا اہم ہے۔ واقعہ نگاری کے لحاظ سے ان کا ایک ناول

''برے لوگ'' اس لئے اہم ہے کہ اس ناول کے آخر میں مرد اور نسوانی کردار عیش وعشرت کی زندگی بسر کرنے کے بعد الگ نہیں ہو جاتے بلکہ شادی کیلئے رضامندی ظاہر کرتے ہیں۔ یہ بات تعجب خیز اس لئے ہے کہ عزیز احمد کے پچھلے ناولوں میں مرد کردار ناول کے انجام پر بھٹکتے دکھائی دیتے ہیں۔ عزیز احمد نے جس معاشرہ کی زندگی پیش کرنے کیلئے ناول لکھے ان میں کچھ ایسے ہی واقعات پیش ہوئے تھے' معاشرتی ناول جیسے ''آگ'' میں قصہ پن مفقود ہونے کی وجہ سے ناول میں دلچسپی کا عنصر نا ہونے کے برابر ہے بہرحال عزیز احمد اپنے نفسیاتی اور معاشرتی ناولوں میں جو بھی واقعات بیان کرتے ہیں وہ اپنے موضوع سے میل کھاتے ہیں۔

مکالمہ نگاری :۔ عزیز احمد کے ناولوں میں مکالمے بہت کم پائے جاتے ہیں حالانکہ مکالموں کے ذریعہ کردار کی تعمیر میں آسانی ہوتی ہے لیکن یہ کام عزیز احمد نے ان کی نفسیات کی پیشکشی کے ذریعہ کیا ہے۔ مکالموں سے زیادہ کرداروں کی خود کلامی اور ان کے داخلی جذبات کو اہمیت دی ہے' لیکن جہاں جہاں مکالمے پیش کئے ہیں وہاں انہوں نے کرداروں کی مناسبت سے مکالمے لکھے ہیں۔ حیدر آباد کے نچلے طبقہ کے لوگوں کی گفتگو میں دکنی انداز شامل ہے۔ تو کشمیر کے لوگوں میں وہاں کا مقامی رنگ اس سلسلہ میں انہوں نے اپنے عمیق مشاہدے سے کام لیا ہے اگر کرداروں کی مناسبت سے مکالمے نہ لکھے جائیں تو وہ کردار مصنوعی دکھائی دیتے ہیں۔ ڈاکٹر اسلم آزاد اس سلسلہ میں لکھتے ہیں:۔

> ''ان ناولوں کے مکالموں میں کوئی جملہ بھی فاضل یا غیر ضروری استعمال نہیں کیا گیا۔ الفاظ کے استعمال میں کفایت اور جامعیت ہے' جملے بے باک تو ہوتے ہیں مگر جچے تلے' ان کے ذریعہ کردار کی ذہنی کیفیتوں تک پہنچنا بہت سہل ہو جاتا ہے۔ مکالموں کے ذریعہ وہ تنقید بھی کرتے جاتے ہیں اور اپنے نقطہ نظر کی محتاط انداز میں وضاحت بھی''۔ ١٨٢

زمان و مکان :۔ عزیز احمد کے ناول اپنے فن پر کھرے اس لئے بھی اترتے ہیں کہ ان میں ناول نگاری کی بیشتر فنی خصوصیات اعلیٰ پیمانہ پر پائی جاتی ہیں۔ ان خصوصیات میں سے ایک زمان ومکان میں اتحاد پیش کرنا ہے۔ انہوں نے اپنے ناولوں کا بیشتر مواد اپنے اطراف کی زندگی اور ان مقامات سے لیا ہے جہاں انہوں نے سفر کیا تھا۔ عزیز احمد کے ابتدائی ناولوں

''ہوس'' مرمر اور خون میں اپنے آبائی وطن عثمان آباد اور حیدرآباد کی جھلک ملتی ہے۔ جہاں انہوں نے تعلیم حاصل کی تھی۔ اس سلسلہ کو آگے بڑھاتے ہوئے انہوں نے ''ایسی بلندی ایسی پستی'' میں حیدرآباد کے طبقہ امراء اور شبنم میں متوسط طبقہ کے لوگوں کی زندگی پیش کی ہے۔ ''گریز'' میں یوروپ کی زندگی کو اس لئے پیش کیا ہے کہ انہوں نے اعلیٰ تعلیم کیلئے یورپ میں کچھ عرصہ قیام کیا تھا چنانچہ لندن' پیرس' روم' ملان اور دوسرے بڑے یورپی شہروں وہاں کے بازاروں' کلبوں' درسگاہوں کے حقیقی نقشے پیش کئے ہیں ''تری دلبری کا بھرم'' میں لندن کی تیز رفتار زندگی پیش کی ہے۔

عزیز احمد اپنی ملازمت کے دوران کچھ عرصہ کشمیر میں مقیم تھے' چنانچہ ''آگ'' میں انہوں نے کشمیر کی زندگی وہاں کی جھیلوں' شکاروں' ہاؤس بوٹوں سے متعلق جزئیات کو عمدگی سے پیش کیا ہے۔ عزیز احمد ان مقامات کے مناظر اور وہاں کے لوگوں کی زندگی کی پیشکشی کے ساتھ ساتھ اس وقت کی ملکی وغیر ملکی تاریخ سیاسی وسماجی عوامل اہم واقعات کا ذکر بھی کرتے جاتے ہیں' اور اپنے ناول میں پیش کردہ مقامات کو اس وقت کے عہد سے مطابقت عطاء کرتے ہیں۔

''آگ'' میں 1910ء سے 1945ء کے درمیانی حالات پیش کئے ہیں اس عرصہ میں ہندوستان کی جدوجہد آزادی کی تحریک' ہندوستان چھوڑ دو تحریک' جلیان والا باغ کے واقعہ کے ساتھ ساتھ قیام پاکستان کے سلسلہ میں کانگریس اور مسلم لیگ کے اختلافات کا ذکر کرتے ہیں وہیں پر جنگ عظیم کے اثرات کا ذکر بھی کرتے ہیں۔ ''گریز'' میں طالب علموں کی زبانی اپنے وقت کے سیاسی حالات دراصل عزیز احمد اپنی علمی قابلیت کی بناء پیش کرتے ہیں۔ ''شبنم'' میں انہوں نے ریاست حیدرآباد کا ہندیونین میں انضمام اور مسلمانوں کی پاکستان ہجرت کے اہم تاریخی واقعہ کو پیش کیا ہے۔ عزیز احمد کے اس تاریخی شعور کے سبب ان کے ناول ایک طرح سے تاریخی دستاویز بن جاتے ہیں۔

معاشرہ نگاری :۔ عزیز احمد نے ناولوں میں اپنے عہد کی معاشرت کی جیتی جاگتی تصویریں ملتی ہیں' لوگوں کا رہن سہن' لباس' رسوم وعقائد' شادی بیاہ' علمی وادبی محفلوں کی نشست وبرخاست ان سب باتوں کے نمونے عزیز احمد کے ناولوں میں جابجا دکھائی دیتے ہیں۔ خاص طور پر حیدرآبادی معاشرے کی تصویر کشی میں انہوں نے فنکاری دکھائی ہے' عزیز احمد' جامعہ

عثمانیہ میں زمانہ طالب علمی سے پروفیسری تک طویل عرصہ حیدر آباد میں قیام کیا تھا اسی دوران کچھ عرصہ کیلئے وہ نواب حیدر آباد کی پوتی درشہوار کے سکریٹری بھی رہے تھے اس طرح انہیں حیدر آباد کے متوسط طبقہ اور طبقہ بالا دونوں کو قریب سے دیکھنے اور ان کے ساتھ رہنے کا موقع ملا تھا۔ چنانچہ اس طبقہ کی معاشرت کی تصویر کشی میں انہوں نے حقیقت نگاری سے کام لیا ہے آگ میں کشمیری معاشرہ کے تہذیب وتمدن وہاں کے شادی بیاہ کے رسومات کا اس انداز سے جائزہ لیا ہے کہ ناول پڑھنے کے بعد کشمیری تہذیب وتمدن سے واقفیت حاصل ہو جاتی ہے معاشرتی پہلوؤں کو بیان کرتے ہوئے عزیز احمد جزئیات نگاری سے کام لیتے ہیں۔ ڈاکٹر سلیمان اطہر جاوید کے بموجب:

> ''بعض اوقات محسوس ہوتا ہے کہ عزیز احمد نے ناول نہیں لکھا ہے اپنے عہد کی معاشرت اور تہذیب کو صفحہ قرطاس پر رقم کر دیا ہے۔ حیدر آباد کی معاشرت کی ایسی بے لاگ، حقیقی اور روشن تصویریں اردو ناولوں میں اور کم ہی ملتی ہیں، شادی بیاہ کی تقاریب ہوں یا احباب کی عام محفلیں، جاگیردارانہ ماحول ہو یا متوسط طبقہ کے حال چال، مزدوروں اور نچلے طبقات کی گزربسر ہو یا کوئی اور پہلو.... کسی بھی دور، سطح یا طبقہ کی تہذیب و معاشرت کو بیان کرتے ہوئے وہ ممکنہ تفصیل سے کام لیتے ہیں۔ گویا وہ ناول نگاری نہیں معاشرت نگاری میں بھی ید طولیٰ رکھتے ہیں''۔۱۸۳؎

منظر نگاری :۔عزیز احمد کے ناولوں میں منظر نگاری کے نمونے خال خال دکھائی دیتے ہیں۔ مرمر اور خوں میں صبح شام کے مناظر، تالاب کی خوبصورتی کو دلچسپ تشبیہوں کے ساتھ پیش کئے ہیں۔ اس کے ساتھ ساتھ کشمیری جھیلوں میں گندگی، وہاں کے غریب عوام کی پستی سے متعلق مناظر بھی پیش ہیں۔ ''آگ'' میں ایک خوبصورت منظر عزیز احمد یوں پیش کرتے ہیں:

> ''سامنے تخت سلیمان پر سرمئی دھند کی رنگ کا بادل اپنے لطیف رومانی لمس کے ساتھ ساتھ دائیں طرف ہٹ رہا تھا۔ پیچھے کی پہاڑی سلسلہ کی چوٹیاں گہرے سرمئے رنگ کے بادلوں میں چھپ گئی تھیں، جن میں ایک شگاف سے مہاویر کی سفید برفانی مانگ نظر آ رہی تھی، دوسری طرف سورج کی ہلکی سنہری شعائیں بڑی ندی اور دلگداز شفقت سے پیر پنجال کے سر بفلک

برف پر چمک رہی تھیں اور اس طرف دور دور تک کوئی بادل نہیں تھا''۔۱۸۴

اسلوب :۔عزیز احمد نے اپنے ناولوں میں بیانیہ اسلوب اختیار کیا ہے وہ واقعات' جذبات اور نفسیاتی کیفیتوں کو ان کے حقیقی رنگ میں بیان کرتے جاتے ہیں' حیدر آباد سے تعلق ہونے کے باوجود ان کی زبان میں دکنی کا اثر زیادہ نہیں' چند ایک کرداروں کی زبان دکنی بول چال پیش کی ہے' ڈاکٹر سلیمان اطہر جاوید ان کے اسلوب کے بارے میں لکھتے ہیں:۔

> ''ان کے ہاں نہ زباں و بیان میں جھول نہیں ملے گا۔بجز اظہار کی بات بھی نہیں کہی جاسکتی وہ الفاظ کے انتخاب میں بیحد محتاط ہوتے ہیں ان کا انداز تحریر رواں ہے''۔۱۸۵

عزیز احمد نے اپنے ناولوں میں مواد کی پیشکشی کیلئے خطوط' ڈائری' اشعار' واحد متکلم اور دوسرے طریقوں کو اپنایا ہے''گریز'' میں ڈائری اور خطوط کی ٹیکنک ملتی ہے۔''شبنم'' میں خطوط کی بہتات ہے۔اس کے ساتھ غزل' نظم اور دوسرے شعراء کے منتخب اشعار کے ذریعہ مواد کو پیش کیا ہے۔عزیز احمد اپنے ناولوں میں جگہ جگہ اپنے فلسفیانہ خیالات پیش کرتے ہوئے اسلوب کو اثر انگیز بنانے کی کوشش کرتے ہیں۔عزیز احمد کے فلسفیانہ خیالات ایک طرح سے ان کے مخصوص نظریات ہیں جن کا پرچار انہوں نے اپنے ناولوں میں جا بجا کیا ہے۔ان خیالات میں عزیز احمد نے اپنی علمی قابلیت اور زندگی کے تجربوں کو سمو دیا ہے۔

> ''ہم جس دنیا میں رہتے ہیں وہ کذب وافتراء دروغ ومصلحت کی تاریک نقابوں میں اس قدر چھپی ہوتی ہے کہ سچائی ہر ہر قدم پر تلاش میں ناکام ہوکر ٹھوکریں کھاتی اور گرتی جاتی ہے''۔۱۸۶

> ''مگر اب مجھے یقین آیا ہے کہ خدا کی چکی آہستہ پستی ہے مگر بہت باریک پستی ہے''۔۱۸۷

اس طرح کی بہت سی سبق آموز باتیں' تجربات زندگی عزیز احمد کے اسلوب میں جان ڈال دیتے ہیں۔عزیز احمد نے اپنی ناول نگاری میں جگہ جگہ تحلیل نفسی کے اصول برتتے ہیں۔اور بعض جگہ انہوں نے شعور کی رو کی ٹیکنک استعمال کی ہے۔عزیز احمد نے سگمنڈ فرائڈ کے فلسفہ نفسیات اور فلسفہ جنس سے متاثر ہوکر کرداروں کا نفسیاتی تجزیہ کیا ہے۔''ایسی بلندی ایسی پستی''

میں سریندر کی خود کلامی کے ذریعہ ماضی کی باتوں کو یاد کرنا' شعور کی رو کی ٹیکنک کی بہترین مثال ہے۔عزیز احمد کو ناول نگاری کے فن پر عبور حاصل تھا۔اور بہت سے ناقدین فن نے ان کی ٹیکنک کی داد دی ہے۔احسن فاروقی لکھتے ہیں:۔

''عزیز احمد کا ٹیکنک پر قابو داد کے قابل ہے۔ان کے مطالعے اور علم نے اس معاملے میں ان کی پوری مدد کی اور اردو ناول کا ٹیکنکی معیار انہوں نے بہت بلند کیا۔اس معاملے میں وہ عصمت اور کرشن چندر دونوں سے آگے ہیں''۔۱۸۸

عزیز احمد کے ناولوں سے آگے آنے والے ناول نگاروں کو نئی راہیں ملیں اور اردو ناول میں نئے نئے تجربے ممکن ہو سکے۔

نظریہ حیات:۔عزیز احمد کے ناولوں میں عام طور سے نوجوان طبقے کو اپنے عہد کے آئینے میں پیش کیا گیا۔یہ وہ عہد تھا۔جس وقت مغرب سے آئی ہر نئی بات کو آنکھوں پر بٹھایا جا رہا تھا۔چنانچہ ناول میں بھی' پرانے فرسودہ موضوعات کی جگہ ایسے موضوعات کو جگہ دی گئی جن میں نوجوانوں کے جذبات' ان کی نفسیاتی کشمکش کی عکاسی ہوتی ہے۔جنس کے موضوع کو بے باکی سے پیش کیا گیا۔عزیز احمد نے بھی اپنے ناولوں کے موضوعات میں تبدیلی لاتے ہوئے جذت طرازی کی۔اور چند مخصوص نظریہ ہائے حیات کو پیش کیا۔ان کے ناولوں میں زندگی کے معنی عیش وعشرت دکھائی دیتے ہیں۔ان کے تقریباً سبھی نوجوان کردار شراب اور عورت کے رسیا' عیش پرست واقع ہوئے ہیں۔عزیز احمد نے اپنے ناولوں میں مشرق کی اعلیٰ قدروں سے بیزارگی دکھائی ہے۔''ہوس'' میں وہ پردے کو لڑکیوں کی ترقی کی راہ میں رکاوٹ سمجھتے ہیں۔مرد کردار معاشرے کے بنیادی وفطری تقاضوں سے جی چراتے دکھائی دیتے ہیں۔عزیز احمد کے ناولوں کو پڑھنے کے بعد نوجوان قاری کے بھٹکنے کے امکانات بڑھ جاتے ہیں۔شراب نوشی اور دوسری سماجی برائیوں کی طرف ترغیب ہوتری ہے۔ان چند موضوعاتی خامیوں اور معاشرتی نقطہ نظر سے منفی انداز فکر کے باوجود فنی حیثیت سے عزیز احمد کے ناول اردو ناول نگاری میں ایک اہم جوڑ کی حیثیت رکھتے ہیں اور یہاں سے اردو ناول نگاری نئی روایات کے ساتھ کشاں کشاں آگے بڑھتی نظر آتی ہے۔

عزیز احمد نے اپنی زندگی کے آخری بیس برسوں میں اردو میں کوئی اور ناول نہیں لکھا۔

انہوں نے اپنے آپ کو انگریزی ادب اور اسلامیات کیلئے وقف کر دیا تھا۔ انگریزی میں ان کی بہت سی شاہکار کتابیں شائع ہو چکی ہیں۔ ان کے بعض ناولوں کا انگریزی میں ترجمہ بھی ہوا ہے۔ اگر عزیز احمد ناول نگاری جاری رکھتے تو ان کے اور شاہکار ناول منظر عام پر آ سکتے تھے۔ بہر حال عزیز احمد نے اردو میں جتنے بھی ناول لکھے وہ اردو ناول کی تاریخ میں ہمیشہ اپنی بے باکی اور جدت طرازی اور موضوعات میں ندرت کی وجہ سے جانے جائیں گے۔ اور جب بھی اردو ادب یا اردو ناول کی تاریخ مرتب ہوگی اس میں عزیز احمد کا نام نمایاں ہوگا۔

☆☆

حواشی

۱۔ سید عاشور کاظمی ''فسانہ کہیں جسے'' ایجوکیشنل پبلشنگ ہاوس نئی دہلی۔۱۹۹۳ء ص ۱۹

۲۔ سید عاشور کاظمی ''افسانہ کہیں جسے'' ص ۲۰

۳۔ صالحہ عابد حسین، مضمون: ''کہانی کی کہانی'' مشمولہ ''نیا اردو افسانہ'' مرتبہ گوپی چند نارنگ دہلی ۱۹۹۲ء ص ۲۱

۴۔ ڈاکٹر گیان چند جین، اردو کی نثری داستان، اتر پردیش اردو اکاڈمی لکھنؤ ۱۹۸۴ء ص ۱۰۷

۵۔ وقار عظیم:۔ ''ہماری داستانیں'' ص ۱۰۔ لاہور ۱۹۵۶ء

۶۔ ڈاکٹر جمیل جالبی ''تاریخ ادب اردو'' جلد اول (قدیم دور ص ۴۴۶، ۴۴۷) ایجوکیشنل پبلشنگ ہاؤس دہلی۔ ۱۹۸۶ء

۷۔ اطہر پرویز ''ادب کا مطالعہ'' ص ۸۷۔ ایجوکیشنل پبلک ہاوس طبع دوم ۱۹۸۶ء

۸۔ میر امن: ''باغ و بہار'' ص ۲۳۵ مکتبہ جامعہ دہلی۔ ۱۹۷۷ء

۹۔ وقار عظیم: ''ہماری داستانیں'' ص ۱۰۔ لاہور ۱۹۵۶ء

۱۰۔ بحوالہ۔ وقار عظیم: ہماری داستانیں'' ص ۱۷۔ ۵۲ء

۱۱۔ الطاف حسین حالی ''مقدمہ شعر و شاعری'' ص ۸۳۔ اتر پردیش اردو اکاڈمی لکھنو ۱۹۸۸ء

۱۲۔ ڈاکٹر گیان چند جین: ''اردو کی نثری داستانیں'' ص۔ ۱۰۸

۱۳۔ ڈاکٹر اسلم آزاد ''آزادی کے بعد اردو ناول'' پٹنہ ص ۸۰۔ ۸۱ء

۱۴۔ اسلم آزاد ''آزادی کے بعد اردو ناول ص ۱۰

۱۵۔ اسلم آزاد ''آزادی کے بعد اردو ناول ص ۱۰

۱۶۔ سہیل بخاری ''اردو ناول نگاری'' ص ۱۱

۱۷۔ آل احمد سرور ''نظریہ اور نظریے'' ص ۶۲

۱۸۔ یوسف سرمست ''بیسویں صدی میں اردو ناول'' ص ۹

۱۹۔ ڈاکٹر محمود الٰہی: ''اردو کا پہلا ناول'' خط تقدیر'' ص ۳۶

۲۰۔ احسن فاروقی: ''اردو ناول کی تنقیدی تاریخ''ص ۳۶
۲۱۔ وقار عظیم ''داستان سے افسانے تک''ص ۶۲
۲۲۔ ہارون ایوب ''اردو ناول پریم چند کے بعد''ص ۲۵
۲۳۔ وقار عظیم ''داستان سے فسانے تک''ص ۶۷
۲۴۔ اسلم آزاد ''آزادی کے بعد اردو ناول''ص ۳۴
۲۵۔ وقار عظیم ''داستان سے افسانے تک''ص ۴۷
۲۶۔ ڈاکٹر مجتبی حسین ''اردو ناول کا ارتقاء''ص ۱۲۰۔۱۲۱ دہلی۔۱۹۴۷ء
۲۷۔ اسلم آزاد ''آزادی کے بعد اردو ناول''ص ۳۸
۲۸۔ ابواللیث صدیقی ''آج کا اردو ادب''ص ۱۷۷
۲۹۔ وقار عظیم ''داستان سے افسانہ تک''ص ۸۱
۳۰۔ یوسف سرمست''''بیسویں صدی میں اردو ناول''ص ۶۹
۳۱۔ ابواللیث صدیقی ''آج کا اردو ادب''ص ۱۷۹
۳۲۔ یوسف سرمست ''بیسویں صدی میں اردو ناول''ص ۱۴۷
۳۳۔ وقار عظیم: ''داستان سے افسانے تک''ص ۸۶
۳۴۔ ڈاکٹر یوسف سرمست ''بیسویں صدی میں اردو ناول''ص ۳۹۳ (مشمولہ
۳۵۔ ڈاکٹر مرزا حامد بیگ ''اردو افسانہ کی روائت'' ص ۵۷۳۔ اکادمی ادبیات پاکستان ۱۹۷۱ء
۳۶۔ ڈاکٹر مرزا حامد بیگ ''اردو افسانہ کی روایت''ص ۳۷۴
۳۷۔ انیس قیوم فیاض: ''حیدرآباد میں افسانہ نگاری''۔ص ۱۵۳ ادارہ شعر و حکمت حیدرآباد ۱۹۸۰ء
۳۸۔ عزیز احمد بحوالہ ''ڈاکٹر سلیمان اطہر جاوید' عزیز احمد کی ناول نگاری' ص ۱۰۔ ماڈرن پبلیشنگ ہاوز دہلی بار اول ۱۹۸۲ء
۳۹۔ مولوی عبدالحق ''دیباچہ 'ہوس''' از عزیز احمد ص ۴۔ طبع ثانی مکتبہ جوہر لاہور
۴۰۔ مولوی عبدالحق دیباچہ ''ہوس'' از عزیز احمد ص ۴۔ طبع مکتبہ جوہر لاہور

۴۱؎ عزیز احمد ’’ہوس‘‘ ص ۱۴۰

۴۲؎ عزیز احمد ’ہوس‘ ص ۱۴۸

۴۳؎ پروفیسر سلیمان اطہر جاوید’ عزیز احمد کی ناول نگاری‘ ص ۱۳۔ ماڈرن پبلیشنگ ہاوس نئی دہلی ۱۹۸۶ء ستمبر

۴۴؎ عزیز احمد ’ہوس‘‘ ص ۸۔۹

۴۵؎ عزیز احمد ’’ہوس‘‘ ص ۳۱۔۳۲

۴۶؎ عزیز احمد ’’ہوس‘‘ ص ۳۴

۴۸؎ عزیز احمد ’’ہوس‘‘ ص ۱۳۳

۴۹؎ عزیز احمد ’’ہوس‘‘ ص ۱۵۲

۵۰؎ سلیمان اطہر جاوید پروفیسر ’’عزیز احمد کی ناول نگاری‘‘ ص ۱۷

۵۱؎ عزیز احمد ’’ہوس‘‘ ص ۳۳

۵۲؎ عزیز احمد ’’ہوس‘‘ ص ۶۳

۵۳؎ عزیز احمد ’’ہوس‘‘ ص ۷۳

۵۴؎ عزیز احمد ’’ہوس‘‘ ص ۱۳۸

۵۵؎ عزیز احمد ’’ہوس‘‘ ص ۱۴۳

۵۶؎ عبدالحق ’’دیباچہ‘‘ مرمر اور خون‘‘ از: عزیز احمد ص ۷۔ مکتبہ جدید لاہور بار دوم ۱۹۵۱ء

۵۷؎ عبدالحق ’’دیباچہ‘‘ مرمر اور خون‘‘ از عزیز احمد ص ۸۔ مکتبہ جدید لاہور بار دوم ۱۹۵۱ء

۵۸؎ سہیل بخاری: ’’ناول نگاری‘‘ ص ۲۷۵’ بار اول’ مکتبہ میری لائبریری لاہور’ طابع حمایت اسلام پریس لاہور

۵۹؎ عزیز احمد ’’ہوس‘‘ بشمول عزیز احمد کی ناول نگاری’ از سلیمان اطہر جاوید‘‘ ص ۶۰

۶۰؎ عزیز احمد ’’مرمر اور خون‘‘ ص ۱۴

۶۱؎ عزیز احمد ’’مرمر اور خون‘‘ ص ۲۹

۶۲؎ عزیز احمد ’’مرمر اور خون‘‘ ص ۴۰

۶۳؎ عزیز احمد ’’مرمر اور خون‘‘ ص ۸۵

۶۴۔ عزیز احمد ''مرمر اور خون'' ص ۱۲۷

۶۵۔ عزیز احمد ''مرمر اور خون'' ص ۱۱۲

۶۶۔ عزیز احمد ''مرمر اور خون'' ص ۲۷

۶۷۔ عزیز احمد ''مرمر اور خون'' ص ۱۲۷

۶۸۔ عزیز احمد ''مرمر اور خون'' ص ۱۶۷

۶۹۔ عزیز احمد ''مرمر اور خون'' ص ۱۲۶

۷۰۔ عزیز احمد ''مرمر اور خون'' ص ۱۲۷

۷۱۔ عزیز احمد ''مرمر اور خون'' ص ۱۲۹

۷۲۔ عزیز احمد ''مرمر اور خون'' ص ۴۹

۷۳۔ عزیز احمد ''مرمر اور خون'' ص ۱۳۰

۷۴۔ عزیز احمد ''مرمر اور خون'' ص ۱۳۲

۷۵۔ عزیز احمد ''مرمر اور خون'' ص ۱۷

۷۶۔ عزیز احمد ''مرمر اور خون'' ص ۱۸

۷۷۔ سہیل بخاری: ''اردو ناول نگاری'' ص ۲۷۶۔۲۷۵

۷۸۔ ڈاکٹر ہارون ایوب ''اردو ناول پریم چند کے بعد'' ص ۱۰۰۔ لکھنو ۱۹۷۸ء

۷۹۔ وقار عظیم: ''داستان سے افسانہ تک'' ص ۸۸

۸۰۔ محمد احسن فاروقی ''اردو ناول کی تنقیدی تاریخ'' ص ۲۳۴ لکھنو ۱۹۶۲ء

۸۱۔ عزیز احمد ''گریز'' ص ۲۸۔ دہلی ۱۹۸۲

۸۲۔ عزیز احمد ''گریز'' ص ۷۷

۸۳۔ عزیز احمد ''گریز'' ص ۱۰۲

۸۴۔ عزیز احمد ''گریز'' ص ۱۲۵

۸۵۔ عزیز احمد ''گریز'' ص ۱۶۵

۸۶۔ عزیز احمد ''گریز'' ص ۲۱۱

۸۷۔ عزیز احمد ''گریز'' ص ۲۲۰

۸۸۔ عزیز احمد ''گریز'' ص ۲۸۷

۸۹۔ وقار عظیم ''داستان سے افسانے تک'' ص ۸۸

۹۰۔ عزیز احمد ''گریز'' ص ۲۷۷۔۲۷۸

۹۱۔ عزیز احمد ''گریز'' ص ۳۹۱

۹۲۔ عزیز احمد ''گریز'' ص ۲۷۷

۹۳۔ یوسف سرمست ''بیسویں صدی میں اردو ناول'' ص ۳۴۱

۹۴۔ احتشام حسین، اردو ادب کی تنقیدی تاریخ، ص ۳۱۳، دہلی ۱۹۸۸

۹۵۔ احسن فاروقی ''اردو ناول کی تنقیدی تاریخ'' ص ۲۳۶

۹۶۔ یوسف سرمست ''بیسویں صدی میں اردو ناول'' ص ۲۴۶

۹۷۔ عزیز احمد ''آگ'' ص ۲۵۹۔ ۱۹۵۶ء لاہور ایڈیشن

۹۸۔ عزیز احمد ''آگ'' ص ۲۶۰

۹۹۔ عزیز احمد ''آگ'' ص ۵۷

۱۰۰۔ عزیز احمد ''آگ'' ص ۵۹

۱۰۱۔ عزیز احمد ''آگ'' ص ۱۱۸۔۱۱۹

۱۰۲۔ عزیز احمد ''آگ'' ص ۱۳۱۔۱۳۲

۱۰۳۔ عزیز احمد ''آگ'' ص ۱۳۵۔۱۳۶

۱۰۴۔ عزیز احمد ''آگ'' ص ۱۶۵

۱۰۵۔ عزیز احمد ''آگ'' ص ۲۱۵

۱۰۶۔ عزیز احمد ''آگ'' ص ۱۷۵

۱۰۷۔ عزیز احمد ''آگ'' ص ۱۷۶

۱۰۸۔ عزیز احمد ''آگ'' ص ۲۲۵

۱۰۹۔ عزیز احمد ''آگ'' ص ۱۲۲

۱۱۰۔ عزیز احمد ''آگ'' ص ۱۷۳

۱۱۱۔ عزیز احمد ''آگ'' ص ۹۳

۱۱۲۔ یوسف سرمست ''بیسویں صدی میں اردو ناول'' ص ۳۵۶

۱۱۳۔ عزیز احمد ''ایسی بلندی ایسی پستی'' ص ۲۰۔۲۱' ماڈرن پبلشنگ ہاوس دہلی' ۱۹۸۶ء ایڈیشن

۱۱۴۔ عزیز احمد ''ایسی بلندی ایسی پستی'' ص ۲۰۷

۱۱۵۔ عزیز احمد ''ایسی بلندی ایسی پستی'' ص ۱۹۵

۱۱۶۔ عزیز احمد ''ایسی بلندی ایسی پستی'' ص ۱۹۴

۱۱۷۔ عزیز احمد ''ایسی بلندی ایسی پستی'' ص ۲۰۸

۱۱۸۔ عزیز احمد ''ایسی بلندی ایسی پستی'' ص ۶۷

۱۱۹۔ عزیز احمد ''ایسی بلندی ایسی پستی'' ص ۶۷

۱۲۰۔ عزیز احمد ''ایسی بلندی ایسی پستی'' ص ۱۹۳

۱۲۱۔ عزیز احمد ''ایسی بلندی ایسی پستی'' ص ۲۵۶

۱۲۲۔ عزیز احمد ''ایسی بلندی ایسی پستی'' ص ۲۲۴

۱۲۳۔ عزیز احمد' ایسی بلندی ایسی پستی' ص ۱۱۸

۱۲۴۔ کے کے کھلر۔ ''اردو ناول کا نگار خانہ'' ص ۹۱۔۹۲

۱۲۵۔ عزیز احمد ''ایسی بلندی ایسی پستی'' ص ۲۳۱

۱۲۶۔ ڈاکٹر سلیمان اطہر جاوید ''عزیز احمد کی ناول نگاری'' ص ۵۴۔۵۵

۱۲۷۔ عزیز احمد ''ایسی بلندی ایسی پستی'' ص ۱۳۰

۱۲۸۔ عزیز احمد ''ایسی بلندی ایسی پستی'' ص ۱۴۲

۱۲۹۔ یوسف سرمست ''بیسویں صدی میں اردو ناول'' ص ۴۸۲۔۴۸۳

۱۳۰۔ خلیل الرحمٰن اعظمی'' ''اردو میں ترقی پسند تحریک'' ص ۲۱۳۔ ایجوکیشنل بک ہاوس علیگڑھ ۱۹۸۴ء

۱۳۱۔ عزیز احمد ''شبنم'' ص ۶۰۔ دہلی ۱۹۶۰ء ایڈیشن ناشر شاہین بکڈ پو امیرا کول کشمیر۔

۱۳۲۔ عزیز احمد ''شبنم'' ص ۹۹

۱۳۳۔ عزیز احمد ''شبنم'' ص ۱۱۹

۱۳۴۔ عزیز احمد ''شبنم'' ص۱۲۳
۱۳۵۔ عزیز احمد ''شبنم'' ص۱۲۹
۱۳۶۔ ڈاکٹر سلیمان اطہر جاوید ''عزیز احمد کی ناول نگاری'' ص ۵۹
۱۳۷۔ عزیز احمد ''شبنم'' ص۹۱
۱۳۸۔ عزیز احمد ''شبنم'' ص۲۵۴
۱۳۹۔ کے کے کھلر ''اردو ناول کا نگار خانہ'' ص۹۲
۱۴۰۔ احتشام حسین ''اردو ادب کی تنقیدی تاریخ'' ص۳۱۳' دہلی ۱۹۸۸ء
۱۴۱۔ وقار عظیم ''داستان سے افسانے تک'' ص ۱۰۱
۱۴۲۔ ڈاکٹر سلیمان اطہر جاوید ''عزیز احمد کی ناول نگاری'' ص ۷۸
۱۴۳۔ عزیز احمد ''برے لوگ'' ص ۱۱۔ اول بار' دہلی (سنہ اشاعت۔ نامعلوم
۱۴۴۔ عزیز احمد ''برے لوگ'' ص ۹۵
۱۴۵۔ عزیز احمد برے لوگ ۱۱۹۔۱۲۰
۱۴۶۔ عزیز احمد ''برے لوگ'' ص ۱۲۵
۱۴۷۔ عزیز احمد ''برے لوگ'' ص ۳۰
۱۴۸۔ عزیز احمد ''برے لوگ'' ص ۶۲
۱۴۹۔ عزیز احمد ''برے لوگ'' ص ۱۰۴
۱۵۰۔ عزیز احمد ''برے لوگ'' ص ۱۰۷
۱۵۱۔ عزیز احمد ''برے لوگ'' ص ۱۱۶
۱۵۲۔ عزیز احمد ''تری دلبری کا بھرم'' ص ۱۹۔۲۰۔ میر اینڈ کمپنی اردو بازار دہلی بار اول ۱۹۶۴ء
۱۵۳۔ عزیز احمد ''تری دلبری کا بھرم'' ص ۳۴
۱۵۴۔ عزیز احمد ''تری دلبری کا بھرم'' ص ۳۸
۱۵۵۔ عزیز احمد ''تری دلبری کا بھرم'' ص ۳۹
۱۵۶۔ عزیز احمد ''تری دلبری کا بھرم'' ص ۴۷
۱۵۷۔ عزیز احمد ''تری دلبری کا بھرم'' ص ۵۶

۱۵۸۔ عزیز احمد ''تری دلبری کا بھرم'' ص ۶۷
۱۵۹۔ عزیز احمد ''تری دلبری کا بھرم'' ص ۱۴۲
۱۶۰۔ عزیز احمد ''تری دلبری کا بھرم'' ص ۷۵
۱۶۱۔ عزیز احمد ''تری دلبری کا بھرم'' ص ۱۰۴
۱۶۲۔ عزیز احمد ''تری دلبری کا بھرم'' ص ۵۶
۱۶۳۔ عزیز احمد ''تری دلبری کا بھرم'' ص ۱۳۱۔۱۳۲
۱۶۴۔ عزیز احمد ''تری دلبری کا بھرم'' ص ۱۵۶
۱۶۵۔ عزیز احمد ''تری دلبری کا بھرم'' ص ۱۶۰
۱۶۶۔ خالد اشرف۔ برصغیر میں اردو ناول۔ فکشن ہاؤس لاہور۔ ۲۰۰۵۔ ص ۳۰۱۔۳۰۲۔
۱۶۷۔ ڈاکٹر حمیرا اشفاق۔ عزیز احمد کے ناولٹس تاریخ وتہذیب کی بازیافت۔ اردو ای بک۔ اردو کی برقی کتابیں از اعجاز عبید
۱۶۸۔ ڈاکٹر علی احمد فاطمی '' تاریخی ناول فن اور اصول'' ص ۴۵۔۴۶' تہذیب نو پبلیکیشنز الہ آباد ۱۹۸۰ء
۱۶۹۔ عزیز احمد ''جب آنکھیں آہن پوش ہوئیں'' ص ۲۷۔ کتاب کار پبلیکیشنز رام پور یوپی ۱۹۶۶ء
۱۷۰۔ عزیز احمد ''جب آنکھیں آہن پوش ہوئیں'' ص ۳۷
۱۷۱۔ عزیز احمد ''جب آنکھیں آہن پوش ہوئیں'' ص ۳۷۔۳۸
۱۷۲۔ ڈاکٹر قمر رئیس ''مضمون ترقی پسند تحریک اور اردو ناول'' مشمولہ ترقی پسند ادب پچاس سالہ سفر' مرتبہ قمر رئیس' عاشور کاظمی ص ۳۸۹۔ نیا سفر پبلی کیشنز دہلی ۱۹۸۷ء
۱۷۳۔ فاروق عثمان۔ جڑواں تاریخی (تیموری ناولٹس۔ خدنگِ جستہ اور جب آنکھیں آہن پوش ہوئیں۔ میری لائبریری۔ لاہور۔ 1985۔ ص۔ 12
۱۷۴۔ بہ حوالہ فاروق عثمان۔ مشمولہ۔ جڑواں تاریخی (تیموری ناولٹس۔ خدنگِ جستہ اور جب آنکھیں آہن پوش ہوئیں۔ میری لائبریری۔ لاہور۔ 1985۔ ص۔ ۴۰۴۔۴۰۳۔
۱۷۵۔ وارث علوی ''اردو ناول کا نگار خانہ'' (مشمولہ) کے کے کھلر۔ ص ۵۹

۱۷۶۔ اسلم آزاد ''آزادی کے بعد اردو ناول'' ص ۸۰
۱۷۷۔ ڈاکٹر سلیمان اطہر جاوید ''عزیز احمد کی ناول نگاری'' ص ۱۶
۱۷۸۔ انیس قیوم فیاض ''حیدر آباد میں افسانہ نگاری'' ص ۵۶۔ ادارہ شعر و حکمت حیدر آباد ۱۹۸۰ء پہلی بار
۱۷۹۔ عزیز احمد ''ایسی بلندی ایسی پستی'' ص ۱۴۲
۱۸۰۔ اسلم آزاد ''آزادی کے بعد اردو ناول'' ص ۸۴
۱۸۱۔ عزیز احمد ''ایسی بلندی ایسی پستی'' ص ۲۰۷
۱۸۲۔ ڈاکٹر اسلم آزاد ''آزادی کے بعد اردو ناول'' ص ۸۳۔۸۴
۱۸۳۔ ڈاکٹر سلیمان اطہر جاوید ''عزیز احمد کی ناول نگاری'' ص ۶۳۔۶۴
۱۸۴۔ عزیز احمد۔ آگ۔ ص۔ ۷۹
۱۸۵۔ ڈاکٹر سلیمان اطہر جاوید ''عزیز احمد کی ناول نگاری'' ص ۱۷
۱۸۶۔ عزیز احمد ''ہوس'' ص ۱۳۸
۱۸۷۔ عزیز احمد ''ہوس'' ص ۱۴۳
۱۸۸۔ احسن فاروقی ''اردو ناول کی تنقیدی تاریخ'' ص ۳۳۳، ۳۳۴

☆☆

کتابیات

۱	آل احمد سرور	نظر اور نظریے	مکتبہ جامعہ نئی دہلی	بار دوم، ۱۹۸۲ء
۲	ابواللیث صدیقی	آج کا اردو ادب	ایجوکیشنل بک ہاوس علی گڑھ	۱۹۹۰ء
۳	احتشام حسین	اردو ادب کی تنقیدی تاریخ	ترقی اردو بیورو نئی دہلی	بار اول ۱۹۸۳ء
۴	احسن فاروقی	اردو ناول کی تنقیدی تاریخ	لکھنؤ	۱۹۶۳ء
۵	اسلم آزاد (ڈاکٹر)	آزادی کے بعد اردو ناول	پٹنہ	۱۹۸۱ء
٦	اطہر پرویز	ادب کا مطالعہ	ایجوکیشنل بک ہاوس دہلی	بار دوم ۱۹۸٦ء
۷	الطاف حسین حالی	مقدمہ شعر و شاعری	اتر پردیش اردو اکادمی لکھنو	۱۹۸۸ء
۸	انیس قیوم فیاض	حیدر آباد میں افسانہ نگاری	ادارہ شعر و حکمت حیدر آباد	بار اول ۱۹۸۰ء
۹	جمیل جالبی (ڈاکٹر)	تاریخ ادب اردو (جلد اول)	ایجوکیشنل پبلشنگ ہاوس دہلی	بار دوم ۱۹۸٦ء

۱۰	خلیل الرحمٰن اعظمی	اردو میں ترقی پسند ادبی تحریک	ایجوکیشنل پبلشنگ ہاوس علی گڑھ	۱۹۸۴ء
۱۱	سلیمان اطہر جاوید	عزیز احمد کی ناول نگاری	ماڈرن پبلشنگ ہاوس دہلی	بار اول ۱۹۸۶ء
۱۲	سہیل بخاری	اردو ناول نگاری	مکتبہ میری لائبریری لاہور	بار اول
۱۳	سید عاشور کاظمی	فسانہ کہیں جسے	ایجوکیشنل پبلشنگ ہاوس نئی دہلی	۱۹۹۳ء
۱۴	عزیز احمد	ہوس	مکتبہ جدید لاہور	بار دوم
۱۵	عزیز احمد	مرمر اور خوں	مکتبہ جدید لاہور	بار دوم ۱۹۵۱ء
۱۶	عزیز احمد	گریز	ماڈرن پبلشنگ ہاوس دہلی	۱۹۸۲ء
۱۷	عزیز احمد	آگ	لاہور	۱۹۵۶ء
۱۸	عزیز احمد	ایسی بلندی ایسی پستی	ایجوکیشنل پبلشنگ ہاوس دہلی	۱۹۸۶ء
۱۹	عزیز احمد	شبنم	شاہین بک اسٹال کشمیر	بار اول ۱۹۶۰ء
۲۰	عزیز احمد	برے لوگ	سلطان احمد تاجر کتب اردو بازار دہلی	بار اول
۲۱	عزیز احمد	تری دلبری کا بھرم	میر اینڈ کمپنی، اردو بازار دہلی،	بار اول ۱۹۶۴ء
۲۲	عزیز احمد	جب آنکھیں آہن پوش ہوئیں	کتاب کار پبلیکیشنز رام پور یوپی	۱۹۶۶ء

۲۳	علی احمد فاطمی (ڈاکٹر)	تاریخی ناول فن اور اصول	تہذیب نو پبلیکشینز' الہ آباد	۱۹۸۰ء
۲۴	علی عباس حسینی	اردو ناول کی تاریخ وتنقید	ایجوکیشنل بک ہاوس علی گڑھ	۱۹۸۷ء
۲۵	فرمان فتح پوری	اردو افسانہ اور افسانہ نگار	مکتبہ جامعہ' نئی دہلی	۱۹۸۲ء
۲۶	قمر رئیس وعاشور کاظمی	ترقی پسند ادب پچاس سالہ سفر (مرتبہ)	نیا سفر پبلیکشنز دہلی	۱۹۸۷ء
۲۷	کے کے کھلر	اردو ناول کا نگار خانہ	سیمانت پر کاشن	۱۹۸۳ء
۲۸	گوپی چند نارنگ	نیا اردو افسانہ (مرتبہ)	دہلی	۱۹۹۲ء
۲۹	مجتبیٰ حسین (ڈاکٹر)	اردو ناول کا ارتقاء	دہلی	۱۹۷۴ء
۳۰	مرزا حامد بیگ	اردو افسانہ کی روایت	اکادمی ادبیات پاکستان' اسلام آباد	۱۹۹۱ء
۳۱	میر امن	باغ وبہار	مکتبہ جامعہ' دہلی	۱۹۷۷ء
۳۲	وقار عظیم	ہماری داستانیں	لاہور	۱۹۵۶ء
۳۳	وقار عظیم	داستان سے افسانہ تک	مکتبہ الفاظ علی گڑھ	۱۹۸۰ء
۳۴	ہارون ایوب	اردو ناول پریم چند کے بعد	اردو پبلشرز' لکھنو	بار اول ۱۹۷۸ء
۳۵	یوسف سرمست	بیسویں صدی میں اردو ناول	نیشنل بک ڈپو' حیدر آباد	بار اول' ۱۹۷۳ء

☆☆☆